领导力教练
在中国

［美］吴晓庄（Marjorie Woo） 等 著
开疆翻译组 译
殷天然 审校

华夏出版社
HUAXIA PUBLISHING HOUSE

Leadership Coaching in China by Marjorie Woo et al. (Eds.)
Copyright © 2021 Fielding Graduate University
Simplified Chinese edition copyright © 2023 Huaxia Publishing House Co., Ltd.
All rights reserved.
版权所有，翻印必究。
北京市版权局著作权合同登记号：图字 01-2021-4104 号

图书在版编目（CIP）数据

领导力教练在中国/（美）吴晓庄等著；开疆翻译组译. --北京：华夏出版社有限公司，2024.1
书名原文：Leadership Coaching in China
ISBN 978-7-5222-0552-6

Ⅰ.①领… Ⅱ.①吴… ②开… Ⅲ.①企业领导学 Ⅳ.①F272.91

中国国家版本馆 CIP 数据核字（2023）第 190068 号

领导力教练在中国

著　　者	［美］吴晓庄　等
译　　者	开疆翻译组
策划编辑	卢莎莎
责任编辑	朱　悦　卢莎莎
责任印制	刘　洋
出版发行	华夏出版社有限公司
经　　销	新华书店
印　　刷	三河市万龙印装有限公司
装　　订	三河市万龙印装有限公司
版　　次	2024 年 1 月北京第 1 版　2024 年 1 月北京第 1 次印刷
开　　本	710×1000　1/16 开
印　　张	18.5
字　　数	280 千字
定　　价	96.00 元

华夏出版社有限公司　地址：北京市东直门外香河园北里 4 号　邮编：100028
网址：www.hxph.com.cn　电话：(010) 64663331（转）
若发现本版图书有印装质量问题，请与我社营销中心联系调换。

主　编

吴晓庄　汤姆·佩恩　詹韦拿　杰夫·哈杰甫

作　者

布莱恩·阿德金斯　艾伦·巴宾顿－史密斯　陈颖坚　陈宝权
丹尼尔·丹尼森　龚渊　杰夫·哈杰甫　阿克塞尔·库尔曼
萨宾·梅农　安德鲁·纽马克　艾伦·帕赫姆　汤姆·佩恩
杰森·拉米　弗兰克·雷克萨奇　玛莎·雷诺兹　尚慧
莫妮克·斯诺登　苏建文　帕姆·范戴克　王戈　王毅
王忆民　詹韦拿　吴晓庄　杰克·伍德　忻榕　殷天然
俞恩京　张楠　宗敏

专家推荐

本书集多位专家和作者的洞察灼见，深入阐述了领导力教练、中国文化及两者之间的关系，为中国领导力教练提供了独特的研究资源。

——哈佛大学心理学教授罗伯特·凯根

无论您是商界领袖、专业教练，还是有意开创教练职业生涯的人士，只要您对在中国做教练感兴趣，这就是一本必读书，因为它整合了多位专家学者在中国和世界各地长期研究教练的经验和集体智慧。

——中欧国际工商学院教授胡安·安东尼奥·费尔南德斯

对于中国咨询从业者而言，无论新兵还是老将，这都是一本必读书，都能从吴晓庄女士精心策划整合的极富洞察力的内容中受益。本书按照时间顺序阐述了中国教练和咨询行业的艰难起步和成长历程，并展望了其发展前景。

——RHR国际律师事务所资深合伙人格兰特·莱维坦博士

2006—2015年，我在中国担任人力资源总监，那时要是能读到这本书，那该有多好！本书选题实用得当，逻辑清晰流畅，易于阅读。书中的案例研究、经验教训，还有教授、从业者以及教练和被教练者之间的对话也都极富洞察力、发人深省。

——联邦快递亚太区关泰善博士

《领导力教练在中国》是一本基于实战经验的综合性指南，可帮助中外企业领导者和教练从业人士充分利用教练促进整个组织的发展。本书不仅阐述了在不同文化背景下有效策划和实施教练项目的经验，而且围绕如何当好领导和教练的话题提出了深刻见解，可帮助读者与他人更有效地合作，为组织创造更大的价值。

——2019年国际教练联盟全球董事会主席、大师级教练让·弗朗索瓦·库辛

这是一本富有洞察力的书。在当今互联互通的世界中，中国正扮演着越来越重要的角色，因此中国对正规领导力教练的需求也更加迫切。本书重点阐述了如何在理解中西文化细微差别的前提下促进中国领导力发展，而不是简单照搬西方成熟的教练方法，为我们提供了宝贵的新视角、新工具。

——美国富国银行亚太区总裁贾法尔·阿明

很高兴能读到这本《领导力教练在中国》。教练是培养中国企业领导者的有力工具，尤其是那些受中国传统教育的企业领导者。本书的一位作者为我提供过教练，对我产生了非常积极的影响。

——Albea中国总经理迈克尔·张

我向大家强烈推荐《领导力教练在中国》。本书既有学术分析，又有实践经验分享，是中国教练成功的实用指南。本书在中国的出版发行尤为重要。西方经理人可通过本书学会如何在中国文化情境中高效管理。中国经理人虽谙熟当地情况，却常常难免用西方的会计、管理和谈判的准则评判中国管理情境。这本书非常实用，原因有三：一是研究了中国背景下的商业实践；二是阐明了教练方法；三是提出了有效拓展教练业务的方法。本书有助于读者深刻理解中西方元素对企业跨文化环境运作的重要影响。

——富布赖特基金会威廉·沃克博士

这本书论述了领导力培养、数据应用、文化影响、团队教练以及循证教练对人才发展的重要性，为探索中国教练的复杂性提供了新颖独到的视角。本书对在中国从业的教练和本土公司或跨国公司领导者都非常有用。

——菲尔丁研究院院长卡特里娜·罗杰斯博士

我从事教育管理研究工作已有24年，非常理解这本书中所描述的领导力教练对经理人的重要价值。领导力教练是一种全新的重塑经理人理念的方式，也可以说是对领导力发展的探索与创新。无论是追求全球最佳领导力的国际化商业组织，还是旨在锻造最佳领导力的教育机构，都可以从这本书中得到有益的启示。《领导力教练在中国》是吴晓庄博士等人为促进中美文化和专业交流而创作的又一精品佳作。

——上海纽约大学首任校长、华东师范大学教授俞立中

我真的相信领导力教练之旅就像中国古典小说《西游记》中师徒的历险故事一样充满挑战。我也相信，领导力教练很快会在中国蓬勃发展，成为企业界的必修科目。为了这本书的出版，吴晓庄博士及其他诸位作者和编辑付出了大量时间和精力，终于如愿以偿。我谨向他们表示热烈祝贺！我相信，这本书必将产生巨大和持久的影响。

——澳门科技大学副校长苏宗杰

鸣 谢

感谢参与、支持和关心本书创作和编撰的所有人。首先,我们要感谢已故的威廉·茅博励博士,是他最早提出要编撰这本书,分享在中国从事领导力教练工作的知识和经验。这个想法的种子已经生长为一种智慧资源并将有力促进领导力教练在中国的进一步发展。

我们衷心感谢为本书撰稿的所有教练、作者和专家。他们才华横溢、学识广博,分享了在推动中国领导力发展转型实践中获得的经验、智慧和独到见解。他们的努力和集体智慧汇集成对东西方教练方法的新颖见解,为企业领导者提供了仅从本土文化环境中无法获得的观点和不同的视角。特别感谢在整个过程中负责书稿协调和策划的萨曼莎·奥茨,以及负责新书推广发行的营销专家弗兰克·雷克萨奇。

我们也要衷心感谢菲尔丁研究院院长卡特里娜·罗杰斯博士和教务长莫尼克·斯诺登博士,她们积极支持在中国出版这本教练专著,斯诺登还为本书撰稿,践行了她们对创建公平和可持续发展的世界的愿景和担当。

我们也要感谢菲尔丁研究院出版社主编让·皮尔·伊斯伯特博士,是他的指导和帮助才使这本书得以在美国顺利出版。他用热情、出版知识和经验指导我们将一个想法变为完整的出版物。我们也想表达对菲尔丁研究院出版社团队的感激之情,特别是南希·海特,她巧妙地整理编辑了最初的手稿;感谢菲尔丁研究院出版社美术总监凯瑟琳·拉布拉,还有许多美术编辑,他们为本书设计的图案生动地体现了中国特色文化。

吴晓庄博士和威廉·茅博励博士

（开疆集团创始人）

献 辞

深切缅怀领导力教练先行者威廉·茅博励（比尔）博士

（1941年11月15日至2020年3月25日）

艾伦·帕赫姆

  本书将与读者共同探寻中国领导力教练实践的发展历程，多维度展示其充满活力的演化过程。如今，大批从业者和学者已在中国和亚洲其他国家推广和研究领导力教练，该技术在中国大有星火燎原之势。但是，亚洲的领导力教练先行者要想成功推广应用这一发源于西方的技术，还需要在东西方文化之间找到一个微妙的平衡，才能避免"水土不服"。这就需要从业者耐心细致地制订计划，在独特的东方文化中培植践行领导力教练技术，推广这种新型管理开发工具。

  威廉·茅博励（比尔）博士是杰出的领导力教练先行者，这与他卓越的专业履历有关。他曾在得克萨斯农工大学担任校长（1988—1993）、名誉校长（1993—1994），这占据了他前三分之二的职业生涯。这一时期他的专业兴趣也在不断扩展，他也曾致力于为教职员工和学生争取接受国际教育的机会。1994年，他移居中国，开始了他职业生涯的后三分之一阶段。他先后旅居香港、上海和澳门，并创建了专注于组织和领导力发展的咨询公司——茅博励亚太集团。他很快就融入亚洲学术界，先后在香港科技大学、中欧国际工商学院和澳门大学任教。他是中欧国际工商学院的首席荣誉教授。

  但所有这些荣誉和成就并不足以诠释比尔为开拓亚洲教练技术所做出的杰出贡献。他就像耐心细致的园丁，在中国践行他的想法和理念，使之生根发芽、开花结果。同样重要的是，他对遇到的所有人，包括合作伙伴、学生，也都关爱备至。他深谙育人之道、治学之法。

  本书并不是献给这位宽厚仁慈长者的赞美诗。他一生谦逊随和、淡泊名利，并不想要什么赞美。他所期盼的是教练事业后继有人、繁荣发展。他深信西方教练技术的哲学内涵与东方理念是高度契合的。这种观点在本书的每个章节中都可以找到论据和得到验证。本书的每位作者都与比尔有着深厚的渊源。据他的夫人吴晓庄博士介绍，比尔经常赞赏他们的成长和取得的成就，并为此倍感自豪。（如需了解更完整的茅博励博士生平，请访问 https://www.dignitymemorial.com/obituaries/austin-tx/william-mobley-9098909。）

译 序

编撰《领导力教练在中国》这本书最初的动念来自开疆集团创始人吴晓庄博士与茅博励博士在深耕管理者发展与培养三十余年后，希望对领导力提升与成人发展在中国的有效实践与思考进行系统化梳理，萃取经验智慧，甄别灼见与误区，探索理论应用。作为先行者，共同主编此书的四位专家（吴晓庄、汤姆·佩恩、詹韦拿、杰夫·哈杰甫）希望能够通过此书，贡献有代表性的中国领导力发展专业工作者的集体智慧，领航企业教练赋能事业，感召越来越多的优秀人才投身领导力发展工作，有效助力组织发展。

承担本书的中文翻译工作是一项非常有价值同时也非常有挑战性的任务。非常有价值是因为这样一本梳理近二十年中国商业领域领导力培养的书有其特殊的历史使命。中国改革开放已超过四十年，伴随着中国经济的飞速发展，企业对管理者的要求从科学管理到精益生产管理，再到引领变革与创新。领导力在企业发展过程中发挥的作用与日俱增，而有效提升高层管理者的领导力成为企业高质量发展的决定性因素之一。非常有挑战性是因为全书有三十位作者参与，他们中有顶尖商学院的知名教授，有跨国公司执行官级别的高管，有专业细分领域中最有影响力的顾问和教练，也有在高管教练培训行业积累了丰富运营经验的业界代表。他们多元化的专业背景和深厚的行业经验，使得本书成了中国领导力发展思想与实践的盛宴，而如何精准有效地传递每个作者的专业洞见，如何在忠实原文的前提下使行文更加符合中文表达习惯、清晰而不生涩、准确而不教条、生动而不浮夸，成了翻译组的极大挑战。

面对这样非同寻常的挑战性任务，我们非常幸运地找到华夏出版社，在责任编辑全方位的专业支持和帮助下，最终完成了坎坷曲折的中文翻译工作。期间我们充分体会到了华夏出版社对质量的坚守以及责任编辑面对困难时的坚持不懈，正是因为有了责任编辑的鼓励与大力协助，我们今天才有机会与大家共享中国领导力发展思想与实践的盛宴。在此我谨代表开疆企业教练学院向华夏出版社及责任编辑致以最诚挚的感谢。与此同时，开疆企业教练学院翻译组主要成员刘莹、殷洁、乔忠雪、吴浩也在翻译校对中承担了重要工作，他们的努力应该被看见。

作为领导力发展最行之有效的科学方法，专业教练进入中国已近二十年，而开疆将循证教练体系从美国菲尔丁研究院引入中国也已经十五年了。虽然真正的教练服务在中国的渗透率仅达到1%，但大中型企业对教练的概念早已不陌生。《领导力教练在中国》继2021年在美国出版英文版后，现在终于在中国出版了中文版。在这本书里，读者将会浏览到近二十年教练技术在中国助力领导力发展的全景图，领略教练行业的蓬勃生机。也许在这样一幅全景图面前，领导力发展专业工作者可以担起一份继往开来的责任，让自己成为从今天迈向未来的桥梁之上的基石（keystone），与开疆（Keystone）同仁一起真正践行"为成就非凡""让组织与人才共创价值"的使命。

开疆企业教练学院　殷天然博士及翻译组

序 言

玛莎·雷诺兹

本书是中国领导力教练的案例研究论文集,通过讲述故事、分析数据,提出了大量精辟的见解,对领导力教练技术在中国的进一步发展和推广应用具有重要的启发和指导作用。我非常乐意为此书作序。随着中国经济实力的不断增长,中国的国际地位稳步提高,中外跨国公司也已进入领导力转型升级的关键时期,迫切要求领导团队建立更加紧密的同僚关系和员工关系,而要建立良好的员工关系,就必须培养更加积极有效的当面和远程团队沟通能力。

我在中国教授教练技术、培训企业高管已有十多年经验。起初的高管和教练培训,主要是为外资跨国公司驻中国的子公司中的北美和欧洲高管服务。而在过去几年中,随着中国四项改革(市场化、城市化、民营化和全球化)的不断深化,中国本土企业也开始接受和引进教练技术。

这些改革引发了中国高管对方兴未艾的西方领导力教练的好奇,他们开始关注培养和管理绩优员工的各种不同方法,产生了引进创新管理工具的需求。于是,更多的高管开始学习运用教练式对话技巧,而大量中国企业也需要更多训练有素且会讲中文的领导力教练。

然而,许多中国高管对领导力教练仍很陌生,这使得该技术在中国的推广遇到严峻挑战。很多大龄高管对教练的价值仍持怀疑态度。不少高管尚需转变观念,重新认识诸如企业领导者风范、心理安全、对话基调的情感化设定、积极聆听以及真实可靠性等概念,并需付诸行动。有些人抗拒变革,声称教练不懂他们公司的成功秘诀。如果教练不是中国人，这些高管经常会加上这样的说辞："教练不懂中国特色领导艺术。"因此，一个教练如果想在中国取得成功，就需要善于化解消极抵触情绪，引导高管积极接受领导力教练技术。

除此之外，中国儒家文化崇尚"伦理纲常"，注重级别礼仪，而教练必须依靠平等的伙伴关系才能起作用。中国高管往往意识不到这一点，他们认为教练既不是下属也不是专家，所以很难摆正企业领导者与教练之间的关系。如果视教练为同僚，高管可能会有所顾忌，尽量隐瞒自己的弱点而不会向教练敞开心扉。因此，对教练而言，厘清理想的企业领导者—教练关系，说明此种关系对高管的益处及其为什么有利于高管发展就显得至关重要了。高管和教练必须对预期的教练目标达成共识。本书的宗旨正是要帮助教练从容应对各种挑战，并帮助企业领导者理解领导力教练的价值。

鉴于中西文化差异，与西方的惯常实践相比，要想在中国取得领导力教练的成功，尚需要更长的企业领导者—教练关系磨合期。教练关系涉及业务和领导力辅导及训练。充分发挥这种方法的综合优势，同时又与高管保持亦师亦友的谋略伙伴关系，对确立和提升教练在中国的价值有着重要作用。

即便是考虑文化差异，在中国运用教练技术开发高管潜能的投资回报率仍然很高。这种回报包括促进生产力和效能的提高，新任高管迅速融入团队，以及引进和保留更多高端绩优人才。很多经我辅导的高管告诉我，尽管他们并不喜欢改变与他人互动的方式，但是他们明白，要想在当今商业世界中取得成功，他们就必须改变。

我非常赞赏本书中所展示的概念和实践。本书回顾了领导力教练在中国的发展历程，提出了现今面临的挑战，并指明了领导力教练对中国高管的具体裨益，同时也列举了典型的教练实务操作，包括处理与利益相关者的关系和教练从业者应知应会技能。本书还分析了领导力教练对个人、团队和组织的影响。显而易见，这是一本领导力教练的综合指南，相信必将对未来的企业领导者和教练有所启迪和裨益。

最后，我非常赞赏吴晓庄女士为提升中国高管业绩所做的不懈努力。我第一次见到吴女士时，她给我的印象是一位智慧优雅的商业女性。后来随着交往加深，我才知道她除了谙熟礼仪，更是一位做事专注、风趣睿智的女性，长期致力于高品质领导力辅导教练技术在中国的推广应用。本书是她的热情和执着奉献精神的结晶。正是有了这种热情和执着奉献精神，中国企业领导力才能持久强盛、永葆活力。

前　言

吴晓庄

威廉·茅博励（比尔）博士在"全球领导力的进展"系列丛书中指出："领导力和教练理论就像手纹，每个人都有，但却没有任何两个是一样的。"

领导力教练自诞生之日起就一直困扰着学者、从业者和企业高管。在过去25年，教练技术取得了多方面长足进展。本书将重点探讨领导力教练已有的研究成果、现在的研究课题以及在中国的发展前景。我们希望通过对中国领导力

领导力教练数据——亚洲

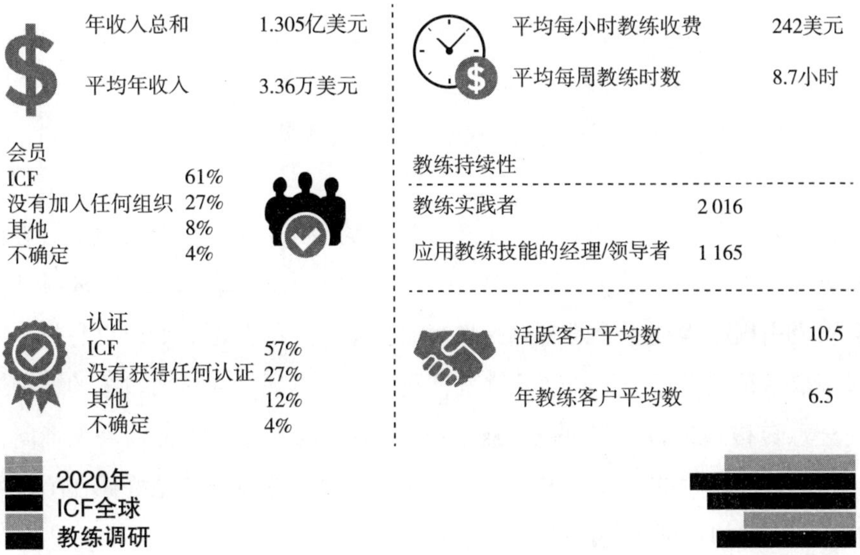

年收入总和	1.305亿美元	
平均年收入	3.36万美元	
平均每小时教练收费	242美元	
平均每周教练时数	8.7小时	

会员
ICF　61%
没有加入任何组织　27%
其他　8%
不确定　4%

教练持续性
教练实践者　2 016
应用教练技能的经理/领导者　1 165

认证
ICF　57%
没有获得任何认证　27%
其他　12%
不确定　4%

活跃客户平均数　10.5
年教练客户平均数　6.5

2020年 ICF全球教练调研

教练的过去、现在和未来的探索，认识领导力教练的运作模式，并根据多种情境探寻更多创新的替代模式。基于多年在跨国公司、中国企业（国有和民营）以及初创公司从事教练的经验，作者们阐述了他们的真知灼见，探讨了在中国文化背景下推广应用领导力教练的挑战和机遇。

为了说明领导力教练在亚洲的现状，我提供了上页的图片，其中的数据来自国际教练联盟的一个全球研究项目。在第五届中国高管大会上，我也展示了这些数据。这是领导力教练在亚洲的分布数据，其中包括中国的分布数据。

从上页的图中可以看到以下有趣的重点：

- 全球教练服务收费平均约为每小时 240 美金，比亚洲略低。
- 由于中国有资格认证的教练相对稀缺，中国教练的平均收费略高。
- 全世界大约有 18 000 位领导力教练，但亚洲只有 2 000 多位。
- 亚洲认证教练的比例（市场上教练的百分比）与全球水平持平。
- 每位教练从教练服务中获得的年收入并不是很高，由这一点我们可以推测，大部分教练并非全职从事教练工作，而是也提供咨询、培训等其他服务。
- 73% 的潜在客户希望他们雇佣的教练是通过认证的。关于教练在中国发展的瓶颈，41% 的潜在客户对市场上没有通过认证或不专业的教练表示担心，47% 的潜在客户不知道如何判定教练对其组织的价值（领导力教练的价值定位以及资格认证是本书探讨的话题）。

在过去的 30 年中，世界经济发生了巨大的变化。有趣的是，我们现在似乎是从全球化退回到本地化，新的转变正在发生：人们可以通过 Zoom 或其他全球会议应用程序等技术手段实现互联互通。每个人都在琢磨如何更有效地应对现状。教练领域也正经历类似的挑战，我们必须将现场面对面教练的那种体验和安全感转移到 Zoom、Webex、Skype 和其他在线媒体平台上。毫无疑问，这是对人的适应能力的考验。很多人告诉我们，他们有时候感觉好像在陌生的海域航行。本书的目标就是帮助大家更好地掌舵领航。

为了更好地实现这个目标，我们邀请了一批专业领域不同、经验各异的学者、领导力教练和商界领袖，请他们来分享在中国应对挑战的经验和感悟。大家一致认为，被教练者必须具备一定的调适能力和复原能力。我们的目标是让这些经验和感悟对大家、中国以及全世界的下一代企业领导者和教练有所助益。我们聚焦于三个方面，希望引起广大读者的兴趣，帮助读者通过阅读这本书找到答案。我们试图在中国商业和社会环境中，回顾领导力教练的发展历程，认清现状，并展望发展前景。

随着组织机构和领导力的全球化进程持续推进，人们迫切需要通过更加完善的概念模型和定义来厘清领导力教练的功能、实质、内涵和外延，同时也需要更多的经验数据以及有效的流程和工具来培养企业领导者和专业教练。除此之外，人们也需要整合来自多种文化以及非西方作者的各种模型和经验数据。虽然已发表的领导力教练文献绝大部分来自西方从业者和学者，但很多领导力教练涉及新兴市场，需要整合西方文化与非西方文化。

我们相信，探索循证教练的回报是最大的，因为教练和被教练者都在寻找和利用同样可靠可信的数据来帮助他们取得期望的结果。循证教练的方法减少了质疑，提升了清晰度。我们同样相信，作为教练，我们所使用的工具和数据必须科学，这样呈现出来的数据才有可靠可信的证据支持。教练应该利用科学、有效、可靠的评估工具和流程，为被教练者和组织机构带来实实在在的回报。

全球有很多才华横溢的人在研究领导力教练并澄清市场困惑，他们的工作成果需要更多应用渠道。而那些对领导力教练感兴趣的人需要接触更多有着异域文化背景的作者和作品。有效的教练是一种艺术。这种艺术需要循证教练、多年实践经验以及文化适应性的支持。当优秀教练举出恰当的例子，做出精辟的归纳，帮助被教练者认识到每个人都会面临某些挑战时，教练服务便增值了。

《领导力教练在中国》这本书的目标之一是为一系列正在写作的著作奠定如下基础：

- 用高品质、有见地的创新思维推动中国特色全球领导力教练科学、实践及艺术的发展。
- 邀请多领域的作者从理论和实践角度提升领导力教练的发展水平。本书每章一个主题，融合多领域的作者的真知灼见，形成谐振合力。
- 作者有着不同的文化背景，其作品反映了多元文化和不同的组织机构的特点，催生出东西方融合的"共振码"，形成领导力教练的最佳实践。

我们的目标不仅仅是出版一本书，而是出版一系列丛书和搭建在线平台，以惠及广大读者，包括那些选择教练职业的读者，以及那些有志于将教练技术融入领导技术，从而提高领导效能的国际企业高管。本系列丛书将适合以下读者群：与领导力教练相关的教育和培训从业者；希望融入异域文化的国际经理人；策划与运营教练和高管培训项目的人士。希望该系列丛书对全球领导力领域的从业者和咨询师也有参考价值。

通过不同文化概念、经验以及实践的融合共生，我们希望激发不同观点的良性互动和多视角思维的互鉴，促进异花授粉，实现杂交优势。虽然并非每一章对每位读者都有价值，但我们相信有足够多的内容对每位读者都有价值。

我很高兴编辑该系列丛书。我对领导力教练的兴趣始于20世纪80年代。起初我在施乐公司从事管理工作，然后在亚太区和中国国际商务运营公司担任高管11年。后来我创立了领导力管理国际公司和开疆集团上海公司，现在是领导力管理国际公司的董事和开疆集团的荣誉主席。我30多年的领导力开发和教练生涯不仅让我积累了实践经验，而且我也展开了学术研究，后者是从我攻读菲尔丁研究院人才与组织发展系统博士学位开始的。除此之外，我是国际教练联盟认证的大师级教练，也是国际教练联盟专业服务国际理事会成员。

我们邀请作者撰写"领导力教练在中国"系列丛书的所有章节，其中有三位作者同时也承担了主编任务。这三位联合主编分别是汤姆·佩恩、詹韦拿和杰夫·哈杰甫。他们都有多年在跨国公司和私有企业工作的经验，而且都在日常工作中处理诸多与领导力相关的问题。还有菲尔丁研究院出版社的主编，他可谓久经沙场、才华横溢。非常感谢他们为这套丛书所付出的努力，有时甚至是全身心投入。

首届循证教练认证培训班（中国上海）

（开疆集团有限公司）

本书各章节作者名单和履历见全书最后的"作者介绍"部分。特别感谢每位作者对这本书所做的贡献。同时，也感谢他们愿意承担风险来撰写这本新书，他们本来有很多其他渠道来发表文章。最后，我们要感谢各位作者辛勤奉献，按时完成了艰巨的撰稿任务，感谢国际作者团队、内容编辑和技术编辑齐心协力，终于使本书顺利出版。

就在第一册出版之时，我们已在策划出版第二册。第二册中已确定的话题包括企业家教练技术、下一代领导人教练技术、中年转型期教练技术等。非常欢迎您对本书提出反馈和评论，也欢迎您对第二册的话题、作者和体例形式提出宝贵意见和建议。

内容介绍

吴晓庄　汤姆·佩恩　詹韦拿　杰夫·哈杰甫

欢迎阅读《领导力教练在中国》！领导力教练这个话题已引起越来越多的组织、个人、学者和从业者的兴趣和重视。当今世界，信息、资本和人力资源在全球范围内飞速流动，各种跨国公司的组织结构和所有制形式不断重组，世界经济和通信一体化速度呈指数增长。随着大量中国国有企业和民营企业走向世界，其高管在国际和国家层面上的违规率开始上升，这是全球特别是中国领导力教练越来越受到重视的原因。

本书总结了当今中国领导力教练的实战经验，为新教练入门提供了有益的参考和借鉴。

关于专有名词术语，为了便于理解，在本书中，"被教练者"指的是接受教练的人；"客户"专指为教练服务付费的组织机构；"出资方"是指组织中负责联系教练和被教练者的人，在必要情况下，出资方负责与教练保持保密沟通，并向教练提供必要的组织内部信息以保证教练正常开展工作。其他通用术语包括MNC，是指外国跨国公司，通常指大型外国投资者在中国建立的公司，公司中有众多非中国籍或在国外出生的华裔外籍管理人员。（请注意，有些人长得像中国人并且会说普通话，但这并不意味着他们的思维方式和行为规则就与本土中国人一样！）

本书内容分为三个部分。第一部分也是本书内容最多的部分，研究当下中国的教练实践，包括前9章，描述了中国教练技术的发展演变和现状，向读者阐明了运用教练技术开发组织机构领导力的原因和方法。这一部分还深入探讨了教练的价值，说明了为什么请教练是一项开发人才潜能的好投资，探讨了适合教练与培训的情景，并提出了行之有效的实用工具和流程。有一章专门探讨了如何达成教练和被教练者之间的最佳匹配，建立良性互动的教练关系，以及最佳匹配的重要性。这部分也研究了客户、出资方（有时候是被教练者的上司或人力资源部同事）、被教练者与教练之间的能动关系，以及他们之间如何分工协作。这部分描述了领导力教练必须具备的资质，并根据本土学习者的需求和国际教练业的发展趋势，阐明了在中国培养专业教练所需设置的科目和课程结构。

这部分还描述了常用的教练工具及其功能和优点，介绍了常用的教练流程，进一步讨论了典型的教练模式，包括其时间和成本投入以及预期效果。针对有意从事教练职业的人，本书也讨论了商业化教练服务话题。有趣的是，很多企业高管已经决定转行从事教练工作，这并不让人感到意外。凭借他们的兴趣、能力以及获取相关资质和接受培训的热情，这些高管一定能顺利完成中期职业转型，在教练行业实现自己更大的价值。最后还有一章专门论述了中国文化背景下教练的独特性。我们坚信，随着中国管理者认识水平的提高，他们必然有能力建立良性的教练、出资方和被教练者之间的互动关系，中国教练将大有用武之地。

第二部分聚焦中国教练的未来。随着越来越多的中国公司开始将教练用作开发工具，人们逐渐认识到这一行业的增长潜力巨大。第二部分深入探讨了教练过程中遇到的困难和挑战，还讨论了中国热门话题——教育辅导和职业辅导的运用。在本丛书的第二册我们将分享更多这方面的内容。还有一章讨论一对一教练与团队教练的区别，这也是在中国刚刚兴起的教练专题。这一部分最后由中欧国际工商学院的忻榕和杰克·伍德，以及菲尔丁研究院的莫妮克·斯诺登，在深入研究和思考的基础上，对领导力教练实践在中国和全球的前景做了展望。

本书第三部分的主题是回望与再思考，几位教练讲述了他们从事教练职业的心路历程和感悟，分享了他们对教练职业未来走向的观察与思考。作者们讲述亲身经历，展示了教练职业生涯是如何成就自己并帮助他人实现人生价值的。

我们精心挑选的作者具有不同的文化背景和履历，可从东西方不同的视角审视剖析，同时协作互补，形成跨文化"共鸣"。希望读者在阅读各章节时结合自身经验，深入思考并体会领导力教练在中国和外国的不同侧重点，形成自己的判断，从而正确识别高效领导力教练的特质和行为，特别是在中国文化背景下。

我们发现，为了企业内部的共同利益，企业更加注重开发高管的潜能，也更加重视领导力教练所扮演的重要角色，因此地缘界限开始变得模糊。虽然每个人的文化背景不同，但人们仍有很多相同之处。当今世界，利益相关者的期望和员工的需求促使领导力特质在全球范围内越来越趋同，在未来，我们也许会更加关注那80%的相同之处，而不是20%的不同之处。随着生产、商务和交流沟通越来越趋向于由个人主导，个体与和自己有着不同观点、信仰、期望的人有效合作的能力就显得至关重要了。而教练正是帮助这些个体拓展能力的有效方法。

全球化需要应对各种挑战，领导力教练也需要包容某些差异，但不是所有差异。矛盾冲突在所难免，而在应对和解决问题的过程中，人们必须具有全球化视野。大多数矛盾源于对他人的误解并且认为差异一成不变、定见难改。这时沟通技能就显得至关重要了。一个高管要想获得成功，必须保持警觉、认真倾听、不急于下结论，多花时间和精力与他人沟通以加深相互间的理解。如何做到语言得体、沟通到位，是一个永恒的挑战。技能是可以培养的，但作为新理念的设计师，我们需要努力描绘更精准的蓝图来指引我们自己、客户和被教练者迈向美好的未来。

目 录

第一部分　教练在当下中国的实践

第1章　企业选择领导力教练的理由：常见因素和重点关注的演变与转化……3

第2章　领导力教练给个人和组织带来的好处：为什么企业为高管和经理提供教练……16

第3章　中国领导力教练培养……33

第4章　一对一领导力教练的典型生命周期：客户和教练系列漫谈……52

第5章　用测评数据在循证教练中提供反馈……68

第6章　中国文化对中国领导力教练的影响……82

第7章　情境教练：将组织情境融入教练项目中……94

第8章　变革免疫……106

第9章　在中国开展领导力教练业务的挑战：领导力教练在中国的情境、挑战和推进方法……122

第二部分　教练与不断演化的市场

第 10 章　团队教练的规划和实施 ························· 147

第 11 章　教练在中国教育和职业规划中的应用 ················· 166

第 12 章　对话：教练助力领导力发展——一次会谈 ············· 190

第 13 章　教练的未来：制度视角和文化双融观 ················· 209

第三部分　回望与再思考

第 14 章　蜕变的旅程：在逆境中寻找意义 ···················· 231

第 15 章　评估和开发个人潜能 ····························· 239

第 16 章　我的故事：领导力教练路上的很多第一次 ············· 245

作者介绍 ··· 253

第一部分

教练在当下中国的实践

第 1 章

企业选择领导力教练的理由：常见因素和重点关注的演变与转化

萨宾·梅农　王毅

传播光明的方法有两种：一种是成为一支蜡烛去照亮四周，另一种是成为一面镜子来反射光亮。

——伊迪丝·沃顿

摘　要

本章概述了领导力教练在中国简短的发展史。除了这一历史视角之外，它还描述了中国领导力教练如何迅速发展为一个具备国际认证体系、综合运用多种先进工具的职业，肯定了具有认证资质的教练越来越受客户的欢迎。尽管取得了这些进展，但领导力教练仍然没有得到广泛的社会理解和认同，人们现在更多地将其视为一种快速有效地提升领导力的工具。

引　言

教练是最近几年才引入中国的领导力开发工具。跨国公司在本国提供教练，为保证其高管领导力的持续提升，将其教练模式推广给在中国子公司任职的高管。在很长一段时间内，在中国几乎找不到一个受过全面培训（在认证机构培训）的有资质的教练，更不用说中国本土的职业教练。后来，国际教练联盟（ICF）韩国分会首次来北京培训教练，打开了中国教练的大门。北京和上海是最早大量将教练引入组织中的城市［标志是艾迈乐（北京）有限公司（LMI）在北京建立］；随后，高管和领导力教练开始在中国越来越普遍，并不断壮大，而领导力教练这门职业也在逐步发展。

要理解为什么教练越来越多地被用于人才和领导力培养，就必须了解中国人才市场供给格局。改革开放四十多年来，中国市场经常出现人才短缺。企业可以通过注资、兼并和收购实现成倍增长，但人才不可能一夜之间成长起来满足企业的需求。不仅跨国公司面临人才短缺，中国本土企业同样处于这样一种境地：十年前企业起飞时的领军人才如今有很多已跟不上时代发展的脚步，更无力引领企业和团队走向未来。认识到培养本土企业领导者的巨大挑战后，企业就对旨在促进人才转型升级的教练持更加开放的态度。

今天，许多中国企业正在成为各自行业的世界领导者，它们不仅需要优秀的高管，更需要大量有能力让企业与西方先进的同行企业竞争的卓越高管。此外，VUCA（V——volatility 易变性，U——uncertainty 不确定性，C——complexity 复杂性，A——ambiguity 模糊性）概念的引入也重新定义了未来企业领导者的成功特质。加入就业队伍的"90后"和"00后"新生代喜欢更加开放、包容、有感召力的领导风格，而传统文化环境中培养的中国企业领导者往往更加注重效率，偏爱自上而下的威权式管理，这必然使企业面临巨大的挑战。

领导力教练可以针对特定类型的个人或团队进行战略性互动干预。它的目的是引导个人或团队向共同确定的目标前进。围绕共同目标，领导力教练可以通过确定重点、强化意识来加快实现目标的进度，也就是帮助那些被教练者更充分地发挥个人的潜力——使他们不仅更好地认识自己，而且对自己是谁而感到自洽（Kets de Vries，2005）。

领导力教练还应该被视为一个迭代过程，通过这个过程，被教练者可以测试和评估自己日常生活中的新行为并不断调整，直到他们自己认为准确无误。

如果运用得当，领导力教练将极具能动性，并将有力推动组织内部的创造和革新（Kets de Vries）。

传统教育系统偏重培养个体接收和吸收信息，而不重视培养其提出问题的能力，当然更不认可挑战权威。在这种自上而下的领导文化中，非指令性的方法可能有些令人不安。

中国本土被教练者在和教练一对一交流时的典型反应是希望教练"告诉我该做什么"。在非指令性方法中，教练采用提问的方式（有时是提出具有挑战性的问题），并相信被教练者会在解决问题的过程中自己找到答案。"告诉我该做什么"的方法对被教练者来说更舒适，因为教练提出的问题可能会引发被教练者反思，干预被教练者的内心过程（内心过程是个心理学术语，指的是人们头脑中所产生的活动，包括记忆、感知、思考、构想、想象力、信仰、推理等）。通过干预被教练者的内心过程，挑战其"认识世界"的方式，可促使被教练者个人更加深入长久地发展。

教练作为跨国公司内部高管培养的一部分，通常为关键岗位的人才和企业关键领导者量身定制，以促进其领导力发展。从根本上说，教练可为企业领导者在复杂岗位上发挥出最佳水平提供有力支持。

自从领导力教练正式进入中国以来，经验丰富的领导力发展专业人员纷纷求助于领导力教练，以求突破制约人才培养的瓶颈，而许多人自己也转行做了教练。这些专业人员大多数有跨国公司工作背景，在开发各类人才方面经验丰富。他们坚信教练对个人领导力转型升级极具促进作用。近年来，中国企业也纷纷投资于教练，以加快其领导力发展。

常见教练需求和关注重点

实际上，在中国的组织机构包括跨国企业或国有企业选择教练的原因多种多样，我们不可能列出完整的一览表，但我们通过多年观察研究，总结出以下趋势、模式和要求。

表彰和维系：当员工级别很高或当员工进入发展平稳期（该级别的岗位很少）并且暂时没有明确的上升机会时，表彰和维系可以对他们起到激励作用。

高效定制化发展：当企业领导者的专业知识和资历达到一定水平后，他们可在商学院学到的东西并不多。问题是，很少有人愿意在繁忙的工作日程中花两到四周时间去欧洲或美国参加培训。教练可为他们量身定制解决方案，帮他们应对领导力挑战，尤其是在他们领导变革或处理特定商务的时候。

过渡期：当员工处于被调动到新岗位、增加了新任务或新业务、到新组织机构工作或从管理层升职到领导层等后的过渡期时，教练可以确保角色过渡转换的平稳顺利。

高管升职前准备期：帮助高管做好升职准备，如从管理者升为企业领导者，成为董事会成员或职责和控制范围扩大，从管理一个国家（中国）中的业务到管理一个地区（亚太地区）中的业务。

文化差异：具体到中国特有的文化方面（这部分内容将在下面的案例研究中深入讨论），可能会发生在移居到中国，合资、并购以及其他交易达成后与中国合作伙伴打交道的过程中。如果是让一个在新加坡、马来西亚或中国以外的其他地方长大的人适应中国的工作环境，即使是会讲普通话的华裔高管，同样也会觉得这很有挑战性。将中国高管派到海外市场时，需要帮助这些新上任的高管适应新环境。

一般领导力开发：包括专项领导技能开发，涉及倾听、授权、赋能、个人和/或团队修复力、有效沟通、影响力和情商。

无论高管加入新公司、晋升还是外派到不同的市场，教练都可以帮助他们加速转变角色。

理想的教练应该熟悉企业领导者的新旧环境。当教练像企业领导者面前的镜子一样时教练才更有效，这不仅可以让企业领导者清楚地认识自己，而且可以让企业领导者以关键利益相关者期望的方式来展示出企业领导者所面临的具有挑战性的新环境。这还能帮助企业领导者思考如何发挥能力和专长，适应新要求，从而提振团队信心。同时，教练还会提醒企业领导者不要忽视微妙的人际关系，因为在艰难的新环境中，建立信任至关重要。

地理位置、文化、语言、业务、市场等方面的变动往往会给新高管带来很大压力（认识到这一点很重要），因此，在最初上任的六至十二个月内，有教练或导师的辅佐大有裨益。新高管上任后如果出师不利，对公司可能是一场灾难。相反，让企业领导者快速融入新团队会创造多赢局面，对于公司、高管以及猎头公司（如果高管是通过猎头公司外聘的）都有好处。对教练新高管的明智投资，能提高公司高管的冲劲。

教练可有效挑战对女性的下意识偏见。对女性的下意识偏见，无疑会影响女性高管的工作效能。与西方女性相比，中国女性面临的家庭和社会压力更大，因此更难成功。要取得成功，女性必须一直克服下意识偏见，突破她们自己假想的天花板。谁能解决这个问题呢？非教练莫属。事实上，许多在中国从业的教练都表示更倾向于对女性被教练者进行辅导，因为教练一旦找到正确的方法来帮助她们，就会发现女性被教练者更敏捷灵活，也更有动力去提升和改变。

公司聘请教练大多是为了培养高管，有时也聘请教练帮助提高特定项目的绩效。这时教练取得成功的关键在于被教练者愿意并准备改变，并且他们的主管积极支持配合。为了最大限度地减少抵触情绪，在教练开始时，可以利用高质量的"大五"人格测评量表等有效的管控工具。随着被教练者自我改进意识和动力的增强，教练的作用就会更加明显。

当团队面临重大挑战时，比如面临危机或并购时，团队教练可以作为一种提高团队绩效、提振士气的有效手段。在面临复杂棘手问题的紧要关头，高管往往在疲于"救火"、应对危机与风险的同时还要处理情绪问题。因为每个人往往专注于解决自己的问题，甚至以牺牲他人的利益为代价获取胜利，所以一个团队并不是其所有个体的总和。紧张和误解会破坏团队精神，不仅危害团队本身，还会影响与团队互动的其他人。教练可帮助团队成员抽出时间，专注于真诚深刻地自我反思、灵魂探索和自我发现。通过教练对话，团队成员可认真倾听彼此的心声，相互理解，同时挑战彼此的成见和假设。通过激发团队成员的正能量和优势力，教练帮助团队增强凝聚力，引导团队成员共同应对困难、互相学习、共同成长。

在 VUCA 时代，协作、团队合作和沟通是一位卓有成效的企业领导者取得成功的关键。职位越高，人们取得职业成功所需要的情商越高。清醒的自我认知、聆听并理解他人的耐心和勇于变革的动力，这些都是个人成功转型的关键因素。有雄心和干劲是中国管理者的优势，但中国教育系统过分偏重知识的习得和记忆，并没有让管理者在人际技能、自我意识和情商的开发和提升方面做好充分的准备。

此外，中国文化讲究"以和为贵"，人们千方百计避免冲突。这样一来，当真正面临冲突时，人们可能束手无策，组织往往陷入瘫痪。教练可以通过扮演思考伙伴的角色，提供不同的处理问题或修复关系的方法来提供帮助。通过教练，管理者可增强自我认知、调节情绪、调整人事、研判时势、提高情商。

在中国，教练已成为培养高管人才以及挖掘和开发潜在的管理者和董事的有效工具。但是，对于中国来说有一点是特殊的，那就是跨国企业和中国国有企业有所不同：跨国企业的总部通常在中国境外，工作一般由外籍人士领导，目的是确保其组织文化和价值观统一，而国有企业则百分之百由本土中国人领导。尽管针对跨国企业的教练对大多数对此有需求的中国境内公司都适用，我们还是针对跨国企业和国有企业对教练的不同需求和要求，通过下面的两个案例进行了深入研究。

案例研究

国有企业

目前的普遍做法是将教练嵌入人才管理和开发项目，特别是高管领导力开发的项目中。如果运用得当，随着时间的推移，通过对领导团队的教练可以变革企业文化。一家有深厚儒家文化传统的世界领先化工公司在过去几十年中取得了长足发展，且由于近年来国际市场扩张，发展势头更加迅猛。问题是：由于公司地处偏远，很难引进高端人才，而公司的快速扩张急需强有力的高管。校园招聘日益成为重要的人才来源，但年轻毕业生更偏爱开放灵活的领导风格。经历了一些失败的高层任命之后，领导层和人力资源部便开始反思，寻找更有效的人才评估和发展手段。

在亲自参加了为期一周的教练培训后，人力资源主管确信教练正是公司所需要的加速培养人才的方式。于是，人力资源主管不仅申请了资金，还亲自挑选了他认识和信任的教练。由于教练对许多高管来说还比较新奇，参加领导力教练项目的学员可以根据他们对教练的认识和变革愿望选择合作的教练。现在，教练已成为公司高管培养项目的必修课，与多年来注重培训、考评和行为学习的人才发展项目相互配合、相得益彰。

从这家化工公司的案例中，我们看到教练对个人转型升级卓有成效，我们也期望看到教练对公司文化转变的促进作用。该公司位于孔子故乡，公司盛行"大哥文化"，高管和权威人士被奉为德高望重、永远正确的"大哥"。在这种文化氛围中，忠诚听话和执行力是竞争优势，而个性张扬的创造力则被忽视。通过教练，高管们的自我认知水平提高，高管们也开始反思自己的领导效能和公司文化。现在，公司高管层希望建立一种长期存在的教练文化，以适应公司的下一个长远发展规划和全球化战略。

案例研究

跨国企业

克拉斯先生是荷兰人，在一家石油和天然气跨国企业工作。他已经在这里工作了20年，曾在各种管理岗位任职并一路晋升。四年前，他担任全球运营总监，这意味着他将移居新加坡，这也是他第一次移居海外。他的首要目标是：负责与一家中国集团公司建立合资公司并保证顺利运营，这将为他所在的公司进入亚太地区迈出关键的一步。合资的结果是第三家公司成立了，中方拥有该合资公司55%的股份，克拉斯被任命为这家新合资公司的首席执行官，同时向其欧洲总部的首席执行官和中国合作方公司董事会报告工作。合作方是中国国有企业。为了适应这个新的挑战性角色，克拉斯搬到了中国，而他的家人则搬回了荷兰。在克拉斯转换角色的同时，他在新加坡工作的一位同事也是老朋友被任命为母公司董事会成员迁回总部。为了帮助克拉斯适应新角色、应对复杂的情况，总部为他安排了领导力教练。不言而喻，这种情况下，克拉斯只能成功，不能失败。

克拉斯今年55岁，彬彬有礼，性格温和外向。他有一种"实事求是"的坦率风格，习惯于打电话说服别人，总认为自己一贯正确。他已经习惯了随心所欲。他在公司人脉广，经常不打招呼就向同事推销自己的观点。他从工程学校毕业后曾在另一家公司短期工作过，而他所掌握的全部领导技能和管理知识，包括公司文化，都是在当前工作的公司里学到的。虽然这是一家拥有多国员工的跨国企业，但荷兰管理风格（以共识为导向，善于直接理性对话，不回避矛盾，争论后喜欢一起其乐融融地喝杯啤酒）占主导地位。这种文化很适合克拉斯。除此之外，公司首席执行官还经常与克拉斯打高尔夫球，这使克拉斯更容易表达自己的观点，并更容易和首席执行官谈到一些"正常沟通渠道"难以触及的问题。

综上所述，克拉斯非常能干，也很称职，职业生涯获得成功理所应当，但他一生中的大部分时间只在一家公司工作，习惯于一种公司文化。由于他的情商和社交技能都很高，他常常能以自己的方式完成任务，不管是通过正规渠道还是曲折迂回或找捷径。

在与教练沟通面谈时，克拉斯承认，他并不完全认为自己需要教练，但由于以前从未经历过，他出于好奇愿意尝试一下。"反正没什么坏处，"他说。他对自己的新角色充满激情——这是一次重大晋升，如果一切顺利，下一步的升职就顺理成章。他非常清楚获得成功所必须承受的压力，也明白晋升为董事会成员对自己的职业发展和能力提升有多么关键。如前所述，虽然他同意接受教练，但他认为这在眼下并不十分重要。他刚来到中国，不会说中文。他才认识到新加坡和中国上海之间有很多不同，首先就是并不是每个上海人都会说英语。

通常，习惯于在马来西亚、新加坡、中国香港特别行政区等地工作的专业人士，大都误以为在中国内地工作时情况也相似。虽然像北京和上海等大城市都拥有同等规模国际化大都市所能提供的一切，但这些城市的人仍然根植于那些不容忽视也无法绕开的中国文化、语言和传统。

因此，前几次教练主要关注文化差异和行事方式，包括外籍雇员和企业领导者的日常生活，特别是如何与中国当地团队成员打交道。很快，克拉斯就明显感到很难在总部高管层中找到自己的位置，包括如何把握与董事朋友交往的分寸，更具体地说，他很难同合资企业的中国董事长进行有效的沟通交流，并成功向对方阐明自己的观点。此外，随着信任的建立，克拉斯也倾诉了他的担忧，他担任该合资企业的首席执行官，实际上就已正式离开了母公司。他完全明白，如果他不称职，合资企业就可以根据中国法律将他解雇。他信任自己的母公司，但他的内心现在不可避免地相当脆弱。

教练开始后，我们有机会采访了中国公司的首席执行官（我们姑且称他为杨先生），这是教练与主要利益相关者会谈的一部分。现年54岁的杨先生来自北京，他的整个职业生涯都在这家国有企业度过，现已快退休。他毕业于北京的清华大学——中国顶级名牌大学，几年前被任命为首席执行官。他不会讲英语，配有专业翻译。他非常依赖他会讲英语的执行秘书来安排日程以及打印函件和备忘录，包括约见当地员工。杨先生的领导风格可定义为"老派"，他有丰富的中国营商经验，最重要的是他有人脉（人脉在中国至关重要）。杨先生认为，这家合资公司可以为他的职业生涯"画上完美的句号"，而且通过合资控股一家外国公司也算给他所在的中国企业长了脸。虽然沟通起来和蔼友善，但他的领导风格却是自上而下式的——"执行命令，不必多问"，这对克拉斯来说不太适应。由于中方是合资公司的大股东，杨先生掌握着克拉斯负责实施和领导的多数项目的财政大权，大多数决定必须由杨先生批准，这使克拉斯很难适应。

两年后，合资公司取得很大成功，克拉斯也学会了妥协。在行动之前，特别是在发言之前，他会从很多角度思考问题。

虽然仍不会说普通话，但在教练的帮助下，他学会用中国人的视角审视各种情况，特别是在与杨先生以及合资公司的其他所有人沟通交流时。对克拉斯来说，意想不到的影响和收获是他通过改变自己的行为习惯实现了自我发展，同时也践行了他的基本价值观和内在驱动。年复一年的数次升职，让克拉斯从来不用担心他的前程。他并没有真正停下来思考或者表述为什么自己同意接受晋升。晋升很自然，也好像是理所当然的。但这次不同，这个新角色迫使他几乎每天都在问自己：为什么要做现在正在做的事？为了达到哪个目的？自己在向着什么目标前进？这些事是否符合自己的法定职责、职业抱负和专业身份？

这也是多年以来，他第一次不断受到国内总部的挑战和批评，更微妙的是，还受到当地国有企业的批评。

他的那位董事朋友与他对边界感的看法不同，与现在的董事会成员之间的友谊基调的变化明显地影响了他，但他最终还是能从朋友的角度看待这个问题。

教练在各个层面都起到了作用：调适他的领导技能，与本土华人社区互动，找到与新同事的共同点并达成一致。虽然克拉斯和当地首席执行官的领导风格大相径庭，但通过教练，克拉斯找到了与对方建立联系的方法，追求共同的愿景和目标让他们有了共同语言。后来他们发现，他们两个人都喜欢打高尔夫球，这就成了另一个沟通渠道，提供了一个更中立、更客观的共鸣板。

有道是"高处不胜寒"，对于远离朋友和家人而身处异国他乡的克拉斯来说更是如此。克拉斯也认同这样一个现实，即虽然中国人更注重事实、讲究实事求是，但他们也有感情，只是不轻易外露。克拉斯过去很喜欢发表观点，不善于积极倾听，这次经历迫使他认真倾听他人的意见。他重新评估了自己的价值观和目标，以便后退一步，更好地理解他到底在对什么做出反应。

对于居住在中国的外籍雇员来说，有一点非常特别：可能会承受全天候全年无休的压力。他们朝九晚五上班（更多是早上六七点到晚上八点），晚上电话不断，直到午夜，有时会更晚。如果他们所在的公司与在美国也有很多业务关系的跨国企业合作，美国人醒来时，中国人睡觉，反之亦然。如果外派高管不注意，很容易陷入没完没了的全天候恶性循环而没有节制（对于一个家人没有留在本国的外派高管来说更是如此），就很难有动力处理好工作与生活的平衡问题。二十四小时不间断的压力必然导致身心疲惫不堪。

作为教练，我们的职责是教授被教练者如何在保持工作和生活平衡的过程中划清界限。教练帮助克拉斯不再对所有的会议说"是"，特别是那些超出合理工作时间的会议，并对此表示接受（没有内疚感或工作压力）。

发展历程

2009年初教练进入中国时，中国市场的教练非常有限，国际教练联盟认证过的专业教练非常少，几乎没有教练是土生土长的中国人。教练项目的要求也很具体，比如针对文化差异或外籍雇员入职培训，特别是给中国"海归"提供教练。

十年后的环境已大为不同。亚洲教练协会发起的一项调查报告显示，在中国，教练通常采取咨询建议、导师指导和实际教练的组合形式。不到三分之一的教练干预仅限于纯粹的教练，而几乎一半的干预措施结合了教练和导师指导。因为教练在中国被视为一种没有投资回报保证的现代管理工具，所以任何求助于教练的诉求都要经过最高层领导的批准才有可能实施。中国教练中存在的主要问题是不尊重该职业的保密道德规则，因为不了解教练职业特点的客户（大多是人力资源部管理人员）要求教练向他们报告与被教练者的所有对话内容。教练在中国遇到的另一个主要问题是教练的可靠性。调查显示，虽然在中国企业聘用的教练中有三分之二是经过教练机构认证的，但只有三分之一的教练通过了被认可的专业机构的认证。而在聘请教练的中国公司中，只有三分之一的公司会验证教练资质。最后，在文化上，中国仍然很看重教练的年龄、资历和工商业实践经验，而不重视他们作为教练的专业技能。

我们还采访了我们的客户，特别是熟悉教练职业的跨国企业人力资源主管，询问他们如何看待过去十年教练职业的发展。他们的回答与我们所观察到的非常一致。在教练被引入中国的初期，教练主要是帮助高管自我发展和提高自我认知，尤其是支持变革式领导力（这是一种高度复杂的技能，可以清楚阐明未来的愿景并激励团队实现愿景，而这显然是一项极富挑战性甚至孤独的任务）的发展。为了提高效率，企业领导者经常会有这样的感觉：他们必须在组织中为所有人做所有的事情，并且承担组织中有魅力的和不可缺少的组织领导者角色，左右逢源，纵横捭阖（Kets de Vries）。以提高绩效为重点的教练变得更加重要，与此同时，对于特定领导力技能的发展，领导力教练也变得更有针对性。

新冠疫情的影响

在我们写这一章时，中国已经在过去几个月设法控制了新冠疫情在国内的传播，但是入境者还需在指定的中心执行为期两周的强制隔离措施。其直接后果是外籍员工不能返回本国，他们的离开，将导致在此极具挑战性的市场和经济环境中，需要在短期内培养本土企业领导者作为替补。此外，我们可以观察到世界范围内的转变，就是更加以本国内部为中心（不仅中国如此，全球其他国家也一样）。

虽然中国是世界上人口第二多的国家，但领导人才仍是稀缺资源。中国并不能与上海和北京这样的城市画等号，二三线城市很难吸引高端领导人才，因此中小城市本土人才的发展任重道远，这正是教练的巨大市场和用武之地。

结　论

在中国，领导力教练是一种新兴职业，随着蓬勃发展的中国市场经济大潮而出现，几乎被视为一种附属品。如上所述，我们看到，教练正在从关注培养人才转变为关注绩效提升。目前，市场环境困难，全球经济衰退，投资回报率和关键业绩指标变得至关重要。我们不禁要问：中国经济是否会孤立于世界其他国家？在 VUCA 环境中，更多年轻和经验不足的新生代即将掌管跨国企业，教练将如何发挥作用？

无论是面临地缘政治、新冠疫情还是其他任何挑战，中国市场对领导力教练的需求只会增加，不会减少。四十多年来，中国人民已经收获了改革开放和市场经济的硕果。作为一个充满竞争且勤劳上进的民族，中国人民为追求美好生活而不惜付出巨大的努力和代价，包括必要时进行个人转型升级。如果中国经济和社会要持续满足人才成长与发展的需求，就必须与时俱进。近年来，随着互联网和科技持续进步，中国人能够更容易地接触了解西方社会先进的管理和人力资源理论与实践。随着人们看到并体验到教练等人才发展手段对自己的深刻影响，他们的市场只会变得更加广阔。在中国，教练仍是一个不断发展的职业，但它需要走向成熟和自我完善。毋庸置疑，在未来几年内，教练将为中国国有企业和跨国企业的成功助一臂之力。

第 2 章

领导力教练给个人和组织带来的好处：为什么企业为高管和经理提供教练

弗兰克·雷克萨奇　杰森·拉米

> 功成事遂，百姓皆谓："我自然。"
>
> ——老子

摘　要

本书第 1 章讲述了领导力教练在中国的演变和发展。虽然教练行业在中国还处于起步阶段，但像中国很多其他新兴事物一样，它会很快追赶上欧美，并通过不断调整来适应新的变化。随着市场上国际教练认证种类的增加，教练越来越专业，教练可以使用和遵循的公认流程和工具越来越多。企业选择是否投资于教练时，除了要考虑教练的专业水平，还要考虑项目的投资回报率。教练最初常常被误认为是"修理"经理和高管的手段，而现在，人们会认为教练主要是关注领导力发展。本章将介绍两位外派到中国的外籍高管接受专业教练的成功案例，他们通过接受教练，实现了自身的转型提升，培养了很多优秀的本地人才。案例分享了他们在跨文化环境中学习和适应管理的感悟。他们带领中国团队推广和践行企业文化和价值观，同时负责筛选、招募和培养下一代人才以保证企业的可持续发展。如今，在中国的很多外国跨国公司和新兴的企业都面临着同一挑战。作者分享了他们培养企业未来的领导者的经验和教训，也介绍了他们自身职业技能的发展和提升。

引 言

尽管领导力教练在中国处于起步阶段，但其应用和发展势头十分迅猛，因为投资于高管和下一代人才的潜能开发将会为企业带来巨大效益——只有依靠人才，企业才有望成为世界一流企业。以前购买外部教练服务的企业大多是国外的跨国公司，现在越来越多的中国本土企业逐渐意识到聘请外部教练来支持企业领导团队发展的价值，特别是在一些国内人力资源和业务领导者获得领导力教练认证，掌握了全球适用的教练工具和流程后，中国本土企业使用外部教练服务的情况日益常见了。

领导力教练的首要目标是提升高管的综合素质。通常，根据企业领导者的具体要求和教练的个人经历，教练可同时担任多重角色，因为教练自己在职业生涯中有多次接受教练的经历，这让他们具备了这样的能力。对企业领导者来说，领导力教练就像一面可信赖的镜子，在有防护栏的安全环境中帮助企业领导者们及时发现自身的不足，从而实现可持续发展。说到底，这不仅仅是企业领导者个人的发展，而且是指在竞争日益激烈的环境中，企业领导者更有效地激励团队，帮助企业实现绩效最大化。

考虑到优秀的企业领导者所带来的连锁效益，在中国企业中投资于领导力教练的收益是非常可观的，它会帮助企业实现业绩的长期提升。下面的几个典型案例非常值得关注，两位在中国工作的企业领导者分享了他们借助教练打造高绩效团队、促进业务发展的经验。

自我觉察

有效的领导力始于自我觉察。一个人在公司里的职位越高，越会感到孤独，也越需要自我觉察。这种情况在中国文化背景下会更加复杂，因为"面子文化"的存在，企业领导者需要确保自己赢得他人的尊重，体现自己的领导者身份。因此，一位值得信赖的高效领导力教练对企业领导者来说非常重要。教练可以为企业领导者提供反馈，让他能及时了解他人对企业领导者的看法，确保企业领导者能快速应对，并在必要时加以改进，从而保证企业领导者的威望和组织的效率。这正是循证教练（Evidence-based Coaching，EBC）的价值所在。教练在进行教练和谈话时，可借助真实可信的数据和专业的分析解读，帮助被教练者加强觉察，接受反馈意见。自我觉察也体现为企业领导者对下属的组织绩效给出客观公正的评价。如果企业领导者评价不当，可能会导致团队中关键成员的流失，或者反过来说，把平庸无能之辈留在团队中，同样也是对那些勇挑重担的团队骨干的不公。

通过积极主动的自我觉察训练，企业领导者可深刻领会情商（情绪智能）、示弱的作用以及领导力本质，从而能清晰理解职责、落实责任，通过高效沟通解决棘手问题，处理好与难相处的人的关系，并做好愿景规划。企业领导者可以通过冥想训练进行自我反省和自我管理，发现自己领导力中的盲点和不足，并加以克服。这些方法源于"乔哈里之窗"的自我意识发现——反馈模型，那是拓展企业领导者自我觉察的有效工具。"获得反馈"是企业领导者取得成功的至关重要的环节，特别是在他们担任企业领导者的早期阶段。

通常，跨国公司总部的组织架构和内部晋升流程已成熟定型，对企业领导者而言，在总部获得晋升的难度相对较大。因此，很多高管是先被外派到海外工作，然后才担任企业领导者职务的。在过去20年里，大量国外跨国公司先后进入中国市场，大批高管被提拔到企业领导者岗位。他们获得晋升的主要原因是：中国经济规模巨大，与世界其他地区的业务增速相比，这些跨国公司的在华业务取得更快速的增长，加上中国在全球供应链和科技创新方面的重要性越来越高。

案例研究

弗兰克的故事

弗兰克刚满 42 岁,就从澳大利亚被调到中国上海,担任公司副总裁兼亚太区总经理,负责管理公司在该地区的运营。尽管弗兰克此前曾在中国香港地区担任过高管,也会讲普通话,但这是他第一次在一个不熟悉的市场环境下主持管理大型公司的业务。

很幸运,弗兰克与威廉·茅博励(比尔)有私交,他第一次在香港遇到比尔时,就感觉两人非常投缘。后来,比尔成了他的良师益友。弗兰克这样描述当时的情景:"那时,全球压敏胶标签业巨头艾利丹尼森公司刚在澳大利亚收购了一家公司,任命我担任执行董事,负责公司的新高管培训项目。这个项目的亚太区合作伙伴是 PDI 公司,比尔则是 PDI 公司亚洲地区的首席执行官。幸运的是,在两天的集中模拟训练中,比尔亲自为我提供了反馈,他坦率和建设性的意见为我后来的领导工作指明了方向。"

一年后,弗兰克从悉尼被调到上海,他和比尔又在上海相遇。弗兰克上任时,这家公司和很多其他公司一样,正在努力摆脱全球经济衰退的严重困扰,急需扭转地区业务的下降趋势。比尔博士当时受聘于中欧国际工商管理学院,负责一个高管培养项目。他正在做公司调研,为这个高管培养项目准备案例研究课程。他对弗兰克公司的业务进行了深入的分析研究,为弗兰克安排了一位经验丰富的领导力教练。教练经常列席弗兰克主持的管理团队会议,直接观察弗兰克管理新团队的风格,掌握了大量一手资料。

每次会议结束后,教练都会直接给弗兰克提供实时反馈。教练就像在弗兰克面前竖起了一面镜子,使弗兰克能在第一时间了解他人对自己的看法,及时发现不足,采取必要措施调整自己的行为,改变他人对自己的负面看法,以此提升团队积极性和凝聚力。美国人和中国人对直接沟通的理解有细微差别。美国人常常向上司反映自己的想法,直截了当,公开透明。但是,在中国人占多数的新团队中,这种直接沟通的效果可能会适得其反。上司在团队中直接点名批评某位经理的观点，可能会让这位经理在同事面前感到尴尬，甚至有人会认为这位新上司不支持这位经理。澳大利亚人或美国人习以为常的做法，在中国可能就是一些隐蔽的地雷。教练通过几次关键的领导策略辅导，帮助弗兰克避开了这些地雷。

案 例 研 究

杰森的故事

　　以前，杰森从家人、老师、体育教练那里得到过很多帮助和辅导，但从职业角度来说，他真正接受教练始于与查尔斯·特雷西的合作。20年前，查尔斯是一家小型会计师事务所的高级合伙人，他真心希望把杰森培养成新的合伙人，然后与杰森一起教学，一起在中国做生意。杰森在中国工作几年后，适逢致同会计师事务所计划在中国积极扩张，于是他加入了致同会计师事务所。这份工作使杰森之前在中国学到的技能和积累的人脉正好能派上用场。杰森上手很快，35岁就开始承担很多重要职责，包括招聘新人、搭建新的服务体系推动业务增长。后来，他负责管理上海办事处。再后来，他的职责扩展到主管整个中国内地和香港的业务。

　　杰森的下一位教练和导师是致同会计师事务所的首席执行官史蒂芬·奇普曼，是他把杰森招进事务所，并帮助杰森和家人在上海安顿下来的。史蒂芬在香港工作，两人都是在中国工作的外籍人士。他们有很多共同之处，也有很多可以互学互鉴之处。虽然杰森四处旅行，在中国也待过很长时间，但他知道，那和真正在中国生活是完全不同的。因此，他必须采取与"飞进飞出"不同的行事方式。史蒂芬从20世纪90年代初开始就在中国工作，他是帮助杰森建立并发展更深层关系的引路人。通过观察和接受教练，杰森学会了许多与中国人打交道的"软技能"，并建立了很多良好的关系。比如，他知道不能像多数刚到中国的美国人那样，直接生硬地索取想要的结果或答案。辅导中，史蒂芬不会直接告诉杰森具体细节，而是细心引导杰森去亲自体验每种关系，并解释其中的前因后果以及史蒂芬自己的理解。他为杰森留出空间，让杰森用自己的方式学习和处理关系。他们进行了多次一对一非正式教练沟通，包括探讨不同的关系以及如何更好地培养和留住关键人员与未来的企业领导者等。在杰森到中国的第一年，他一直跟着这位优秀的导师学习。事后来看，很明显史蒂芬在有意培养杰森日后扛大梁、成大事，而且是在帮助杰森日后不仅在中国，而是在全球担任更重要的管理者角色。

在中国期间，杰森非常幸运地在上海遇到了比尔，比尔不但给他做了辅导，还介绍他认识了很多新朋友，鼓励他做得克萨斯州农工俱乐部上海地区的总裁，并邀请他到中欧国际工商学院给学生做报告。他们一起合作，为到访中国的美国得克萨斯州州长率领的政府代表团组织"如何在中国做生意"的研讨会。比尔是杰森见过的最好的全球人脉资源专家，他的风格做派极具感染力，使杰森深受启发并努力效仿。比尔作为领导力教练，常常率先垂范、以身作则，用自己的实际行动展示他的领导风格。杰森学会了各种不同的领导风格，这使他能更清楚地认识自己，同时也让他成为更有影响力的企业领导者和教练，去培养更多的领军人才。

成为各方认可的企业领导者

有影响力的企业领导者是不能只依靠以往的工作经验去领导他人的。无论是新晋升的中国企业领导者还是初到中国的外籍企业领导者，都应该尽早与市场上其他资深高管和久经沙场的教练接触交流，这非常重要。一个人要想树立起企业领导者的威信，成为各方认可的企业领导者，必须依靠这些资深人士的帮助。他们可以帮助企业领导者深刻理解组织内部文化、客户和供应商等各方面的复杂情况。

幸运的是，我刚到中国，就间接认识了西门子的一位业务部门负责人，他是德国人，已在中国管理运营多年，业绩卓著。我问他："对一位初到中国企业的管理者来说，要想赢得团队成员的支持，您有什么建议？"他的建议非常宝贵：在中国，要想获得团队成员的支持，你必须得到他们的认可，只停留在了解他们的想法层面是远远不够的。这与我的想法正好相反，我一直以为，中国和亚洲的商业文化更注重服从上司，上司主要依靠聪明才智进行管理，而不需要与下属建立情感联系。

认识到这一点后，弗兰克改变了自己的做事方法，转而更注重与下属建立信任和真诚的个人关系。他坚持每天早上在工厂散步，停下来和生产线上的每个人交流，询问他们的近况及其家人的情况，谈论更多生活琐事而不是只谈工作。弗兰克发现，随着时间的推移，通过这种真诚的交往，他不仅吸引到了最优秀的人才，而且在公司最困难的时刻，他留住了人才。例如其他公司或竞争对手以更高的薪酬来挖人时，他的团队都不为所动。

外籍首席执行官史蒂芬给予杰森支持，认可他在中国的工作，让杰森受益匪浅。杰森也从中国内地和香港的企业领导者那里受到启发，这也非常重要。起初，香港公司的领导层对中国内地业务的影响非常大，但很显然，公司未来的业务发展趋势需要将总部和最高领导层转移到中国内地。因为公司之前的业务模式运作了很多年，搬迁对公司而言，并非易事。它需要公司上下进行思想转型和文化变革，这特别需要更多接地气的智慧和方案，而不是继续沿用西方的模式。

几年后，史蒂芬搬回美国，杰森继续留任上海，并接手了史蒂芬在中国时的大部分职责。杰森开始与公司内两位资深的中国高管紧密合作：方志东常驻香港，他之前所在的公司于2007年并入致同会计师事务所；夏志东常驻北京，他之前的事务所于2009年并入致同会计师事务所，他任公司的副董事长。杰森随总部从香港搬到上海后，就一直常驻上海，这让他有机会同时了解上海和香港两地的情况。那时，公司准备扩大规模，招募了很多新管理者，总部也将搬迁到北京。

杰森的新职务是中国执行委员会高级顾问、国际业务主管，同时负责管理上海办事处。他的新角色增加了许多新职责，需要更高的领导水平才能得到各方认可。杰森花了很多时间向方志东和夏志东两位高管学习，听取他们的建议。他要让更多人心悦诚服，就需要得到更多人的支持，包括北京、广州和其他各大办事处的新任中国高管们。他需要经常出差，去认识并熟悉团队成员，手把手地交接，以确保公司平稳过渡。杰森与中国高管一起合作，用公司新的战略激励中国员工，因为中国高管未来在国内和全球业务中都将要承担更重要的角色，这一切都让他感觉很兴奋。

积极倾听的重要性

在中国，一个人要想成为一位受欢迎的企业领导者，就必须在工作中运用积极倾听的技能。企业领导者就公司战略或目标发表自己的观点前，需要认真听取团队成员的意见，充分理解团队成员的想法。企业领导者这样做，会收获很多新的视角，提出新的洞见。然而，在多数中国企业，下属对企业领导者已做出的决定表达不同看法是很困难的，尤其当企业领导者和团队成员彼此还不熟悉、长期信任关系尚未建立之时，企业领导者更难听到不同的声音。在中国管理企业，如果企业领导者已进入雷区，但是团队成员却没有直接将实情告知企业领导者，那么对企业而言是非常危险的。

企业领导者掌握积极倾听的技巧在任何文化中都有用，尤其是如果想在中国更高效地工作，这种技巧更为关键。要有效倾听，首先需要创造一个安全私密的谈话空间，这样谈话者才可能畅所欲言，为此企业领导者需付出额外的努力，安排时间进行高质量的一对一沟通。与西方人习惯在众人面前讲话不同，中国人更愿意一对一沟通。企业领导者在进行一对一沟通时，要多问问题，仔细倾听而不要打断对方说话，也不要直接给出问题的解决方案，更不要试图为某种看法辩解。这样，员工才能知无不言、言无不尽。企业领导者只有在充分掌握了一手资料后，才能正确研判形势，解决业务中遇到的问题或抓住新的商机。另外，企业领导者通过倾听，可以更多地了解每个下属，发现他们的潜能。在中国文化中，人们不习惯自我推销，因而如果没有这种个性化的沟通，企业领导者很难发现值得投资培养的后备人才。

20年前，杰森第一次来中国出差时，并没有意识到这一点，那时他根本不懂得积极倾听，只会从自己惯用的西方的视角看待问题。在正式来中国工作之前的6年间，他经常到中国内地和香港出差。直到开始在中国生活并负责招聘和管理团队后，他才真正理解什么是积极倾听。在与中国高管和员工合作的过程中，他逐步成长为一名真正善于聆听的企业领导者。他进行过很多次一对一沟通，发现当他需要真正了解别人的想法时，这种方式非常有效。通过积极倾听，杰森与很多员工建立了师徒关系，这让他有机会为中国有潜力的企业未来领导者们提供恰当的教练。他认为这是一种双赢模式，因为每次他为对方提供领导力教练时，通过积极倾听，他自己也得到了启发，受益匪浅。通过一对一导师辅导谈话，他很容易从倾听中获得更多真知灼见，同时也可以分享更多个人的想法。这些都是对"乔哈里之窗"模型的应用，有助于更多信任关系的建立。

打造相互信任的环境，提高团队效能

企业领导者要想在中国这样的高潜市场扩大业务规模，必须赋予团队成员自主发展的权利，让他们有权自主做出重要决策，从而把监督管理成本降到最低。从文化上讲，这是管理者要面临的一大挑战，因为与西方管理者相比，中国管理者更习惯规避风险。而且，中国企业也不擅长授权给区域管理者。在这方面，领导力教练可以提供有效的工具帮助中国企业领导者学会如何授权，例如企业领导者可以使用情境领导力，有效地从战术思维转为战略思维。企业领导者充分授权是企业顺利进行战略管理的必经之路。企业领导者实施授权战略

（往往这种战略的风险最小）前，首先必须建立信任关系。

在管理新团队（有时是经验不足的团队）时，企业领导者很容易进入管理者角色，并掌控团队的关键决策权。这在团队管理初期作为一种权宜之计当然无可厚非，但是，这种做法会产生更多不良后果。例如：团队并不认同你的决策，或者会形成一种习惯，即下属缺乏主动性，不敢承担责任，即使是最基本的决策，也习惯等企业领导者批准后才往前推动。问题是，在中国这个快速发展的市场中，企业需要快速反应。如果一切决策需要等企业领导者批准，就会限制企业的业务增长，使企业的快速发展遇到瓶颈。

情境领导力模型是很多企业领导者使用的有效工具，它重点关注的是下属们执行具体任务的能力，而不是他们的整体能力。在使用情境领导力模型进行管理时，企业领导者以完成任务为核心，根据具体任务的需要，判断下属是否需要接受详细指导、教练和提供支持；或者，如果企业领导者能够确定下属有能力圆满完成任务，则可大胆授权，放手让下属施展才能。

很多中国管理者不愿让他人知道他们对某个具体任务或项目还不够胸有成竹。通常，一个管理者做超出自己能力范围的事时，他会感觉力不从心、筋疲力尽或对自己的能力失去信心。这时，如果这位管理者不能获得及时的支持，那么，会很容易导致企业人才的流失。但是，在企业管理中，造成核心人才流失的更关键的原因之一，往往是霸道的管理者没有为下属提供发展进步的空间，下属无法施展才能、获得认可。

杰森刚到中国时，企业发展的当务之急是需要他想方设法从竞争对手那里大量挖人，为公司储备管理人才。那时，公司需要加强审计和税务业务，也需要拓展专业咨询服务。中国内地有一项专业咨询服务并不是公司急需发展的业务，即转让定价，因为香港公司已有转让定价咨询业务，服务范围可覆盖中国内地。所以，杰森在收到罗丝·周的简历后，并没有着急安排面试。那时罗丝刚30岁，她期待获得公司合作人职位，并负责上海转让定价业务。当时公司并没有计划短期内设置这个职位。杰森起初非常怀疑她的能力，甚至不想约她面试，但仔细看了她的简历后，还是决定约她面谈一下。面试中，罗丝缜密的商业计划给杰森留下了深刻印象。听了罗丝实施计划的具体想法后，杰森感到这个人才非常难得，一定要设法留住她才对。罗丝通过了公司的招聘流程后，杰森和中国管理层决定请她加入公司。尽管杰森对转让定价服务的技术细节一无所知，但他和中国团队大力支持罗丝开展工作，并给她提供了充分的资源，使她的计划得以顺利实施。为了支持罗丝的计划，公司除了投资配备资源，还聘用了罗丝推荐的其他关键人员，很快她的团队就成功打开了转让定价咨询业务的市场。

公司领导不仅同意罗丝以合伙人身份加入公司，还放手让她搭建和培养自己的团队，允许她犯错、学习和成长，这使她真切感受到公司领导层对她的信任和信心。同时，罗丝和她领导的团队也齐心协力忠诚回报公司。显然，罗丝没让领导层和客户失望。如今，罗丝已成长为一位有感召力的企业领导者，她也是很多人的导师和教练。她负责的转让定价业务开展得风生水起。她在短短几年内，就晋升为上海税务业务负责人，然后又晋升为上海执行合伙人。现在她已是这家有6 000多名员工的集团公司的全国管理委员会委员。

向企业文化和思想多样性借力

中国在接受国际领导力理念方面非常开放，很多中国企业都经营海外业务。中国也成了跨文化管理团队的聚居地，拥有大量世界一流人才。因此，很多公司把中国作为亚太地区与全球业务的枢纽。在这种跨国境和跨文化企业运营环境中，有大量经验丰富且具全球视野的企业领导者，他们善于有效整合不同观点。新晋的中国业务管理者在与他们的交流互动中，受益匪浅。

有机会组建一个能融合多元文化的领导团队，并努力使团队成员发挥各自的优势，这对一名区域高管而言，是非常难得的历练机会。世界上许多地区、国家之间都有历史纠葛，亚太地区也不例外。因此，很多时候，一些公司会考虑聘请本地区以外的西方人当企业领导者。因为他们没有历史偏见，更易于被各方接受，有助于团队制定有效的全球整体战略，培育和谐包容的团队文化。

另外，西方企业领导者新颖独到的见解也有利于促进中国高管的职业发展和晋升，因此，西方企业领导者在这些公司大受欢迎。

无偏见的区域高管能够以公允平衡的方式处理团队中的不同观点，而不偏袒某个人或偏爱某个市场，这会让下属有机会接触到亚太地区其他人的观点。这些观点通常是下属只能在与同事进行深度互动时才能触及的，而这有利于那些原本就非常优秀的国内经理人快速晋升为区域高管，有些甚至可以晋升为全球业务管理者。

中国会计行业的发展还不像西方发达国家那样成熟，中国监管机构和当地会计师事务所一直在学习和引进其他国家的先进经验和人才，包括向各类经验丰富的同行学习，并将所学应用到中国市场。杰森在中国受益最多的工作经历就是主管招聘工作，招聘各种不同背景的人才加入公司，打造一个多样化的团队。公司当时在中国内地工作的很多高管和员工来自香港。公司也从当地四大竞争对手那里引进了很多来自美国、日本、英国、新加坡、马来西亚和加拿大等地的人才。这种员工多元化策略增强了公司在人才市场上的吸引力，使公司在校园招聘中备受关注。中国团队成员也为有这么多的外国同事而自豪。此外，中国员工也有很多被派到美国、英国和加拿大等地进行短期或长期出差的机会，这也为他们提供了进一步获得发展和强化培训的机会。中美两国领导小组经常开会交流信息，这些交流机会促成了很多教练项目的实施。总之，多元化环境的培育、创建和利用，在中国和全球组织中都产生了连锁反应，深受中国团队成员的欢迎。

提倡包容，鼓励表达

包括中国文化在内的亚洲文化，崇尚内敛含蓄，人们在表达自己的观点时，往往比西方人更保守、更慎重，尤其是在尚未明了的事关企业成败的大问题上。遇到这样的情况，高管表达了自己的观点后，如果没有认真主动地征求领导团队全体成员和核心管理人员的意见,他可能会误以为大家都同意自己提出的战略或政策。

弗兰克描述了这样一个案例:

> 记得在最初几次区域领导层会议上,我很快注意到不同团队成员发言的主动性大不相同。美国、澳大利亚和印度的下属们踊跃发言、积极参与,几乎主导了讨论会场,而其他亚洲国家特别是中国团队成员明显保持沉默。这再次证明了比尔教练的宝贵之处,他强调了企业领导者在会议上主动征求所有成员的意见的重要性。企业领导者应确保听到每个人的看法,而不是想当然地认为他们一定会主动提出意见和建议。考虑到这一点,我有意识地在会议上进行引导。我会让领导团队就某个特定话题进行自由交流,但在转入下一个议题前,我会邀请每个尚未发言的人发表各自的观点。令我惊讶的是,这样做不仅让我听到了大量新信息,而且收获了许多很有见地的意见和建议。如果我没让每个人都发声,我可能永远都听不到这些信息。

一次失败的并购让杰森从中吸取了很大教训。那是上海的一个新并购项目,起初大家以为一切都已就绪,后来发现有两个关键要素没有考虑到:一是尽管准备合并的两家公司都在上海,但二者的文化背景完全不同;二是合并前,两家公司都没有安排足够的领导力教练。虽然双方进行了大量沟通,也进行了严格的尽职调查,但直到最后大家才发现,两家公司中的很多合伙人并不想并购。这次并购是少数人推动的,他们在提出并购前并没有充分征求其他合伙人的意见,也没有搞清楚并购双方有什么重要分歧,例如有关总部选址、服务流程、风险管理和上市策略等的分歧。如果当时能给大家安排领导力教练进行深入沟通,可能企业领导者会及早发现这些漏洞,或者可能会花更多时间倾听其他合伙人的意见,然后借助教练的机会,尝试解决并购中的分歧,也许这次并购项目就成功了。

打造企业文化，让企业品牌脱颖而出

进入新工业革命时代，企业对新一代人才的争夺日益激烈，员工选择工作的机会也比以往任何时候都多。想找工作的人首先应了解雇主的企业文化。公司的文化基调在很大程度上是由最高层决定的，各种评论信息会快速传播，尤其是通过员工在社交媒体上发布的帖子。员工要么赞美所在公司的环境和同事，要么保持沉默。

通过企业文化传播正能量，使公司品牌脱颖而出、不同凡响，是一种战略杠杆。在这方面，领导力教练可以帮助企业领导者设计提升管理水平的蓝图。高管的重要任务之一就是经常与公司上下交流，与群众打成一片，打造一种开放透明的企业文化。企业可通过给员工提供参与机会和被辅导机会，进一步巩固企业文化。在中国，对有上进心的经理人来说，获得领导力教练和提升机会比单纯的金钱激励更宝贵。

中国很快会发展成为世界上最大的经济体和全球创新中心。在中国市场负责业务运营的跨国公司高管们需要用创新的方式来吸引和留住高端人才，尽可能把优秀人才长期留在公司，让他们遇到新机会时，能获得提升和发展。利用企业文化打造企业自身的优势是弗兰克学会的战略杠杆之一，尤其是在他管理的业务尚缺乏全球品牌知名度时。

打造企业文化绝非一日之功。在中国，企业文化的创建与企业品牌知名度的相关性较小，却与市场上代表该品牌的企业领导者的知名度密切相关。弗兰克发现，提升企业文化影响力的捷径之一就是确保在整个组织内无障碍沟通。中国国有企业更讲究组织架构和层级，企业领导者的接触范围一般仅限于直线下属。弗兰克很快决定建立企业领导内部会面接待制度，这样他就可以与公司内各层级的员工直接见面沟通。弗兰克说："这种方法不但让我对业务有了更深入的了解，而且让我有机会发现更多人才。随着公司的不断发展，公司需要把他们培养成企业领导者。"更重要的是，在中国，平易近人的高层往往更有能力留住关键的经理人。除了与员工定期交流之外，企业领导者也可借交流机会为员工提供教练。这在员工相对陌生的组织环境中，是不可能做到的。

　　杰森第一次在美国找工作时，他选择加入那家公司的主要原因是认同其崇尚品质的公司文化。这不仅仅是一家可提供高品质服务的专业公司，更始终把追求高品质作为公司第一要务，这种理念植根于高层一贯倡导的公司文化中。公司不仅重视招聘高素质人才，同时也非常强调选择为优质客户服务。杰森被调到中国时，他的主要目标之一就是在中国也践行同样的企业文化和价值观，把追求高品质作为第一要务。所以他设定的基调是：招聘认同公司文化和价值观的实践型企业领导者，并确保他们也能在市场上维护公司的声誉和形象，注重高品质服务，尊重高素质人才。杰森身体力行，始终与公司文化保持一致。当时，中国市场的跨境贸易正在蓬勃发展，很多新业务进入中国，中国本土业务也迅速增长。每个人都为业务增长感到兴奋，但合伙人和员工一致认为公司必须坚持为客户提供高品质服务。杰森对公司如此重视品质感到非常自豪。很多时候，公司需要权衡利弊做出艰难抉择，但公司必须始终坚持初心。持续的领导力教练会帮助公司在市场拓展和人才招聘等方面不断获得新增价值，这些价值会通过各种方式体现出来。

帮助新任企业领导者建立自信

　　一旦新任企业领导者走马上任，就要及时为他们配备教练，帮助他们建立自信，发展应对公司内部管理和对外业务中遇到各种挑战的能力，这一点非常重要。作为外籍高管，弗兰克知道他被调回美国工作是迟早的事，只是具体时间无法预测。考虑到这一点，他从上任第一天起，就非常重视为所有关键岗位培养储备人才，把建立强大的人才库作为一项战略目标。弗兰克经常说，成功的企业领导者应当注重培养具备自我领导能力的团队,这样万一有一天企业领导者遭遇意外,团队依然可以正常运转。对他来说,人才发展的目标就是要让他的每一个直线下属都有能力成为合格的接班人。在需要时,他们可随时从当前岗位晋升,接管现任企业领导者的工作。

弗兰克注意到,很多其他公司的领导者会更加看重团队内一两个直线下属,通常会包括首席财务官。但他有意避免这种做法,不培养任何排他关系。因为他知道,只有在整个团队中创造公平公正的气氛,才能让每个人最大限度地为实现共同目标做出贡献。

谭香凝来自广东省广州市附近的一个小镇。她曾就读于美国得克萨斯农工大学,毕业后一直在致同会计师事务所达拉斯办事处工作。杰森加入致同后,香凝听说他将负责在中国开拓新业务,便立刻联系杰森,希望公司能派她回中国工作。她最初的计划并不是要留在中国,而是在中国工作几年后再回到美国。在上海做了几年高级审计师后,她被晋升为经理。当时,公司在广州刚完成了一项并购。公司面临的一个很大的挑战是,公司的新领导层在国内市场经营方面经验丰富,但缺少国际市场的经营经验。并购前的合伙人虽然有服务国际客户的经验,但根据并购协议要求,他们必须离开公司。留下来的其他很多员工虽然有服务国际客户的经验,但是还不能独立工作,需要领导和支持。于是,杰森找到香凝,提出希望她将任期延长一年的要求,帮助公司接管整合并购业务,并负责管理广州的员工。

香凝最初的反应是不相信自己能管好,缺乏自信。杰森花了很长时间说服香凝,指出她学历背景过硬,又有跨国工作经验和语言能力,再加上她的性格和领导才能,完全可以胜任这份工作。杰森带她去广州,他们一起拜访了新任执行合伙人陈肯。香凝意识到,这里很需要她,杰森和陈肯对她的能力也很信任,而且至少未来几年这个职位都需要她来担任。于是她同意接受这个任务,选择留在广州。后来,她又被晋升为合伙人(这个机会可能比她选择留在美国或上海要早四五年被晋升)。她负责领导国际审计团队,后来又升职成为中国内地和香港地区所有国际业务审计团队的负责人。

香凝有很强的领导才能，但她自己没有意识到这一点。她需要教练给她提供适时的辅导，同时，她也需要在合适的岗位上接受历练，方可施展领导才能。她的业绩远超自己和公司领导层的预期。她的领导才能获得全球同事的认可，这让她充满自信。如今，她是整个致同集团的明星。

第 3 章
中国领导力教练培养

詹韦拿　尚慧

对我来说，一生中唯一重要的是那些我曾经帮助过的人。

——克莱顿·克里斯坦森

概　要

在前一章中，您了解到了两位外派的高管是如何从与专业教练的合作中获益的，包括他们如何在与本国文化非常不同的文化背景下进行管理。在本章，您将深入了解中国的个人领导力教练是如何做好准备发挥他们作为专业认证教练的作用的。您还将了解西方教练培训项目如何影响中国教练教育的发展，以满足跨国企业对教练的要求。本章讨论了接受教练认证的中国学员们的背景，也介绍了一种有效的方法，帮助学员在一个需要不同学习内容和方法的环境中适应中国文化和商业环境。它探索了一种将领导力培训和教练相结合的方法，以便让更多不熟悉领导力教练益处的中国企业接受领导力教练。

为了阐述本章，我们认为"教练"这一术语可以理解为"释放一个人的潜力，最大限度地提升这个人的表现"。"教练"是"帮助他们学习而不是教他们"（Whitmore J., 1992）。教练是基于许多学科、研究方法、思维方式和基础理论的学科。通常认为，教练是基于伙伴关系的，而非基于权威关系。教练使用各种各样的"引导"方法来帮助被教练者发展，而不是告诉被教练者答案。教练不同于指导和建议、培训、心理治疗和咨询，后几类技术都能帮助参与者，但它们使用的方法、目标和目的都与教练不同。本章的关注点是在中国成功培养专业领导力教练的方法。

成为教练的动力

当询问参加专业教练认证项目的学员为什么决定从事教练职业时，最常见的回答是："我想做一些有意义的事情，帮助他人成长和发展。"有很多职业道路可以帮助人们实现这一目标。对于一些人来说，他们正在寻求一份全职专业教练的新职业。对其他人来说，他们希望保持当前的高管角色，并与员工联系得更紧密。他们希望这些员工通过了解自己的优势和需要提升的地方来获得成功，也通过运用教练技术来加速自身的发展。

在中国，很多参加过教练培训的人都有这样的经历：他们已经在目前的职业生涯中取得了成功，并计划从全职工作过渡到职业生涯的下一阶段，以更好地平衡工作和生活。一些人已经从事过与成人发展相关的其他职业，例如培训师或心理治疗师，但他们希望提高自己在一对一环境中帮助他人的技能，他们想帮助个人成长而不必应对对方生活中的负面状况。还有些人只是想终身学习，追求自己的个人发展。另一些人则想快速成为一名教练。

成为一名专业的领导力教练是一项艰难的任务。它需要一个人以旁观者的视角来了解自己是谁，以及自己如何与他人连接。这需要你愿意让被教练者成为谈话的"焦点"，而不是让教练觉得合适的东西成为焦点。这需要人们敏感、有同理心和谦逊。高效的教练会学习和使用许多关于成人发展和组织发展的理论，以及各种教练模型和技能。他们通过各种方式应用所学，提升能力和敏捷性，以便快速熟悉被教练者的背景、所处情境和目标。那些完成了专业教练认证项目的人已经成功地化解了这些挑战，并能够以一种有效和高效的方式帮助被教练者。

在中国培养专业的领导力教练

本章将提供有关在中国培养领导力教练的有效方法的信息：一些在已成功的项目中应用的详细结构、内容和学习方法，这些结构、内容和学习方法会帮助新教练在应用教练技能时做好准备。深入回顾和比较许多知名且成功的教练认证项目在中国的进展并不是本章的目的。

在过去的10年里，中国有大量的组织提供专业的教练培训，或者根据教练的原则来提高参与者的领导力水平。早期的课程基于美国、欧洲和澳大利亚的教练项目，例如埃里克森教练（Erickson Coaching）、共创式教练（Co-Active Training）、企业教练与领导力（IECL）和循证教练（开疆集团引进的教练技术）。所有这些项目都通过了国际教练联盟的ACTP认证。这些教练项目有些来源于母公司管理的分支机构，而另一些则来源于合作、合资学术机构或其他教练培训公司。

中国其他的教练发展和认证项目由中国企业家运营，这些企业家已经完成了一个或多个西方教练培训项目，或者在外国的跨国企业或中国企业内部做过教练，然后创立了他们自己的教练培训机构。这些机构利用了2010年以后教练在中国快速增长的福利及这些企业家对中国市场的了解。MindSpan、进步U、浓缩教练组织、Zhao Qian组织教练和WXT教练就是一些例子。虽然这些机构的教练项目中有几个是ICF的ACTP认证课程，但大多数是ICF认证的ACSTH认证课程。

这些课程主要教授几种重要的教练方法。如埃里克森拥有经过充分研究的专业教练模式，其认证课程提供了如何使用这些模型以及相关技能的指导。完成这些课程后，学员便可以成功地在他们的教练工作中使用这些模型。

中国其他成功的教练发展项目提供了多种教练模型和一系列更全面的成人发展基础理论。这些课程引入基本的教练技能，包括ICF能力模型，并将这些技能和相关的技能与成人发展理论相结合，帮助教练创造和发展自己独特的教练风格和方法。这种方式为教练模型提供了理论基础和应用实践。教练运用这些理论进行自我反思，能更好地了解自己，更好地与被教练者连接。这些课程还提供了运用批判性思维的机会，以确定哪些理论最适用于特定的情境，并在新的情境中展示如何实践这些理论。

其中一些课程还提供了相关理论和工具，这些理论和工具旨在培养领导力教练，让领导力教练帮助他们在中国的被教练者了解领导力挑战以及在竞争日益激烈的全球商业环境中经营一个组织的含义。这些理论使领导力教练对被教练者所处的环境有了更深入的理解，并帮助他们应对挑战。

除了培养教练技能，增加对成人发展理论的理解和应用机会以外，中国的领导力教练发展项目还必须考虑学员的特质，并采用合适的教学方法。

由于语境的原因，中国的教学方法需要量身定制，以确保中国的成人学员在其合适的时间和资源范围内进行学习。中西方成人学员之间的一些主要差异是近年来中国的职场、文化、社会和经济环境，以及中国大多数教育机构采用的教学方法发生重大而迅速的变化所导致的。

由于劳动力储备市场化和经济竞争在中国属于相对较新的主题，领导力教练项目的学员很少有西方同行那样丰富的工作经验。因此，在领导力教练认证项目中，学员有时很难接受、了解被教练者所处领导力环境的复杂性、被教练者面临的系统性困境，或是被教练者在团队或组织层面上协调人员时面临的挑战。为了满足这一需求，中国的领导力教练项目有必要在教学计划中做特定设计，以帮助学员不仅了解被教练的高管，也了解他们的职场环境。

近年来，中国逐渐发生了文化变迁。这对年轻一代尤其如此，被教练者多在独生子女时代长大，他们的态度、面对的社会结构和规范变得更加个人主义。在这个不断变化的新兴环境中，学员学习时的"社会任务"缺乏明确性。个人有更多自由去选择自己的职业路径——通常是他们自己创造的职业，而不是因为家庭或社会的期望去进入一个新的行业。经济增长减速或全球性事件可能会降低教练的潜在积极性，并使他们很难弄清楚为什么要从事目前在中国尚未被广泛认知的职业。因此，以内容为重点的教学必须辅以可以帮助学员想象和创建出自己作为专业教练的未来的活动。

另一个因素是中国教育历来采用的方法。要求学员吸收、理解知识，并将其应用于具体情境，这是中国教育的关键组成部分。各种水平的学生都在争夺有限的教育机会，这种争夺基于他们对知识的"记忆和展示"能力。然而，在课堂上，当学生被要求在新的或未知的、不清晰的新环境中应用知识时，他们有时会觉得自己没有掌握内容，从而产生对失败的恐惧，产生焦虑。这一要求使那些希望教授具体事实以及如何在特定情境中应用这些事实的学员感到，他们没有得到足够的指导，不了解如何在新的和独特的情境中应用教练模型和方法。根据笔者提供教练和教练培训的经验，成功的教练培训要求教练参与更高层次的学习，如分析、评估，并根据教练课程中获得的信息创建新的解决方案。因此，成功的项目必须以帮助学员进行批判性思考的教学方法为基础。这将使他们能够分析一个新的情境，评估情境，运用相关的基本原则，与被教练者一起创造新的解决方案，而不是死记硬背地使用教练模型或者简单地提供答案或建议。

研究表明，参加教练培训的学员认为，提供有着更高认知过程的教练认证项目可以让他们为成为更好的教练做好准备。一些当地的课程应用布鲁姆分类学原理（2001年版，安德森和克拉斯沃尔著，威尔逊2016年修订），已经为中国学员提供了学习更高层次技能的机会。

由于这些差异，在成功的项目中需要提供更多案例，使学习具有相关性。此外，对学员的学习进展给予反馈虽然可取，但必须以尊重文化规范的方式提供，例如考虑学员的"面子"。

对中国教练认证领域的建议

为了加快专业领导力教练培训项目在中国的启动，吴晓庄博士认识到了创立坚实的理论基础和教学原则以及吸取其他国家已经使用过的实践方法带来的益处。在寻找相关项目的过程中，她做了调研，也看到了菲尔丁研究院的循证教练课程与中国市场的相关性，以及课程的质量和优点。

成立于1974年、总部设在美国加州圣巴巴拉的菲尔丁研究院研发了以技术为基础的教学方法，在全球各地都有线下活动，同时在很多国家有高质量的讲师，这让菲尔丁研究院成为真正的全球性机构。

2009年，吴博士与菲尔丁研究院的管理部门和教员合作，为中国的循证教练项目输入资源，进行本土化。尽管循证教练项目根据中国独特的教练环境和学员进行了调整，但还是会定期更新，以包含新的基础理论和教学方法，这保证了循证教练项目的质量。

循证教练简介

循证教练是从医学领域借用的概念：治疗应基于相关证据，同时考虑到医生的专业知识和患者的具体需要。根据格兰特（Grant，2016）所言，"循证教练"一词是2003年悉尼大学教练心理学部创造出来的，当时是为了区分基于更广泛的经验和理论知识的教练，与从流行心理学和个人发展流派发展而来的教练。

在本章中，我们认为EBC的定义是"在决定如何向被教练者提供教练，以及在设计和教授教练培训项目时，明智而认真地利用当前最好的知识"（Sackett, Haynes, Guyatt, & Tugwell, 1996 in Grant A., 2005）。斯特伯等人（Stober et al., 2005）指出："作为一个新兴职业，教练去整合教练相关研究和学科依据、自己的专业知识以及自己对每位被教练者独特性的理解是至关重要的。"这三个要素构成了培养专业领导力教练的循证教练项目的基础。

斯特伯和格兰特（Stober & Grant，2006）进一步扩展了这一核心前提，指出循证教练的基础是人本主义心理学。循证教练关注自我实现和积极改变，因此，它是一种发展的哲学，而不是一种特定的技术、方法或模型。斯特伯和格兰特接着指出，循证教练把被教练者作为全人来考虑，尽管其大部分工作都集中在寻找解决方案、培养特定技能或实现目标的小步骤上。为此，循证教练项目引入了许多理论和模型。

基于这些前提，我们建议中国正在实践的领导力培训项目，不仅要包括一两种目前使用的培训模型、技能和方法，还应包括应用基础理论和相关理论的重要指导与实践。换句话说，它必须包括涵盖教练领域新发展的指导，这种指导加深了对教练领域新发展的理解。这可以确保教练做好充分准备，了解每个被教练者的独特性，以及教练如何继续提高自身教练会谈方面的专业技能以满足被教练者的需要。

为确保循证项目的相关性，必须定期更新，以纳入与中国专业教练相关的新理论、成人学习方法和教练实践。例如，一些已经经实践验证的理论，应该作为基础理论纳入，包括积极心理学的发展、非常简短的认知行为教练、神经科学、具身和正念、欣赏式探询、情景规划、团队辅导和心理测评。

课程不仅应提供如何使用现有模型和理论的指导，还应向教练介绍有关教练模型的新研究资源。这些资源包括期刊，如《国际循证教练与指导杂志》，它是专门研究和实践循证教练的。除了专业期刊外，还有很多书籍，如已经出版的《循证教练手册》和《领导力教练创新：研究和实践》为循证教练实践提供了影响深远的研究结论。此外，还有许多关注循证教练发展的国际会议和论坛，这些会议和论坛把循证教练作为更广义的教练理论和实践领域的一个分支来重点讨论。

由于近些年中国的政策鼓励私营企业的发展和打击腐败，因此教练发展项目必须为教练提供机会，让他们意识到，这些政策给被教练者带来的领导力挑战。强劲的循证教练项目内容应包括：在与分销商和客户合作时的道德与法律问题，管理全球供应链，应对新冠疫情等意外冲击，与年轻一代一起工作等。纳入这些内容将有助于领导力教练做好与被教练者合作的准备，帮助被教练者调整他们的组织并制定竞争战略。

在中国发展领导力教练的另一个独特之处是：它让教练在参与全球战略的同时，帮助企业领导者反思儒家哲学的原则及其在文化规范中的体现。当中国企业开始管理中国以外的业务时，中国的高管们可能与西方的主要团队成员发生一些摩擦，他们希望西方团队成员和他们在中国的跟随者一样遵守儒家原则。中国的领导力教练必须学会帮助他们的被教练者认识并化解这一差异。重要的是，不能将一个基于西方文化的西方项目仅仅重新包装一下，就让它在中国运行，而是有必要从中国的视角考虑领导力和教练应用的文化规范。

除了在中国建立包含相关技能与理论的领导培训项目，一个成功的项目也应该包括循证教练讲师——他们是中国的学术实践者。课程讲师必须是熟悉中国文化和教育规范、从事过教练实践或在中国从事教练教学和研究的人员。这些讲师包括在中国经营企业或在企业（最好是全球性企业）工作过的个人，以及那些在欧洲、美国或中国高校学习过教练、成人发展理论的人。符合这些要求且被强烈需要——学员更愿意意向其学习——的讲师，有来自菲尔丁研究院、欧洲工商管理学院（INSEAD）、中欧国际工商学院、上海交通大学、华东师范大学、北京师范大学、联合商学院（UBI）和厦门大学等的讲师。

为确保领导力教练有机会继续学习，另一个做法是创建一个联合会、组织或流程以帮助教练培养项目的校友继续他们的成长。例如，为了确保校友能够继续发展，开疆集团成立了循证教练校友会。该组织的宗旨是支持教练专业学习与实践的分享，识别未来校友的兴趣，与该领域的其他人进行社交活动，并推动教练在中国的发展。

中国第一位循证教练讲师克里斯蒂娜·肖沃尔特

中国循证教练项目应包含的内容

开疆集团循证教练项目因提供高质量、准备充分的领导力教练资源而知名。其提出的以下建议是基于对教练培训项目的提升研究的。这些建议提供了关于使培训项目高质量、高效且受人尊重所需的结构、内容和教学方法的洞见。中国其他成功的教练发展项目中也包含了许多这方面的内容。虽然现在还没有一个中国教练培训协会，但模仿北美教练组织协会（ACTO）建立一个也是可行的。这将是朝着制定和推广共同标准、推进中国教练发展迈出的一大步。

1. ICF 核心教练能力

对于获得 ICF 教练资质的学员，他们必须学习并应用 ICF 核心教练能力，包括展示道德实践、具体表现教练心态、培养信任和营造安全感，以及其他四项能力（ICF，2019），以展示其在提供有效的教练会谈方面的熟练程度。

随着教练逐渐成为一个成熟的职业，展示领导力教练新模型、理论和方法的专业教练文献也在不断增加。

每年，教练都会找到新的模型，帮助他们的被教练者应对新的情境。这些模型包括：TGROW 模型，用于基础教练会谈；ABCDE 模型，用于认知行为教练；TENOR 模型，用于情商教练。还有成人发展相关领域的新理论，比如心理学、疗愈和脑神经科学的新理论。重要的是，领导力教练要学习如何应用这些理论的案例，以便最有效地应对每一位被教练者所处情境的独特性。

为使教练在多样化和迅速变化的中国商业环境中取得成功，另一种加速其发展的方法是学习一个基础模型，并应用该模型，以熟练地使用 ICF 核心教练能力中所描述的基本教练技能。目前，中国的一些教练认证项目仅限于教授一种教练模型和基本教练技能。虽然这作为学习教练的初始方法是必要的，但过度依赖一种方法可能会限制教练在前进过程中开发自己的模型或方法。

使用基础模型和必要的教练技能只会让教练做好成为一名优秀教练的准备。而要成为一名"伟大的教练",有必要了解被教练者的工作大背景,使用充满勇气和创新的方法来帮助被教练者发展和成长,并通过使用教练领域现有的理论与实践来提升自己的专业知识和经验(Peterson,2010)。

随着教练基于基础模型应用教练技能的经验越来越丰富,教练必须通过使用更多的教练模型和深化教练技能,帮助自己应对被教练者所处的具体情境和面临的挑战。有效的教练发展项目还应提供如何使用其他模型和理论的指导和实践,以更好地理解被教练者。

2. 成人发展的基本教练理论

培养领导力的教练应该拥有机会,进行与相关的成人发展理论的学习。因为不断有新的成人发展和教练理论产生,且由于高管所处的职场环境也在迅速变化,因此,在领导力教练的发展过程中,应该提供帮助人们发展的新方法、教练模型研究和证据。例如,提供悉尼大学、菲尔丁研究院的循证教练讲师和有中国背景的循证教练讲师的研究。相关研究领域包括心理学理论、成人发展与学习、组织系统、动机、测评、文化、领导力基础、变革管理和团队动力学。随着研究中新的模型和理论的不断涌现,这些领域的课程内容也应定期更新。

3. 成人发展理论在领导力培训情境中的应用

虽然有必要学习与教练有关的成人发展理论,但要成为一名成功的领导力教练,仅仅掌握这一理论是不够的。一个成功的项目必须让学员有机会在领导力教练情境中广泛应用这些理论。例如,在最近的一次教练认证课程中,一位学员提到了一个案例,在这个案例中,她的一位被教练者——一位被提升到更高级别、担任更复杂角色的高管正在苦苦挣扎。在这种情况下,在了解了凯根关于成人发展的心智复杂性理论之后,教练知道这可能是一个应用该理论的好"案例",应用该理论可以更深入地审视被教练者的挣扎过程。通过在练习中使用这个案例,教练更好地理解了理论,并且准备在与被教练者合作时使用该理论。其他人也将有机会看到该理论如何应用，从而提高他们的教练能力。

总之，一个有效的领导力教练项目不仅需要让学员学习这些理论，而且需要给学员提供机会来反思这些理论何时可以应用、如何应用，以及使他们有机会在实际工作中进行实践。虽然并不是所有的学员都会立即遇到使用所有理论的机会，但通过学习理论我们懂得了，通过观察可以进行迁移和社交学习。当其他人也需要应用某个特定理论的时候，我们将帮助其他人在处理某些问题时做好准备。

4. 组织教练——通过教练高管、团队和组织来增强组织复原力

领导力教练不同于其他类型的教练，它要求教练了解被教练者的业务和组织背景，以及被教练者所处的环境。虽然我们所有人都有生活和职业经历，可以帮助我们做好准备，去给那些面临生活和职业挑战的人提供教练，但在中国，并不是每个人都有足够的经验来了解企业高管面临的动态的、系统性的挑战。要成为一名做事有效率的领导力教练，教练不仅必须能够为企业领导者提供教练，发展人际交往技能，还必须学习教练技能，帮助企业领导者解决更大的组织问题和应对挑战，如提高团队绩效，或使组织内部达成一致来应对新的挑战。

对于在调整团队或在更广泛的组织方面遇到挑战的企业领导者来说，有些概念、工具非常有用，包括团队动力学与团队流程、系统理论、变革理论、欣赏式探询和场景规划。当为面临这些挑战的企业领导者提供教练时，可以使用这些工具中的任何一种。学习如何为高管提供教练，包括帮助他们有效地分析战略，制定愿景，诊断关键障碍，与他人合作制订计划，影响和调整他们的团队和组织，首先需要在教练培训期间了解这些工具，然后在一段时间内掌握一种或多种工具。

5. 培养领导力教练的教学方法——持续、有反馈的实践

在很大程度上，中国成人学员与世界其他地方的成人学员相似，同样适用成人发展原则。诺尔斯（1984, in Smith M. 2002）认为成人学习或成人教育的

关键包括：

- 自我概念——成年人是自我导向的，对自己的学习负责。
- 经验——成年人拥有丰富的经验，可以为学习带来帮助。
- 准备充分——成年人的目标是实现其社会角色。
- 学习导向——通过专注于问题而学以致用，而不仅仅是学习理论。
- 学习动机——内在对学习的渴望程度。

在中国，一个成功的教练培养方式应整合以下内容，以满足当今中国成人学员的需要：

- 结合理论、分组讨论、深度理解案例及如何应用理论的工作坊。
- 时间安排灵活，线上与线下有效结合，利用合适的技术平台，满足全职工作学员的需求。
- 个人目标设定，在学习项目中以督导的方式，通过学员的自评以及教练职业发展规划来澄清目标。
- 大量实践机会与经验性指导相结合，包括：
  ——作坊中同侪伙伴、讲师及有领导力教练经验的校友在练习中对学员进行反馈。
  ——项目中由讲师主导的教练练习及督导，由有领导力教练经验的讲师进行引导。
  ——教练式的团体督导。
  ——认证前，由经验丰富的已认证教练进行一对一督导。
  ——对个人教练目标进展提供反馈和支持。
  ——学员回顾现实生活中可以作为工作坊现场批判性思考练习的课前作业。
- 在课程中为学员提供进行教练会谈与反馈的机会，并借此获得教练实践经验。
- 为希望通过培训成为认证教练的学员定期提供小组讨论和一对一支持，协助他们准备好认证所需的文件。

6. 教练的持续发展

成为一名成功的领导力教练需要不断学习。因此，一个高质量的领导力教练培养项目不仅仅需要提供符合 ICF 所描述的核心能力以及达到 ACTP 认证 PCC 水平的标准，也应该为中国的领导力教练提供帮助他们提高专业能力的内容。基于对正在寻求持续发展的教练的调研，建议提供以下服务：

- 团队和团体教练；
- 战略和战略思维教练；
- 变革免疫和自我发展；
- 在教练中应用脑神经科学；
- 认知行为治疗与教练；
- 情商管理教练；
- 在教练中应用心理与行为测评；
- 变革领导力教练；
- 发展个人领导力教练业务；
- 教练督导。

提供实践领导力教练的机会

在上文中，我们描述了一种帮助领导力教练成功进行一对一实践的方法。无论是在为个体提供教练的业务中，还是作为社交网络或教练咨询的一部分，教练都可以进行实践。由于通过教练的支持成为更高效的企业领导者在中国是一个相对较新的模式，领导力教练的另一个机会是与提供领导力技能培训的组织合作，并将教练作为加速这些技能发展的一种手段。在这个部分，我们将介绍一种方法，该方法旨在提供一些机会——在领导力发展项目中应用教练技术帮助企业领导者发展，这样的项目在过去20年中受到高度赞誉，满足了中国企业领导者的需求。

中国本土企业的教练应用背景

改革开放40多年来，中国经济迅速发展，中国企业进入了被推入市场经济、资源稀缺的时代。中国企业正面临着竞争激烈的商业环境，在这种环境中，中国企业会遇到有着悠久领导力发展与投资历史的西方企业，且西方企业鼓励通过创新和技术快速提升企业的领导力技能。经过40多年的发展，中国企业已经意识到领导力发展的重要性。许多中国企业为高层领导提供了领导力发展的机会，包括EMBA、MBA和专有领导力发展项目的学习机会，但忽视了在一线和中层领导中培养基本领导力技能的益处。

在一些卓越的企业中，人们已经认识到并重视人的培养和发展，从简单的知识传授转向通过有效的领导实践来激发个人的潜能。为了使自己真正具有能力和创新精神，这些企业必须在整个组织中培养企业领导者。事实上，这些企业现在认识到，未来组织中的每个人都会是企业领导者。

有一个在中国被证明在支持基础管理层领导力发展上非常有效的体系，它来自美国国际领导力管理中心（Leadership Management International，LMI）。美国国际领导力管理中心于1966年在得克萨斯州成立，由保罗·麦尔于1998年引入中国。在中国的第一个10年里，LMI主要服务于跨国公司，包括IBM和GE。近年来，LMI关注的焦点一直是中国企业，包括东软、伊利、华润、海尔、海信，这些都是规模非常大、管理层人数非常多的企业。LMI有一系列领导力训练，并提供教练支持；其训练体系的组成部分包括版权教科书、课堂教学、个人练习、团体教练和个人教练。

学习基础领导力技能是企业领导者学习的重点，企业领导者学习后再通过日常实践深化这些技能的应用。一些更成功的领导力发展项目会把教练学习作为其中的一部分。这些课程中的教练关注的不是被教练者在项目中带来的偶发的领导力挑战，而是项目中所教授的领导力技能的应用，目的是加强被教练者对领导力原则的理解。

LMI 项目的原则包括，要让领导力有效发展，必须经历一个完整的、综合的、全面的领导力发展过程。只有当人们能够领导自己时，他们才真正被赋予了创造力和创新能力，并能够领导他人。太多的组织试图用零碎的方法培养企业领导者。他们专注于领导力的一个领域或特质，并相信这就是他们所需要的。领导力远比这些复杂。企业领导者还必须在激烈的竞争中始终保持充足的信心和精神力量。

下面更详细地描述 LMI 体系的组成部分。应该注意的是，中国还有许多其他有效的领导力发展项目。然而，很少有人能提供这样一个强大的系统、一个嵌入教练的系统，并通过教练和反馈来加速应用。

1. 个人生产力

个人生产力是领导力的基础，是我们管理自己、管理时间和管理工作的优先次序的能力。我们运用个人生产力让管理达到最佳。当你有能力提升自己的表现时，你就有真正的潜力去提升别人的表现。

2. 个人领导力

个人领导力就是领导自己的能力。每个人都是自己生活中的领导者。大多数人放任自流并忍受后果，而有强大个人领导力的人有能力决定他们想要过什么样的生活，然后通过计划和行动来实现这个目标。

高效的企业领导者在以下六个方面持续成长和提升：家庭和家庭成员之间的自然连接和伦理关系，事业和财务，思想和教育，身体与健康，社会与文化，精神和道德。个人领导力是企业领导者个人品质的核心，是企业领导者发展信任关系的基础，而信任关系是企业领导者领导他人的基础。

3. 激励型领导力

激励型领导力是通过激励他人来领导他人的能力。高效的激励型企业领导者认识到，"人才"是所有进步和创新的源泉，是一个组织在 21 世纪持续成功的关键。激发员工的内在动力对于建立一个高效、忠诚的团队至关重要。激励型企业领导者帮助他人更多地挖掘和发挥自己的潜能。

4. 战略型领导力

战略型领导力是领导一个组织的能力。一个组织要想取得成功，其战略型企业领导者必须有能力确定和制定组织的目标、核心战略和流程、最佳组织结构和适当的人员配置战略。战略型领导力不仅是制定战略的能力，也是跟进战略及确保战略执行的能力。

在西方国家的公司中，往往有一批可以晋升的企业领导者，他们都拥有这四种领导力。由于商业和结构化业务在中国的发展相对较晚，许多企业领导者没有这方面的机会促进个人和领导力的成长。他们被抛到没有为之充分准备的情境中，然后他们会因为没有机会有所发展而感到沮丧。

领导力能激发项目参与者的内在动机，并帮助他们培养作为企业领导者的能力，因为他们有机会立即应用所学，并从教练或讲师那里获得反馈。中国许多企业在同级管理者中使用这套体系。组织与教练合作，根据被教练者的具体挑战，选择其中一个部分作为学习的重点。这个部分中嵌入了教练，旨在通过提供反馈和支持来帮助被教练者改善行为并达到该模块的目标。这种方法加速了被教练者学习应用该模块中所涵盖的领导力原则的标准方法。一些具体的指导和教练形式包括：

（1）提前准备、阅读和反思。受训者每周阅读一次，并在间隔阶段回顾每一个知识点。

（2）一对一教练。在项目前期、中期和后期，教练为每个被教练者提供一对一教练，共同设定行为目标，并且定期进行跟踪。

（3）每周进行团体教练。该项目要求每周进行半天的团体教练。这些课程包括分组讨论学员面临的与领导力相关的挑战，思考如何应对这些挑战，以及教练的指导和反馈。

该项目的结构和方法确保了通过间隔阶段的重复、听和读以及自我反思来实现思维和行动的转变。教练负责对个人的跟进和指导。通过关注个人变化和组织的变革，这种发展领导力的方法可以真正做到提升组织的绩效。

中国领导力教练经验

中国企业的形式多种多样，如有国有企业、民营企业和外资企业（通常称为跨国企业或 MNC）等。每种企业都有不同的企业文化和管理风格。在中国，一个高效的领导力教练有必要了解将要对之进行教练的企业的架构和文化。这种理解将使教练能够确定该企业可能面临的领导力问题，提出适用于该企业的解决方案，以及提供将培训和教练进行合理结合的方案。

虽然中国企业在某种程度上对领导力培训项目的好处很熟悉，但许多企业的高管和人力资源总监对领导力教练并不了解。因此，说服这些企业中的高管把领导力教练作为领导力发展的一种方法，往往是最大的挑战。

通常，即使是被教练者也不了解领导力教练的价值和教练的过程。被教练者可能会这样提问："给我提供教练服务是因为我被认定为一个低绩效的人吗？""我让某位领导者生气了吗？""当我被要求取得重大成果时，我为什么要花时间和教练在一起？"在这种不确定的情况下，被教练者可能会感到害怕、犹豫不决，无法与组织和教练建立信任关系。

因此，许多领导力教练会花大量时间，在一开始就向被教练者解释教练的价值。教练和提供教练课程的公司都需要花费很多时间来赢得客户的信任。

虽然超过 70% 的中国本土企业没有应用过教练技术，甚至不熟悉个人领导力教练，但领导力教练仍有机会随着时间的推移而发展。就像大多数中国本土企业一样，在第二代创业时期，领导力教练可以在加速这些企业的领导力发展方面发挥重要作用。

从过去 10 年的经验来看，领导力教练可以通过员工的转型为组织的发展带来重大价值。短期内，个人的领导力成长之路可能会通过领导力发展项目来实现。中国领导力教练的发展需要教练们不断适应，追求卓越，参与提供符合当地企业需求的教练服务。这是中国领导力教练使命的一部分。

参考文献

Fielding Graduate University (2019). *Fielding Graduate University Vision, Mission and Values.* Retrieved Oct 1, 2020: https://www.fielding.edu/news/fielding-gets-community-engagement-mark-from-carnegie-foundation/.

Grant, A. (2005). *What is evidence-based executive, work-place and life coaching?* Retrieved Oct 13, 2020: https://www.researchgate.net/publication/312914530_What_is_evidence-based_executive_workplace_and_life_coaching.

International Coaching Federation (ICF) (2019). *Updated ICF Core Competency Model: October 2019.* Retrieved May 4, 2020. https://coachingfederation.org/core-competencies.

Peterson, D. (2010). "Good to Great Coaching: Advancing the Journey." *Advancing Executive Coaching: Setting the course for successful leadership coaching.* Hernez-Broome, G. and Boyce, L. Editors. Wiley & Sons. New York.

Smith, M. K. (2002) "Malcolm Knowles, informal adult education, self-direction and andragogy", *The encyclopedia of pedagogy and informal education.* Retrieved October 13, 2020: www.infed.org/thinkers/et-knowl.htm.

Stober, D. & Grant, A. (2006). *Evidence Based Coaching Handbook: Putting best practices to work for your clients.* Wiley & Sons. New York.

Whitmore, J. (1992). *Coaching for performance.* Nicholas Brealey: London.

Stober, D., Wildflower, L. and Drake, D. (2006). "Evidence-Based Practice: A potential approach for effective coaching." *International Journal of Evidence Based Coaching and Mentoring.* Vol. 4, No.1, Spring 2006. Retrieved October 13, 2020: http://www.laurierosenfeld.com/wp-content/uploads/2010/09/vol-4-1-stober-et-al_Evidence-BasedPractice.pdf.

Wilson, L. (2016). *Anderson and Krathwohl Bloom's Taxonomy Revised: Understanding the New Version of Bloom's Taxonomy.* Retrieved October 13, 2020: https://quincycollege.edu/content/uploads/Anderson-and-Krathwohl_Revised-Blooms-Taxonomy.pdf.

第 4 章
一对一领导力教练的典型生命周期：客户和教练系列漫谈

杰夫·哈杰甫　安德鲁·纽马克

对话的质量决定了对话的价值创造程度。

——米奇·康纳利　理查·莱诺谢（《沟通催化剂》）

摘　要

前文谈到了中国高管教练的认证、教育和持续发展。本章我们将分别从高管教练和组织出资方这两个角度来深入探究一对一教练项目的"基本要素"。本章重点包括：教练"审查"、教练和被教练者的匹配、合约签订、数据收集和目标设定、教练项目结束。

教练项目开始

"嗨，杰夫，你好吗？我是苏珊，来自俄亥俄州的领导力教练。我们去年在加利福尼亚州国际教练联盟举办的会议上见过面。我这儿有个企业客户想给他们在中国的董事总经理聘请一位教练，你有兴趣吗？"

收到某位教练同行发来的一封邮件或短信，通常是在中国开展领导力教练项目的第一步。需要说明的是，这里所说的"在中国开展领导力教练项目"，是指与在中国运营的外国跨国公司的合作。

除此以外，还有另外两种常见的促成与跨国公司达成教练项目合作的方式。一种是由企业总裁或人力资源副总裁直接向教练提出需求，这种需求通常是由这些领导者在商务聚会上与教练交谈后引发的，比如在外国商会活动中。这一请求也可能是通过可信赖的渠道向企业领导者推荐或在线搜索的结果。

教练项目也可通过与教练本人有关系的教练事务所的外部服务而产生。该公司可能收到了一个来自跨国公司客户的询问，在数据库中搜索到了中国当地的资深教练，然后联系了这位教练。

很多时候，一家跨国公司需要为其在中国工作的高管聘请有经验的领导力教练时，就会设法寻找"最合适"的教练，教练项目由此产生。

安德鲁：谢谢杰夫。我是人力资源业务合作人，我大约已经有10年作为教练项目出资方的经验了。从我的经验看，聘请教练的想法一般是在讨论人才培养问题时产生的，彼时公司认为教练是可以帮助个人达成发展目标的一种手段。特别是当该公司认为内部资源不充足，与外部教练合作可以为公司带来更大价值时，聘请教练的机会就会出现。

我曾看到过教练用于发展目标的例子，包括为新工作岗位培养人才、职位晋升或者为职业转型（比如退休）做准备。教练的另一个目标是帮助个人建立或提升持续发展公认的必须具备的领导力或执行力，比如企业领导者气质、沟通能力或协作能力等。

我曾把教练引入领导力发展项目，作为该项目的一部分，我会为一群有潜力的高管提供教练。在该案例中，教练会与项目中其他发展活动融为一体，比如360测评以及教育和体验式内容。尽管这种类型的项目可能始于一个较为宽泛的目标，但我也曾看到，教练作为整个项目不可分割的一部分将焦点缩小，使整个项目成为一次对参与者非常有意义的体验。

教练"审查"

杰夫：好的，接下来我们继续探讨教练项目的生命周期。这个周期通常包括签订教练合约和"审查"（双方进行一两次面谈），与教练的出资方和被教练者签订合约，具体的教练过程以及项目完成。我们来更详细地分析一下每一步是如何展开的。为了让其更加个性化和有趣，我们请您，亲爱的读者，扮演项目中的教练。

现在您就是教练，客户已经通过前面谈到的几种方式和您取得联系，并且您已同意参与下一步，即"审查"对话。该对话通常是与最初联系您的客户公司内部的员工进行的。在该对话中，您与该项目的匹配度以及兴趣度将会被评估。

与您谈话的通常是人力资源专业人士，对方会询问您所接受过的教练专业培训、采用的教练流程、辅导高管的教练经验以及中国文化背景知识。合伙人还可能会询问您在相关行业领域的教练经验以及您是否曾在他们的企业中辅导过高管。如果被教练者是中国人（很可能是），您的中文表达水平也有可能被问到。

不可避免地，企业也会问及您的费用，通常伴随着带有歉意的语气和有点尴尬的笑声。我常常觉得这部分谈话非常好玩，因为说出我的报价后常会引发两种反应。

"哦，您的收费可以灵活调整一下吗？"对这个问题我会微笑着回答："当然！我很乐意多收贵公司一些费用！"在缓和气氛后，我们接着讨论出资方的项目预算，并一起商讨如何满足彼此的需求，达成双赢共识。

还会有另外一种类似的反应。对方一听到我的报价，立刻沉默不语，然后突然说："你太贵了！"我通常会笑着这样回答："是的，我确实不是最便宜的，但一分价钱一分货！"几句轻松笑语之后，我们绕开僵局，转而讨论中国教练服务与世界上其他国家教练服务的收费结构差异。

我们将在后面讨论收费差异和教练项目的流程。在此之前,让我来简要介绍一下过去20年来中国教练业的发展历程,这可能会对您有所帮助。

教练和教练在中国:发展历史背景

被认为是一种有助于领导力发展有效实践的教练,直到大约40年前,才开始在美国的企业中流行。之后它流传到欧洲,然后是亚洲,我就是2000年在中国香港特别行政区接触到教练职业的。一年以后,香港经济的低迷也给我提供了一个机会,我通过帮助高管完成职业转型开启了我的新教练业务。

2004年我来到上海,感到上海的教练也像当初的香港一样,正开始成为一个快速发展的新兴行业。这种感受源自我所体会到的中国文化背景下的相关性、价值以及教练技术的优化。

我所说的"相关性",是指教练与中国历史上所发现的任何类似领域之间似乎没有明确的联系。比如说,尽管中国历史上涌现过众多知名哲学家、老师和军事家,但似乎找不到一种类似于西方教练从业者所理解的教练的职业。

20年前,教练开始在中国的一些组织中生根发芽,但这些组织都是在中国运营的跨国企业(至今仍然如此)。这些企业曾在美国、欧洲或其他地方体验过教练带来的益处,并决定将其用于中国的领导力发展。

"价值"简单来说是指很多本土企业(不只是在中国,也包括在其他国家)仍然缺乏对高管教练益处的清晰理解。很多企业并没有意识到有效的教练项目和经验丰富的教练能够为企业带来更大价值。

"优化"是指企业可通过教练达到最佳效果。根据我在中国所看到的和从其他地方的同事那里听到的情况看,在早期,教练经常被看作用于"修理"业绩评定不佳的员工的最后手段。

在我看来,将教练作为最后的"修理"手段,是基于威胁的,几乎不可能为出资方或被教练者带来实质性益处。被教练者往往会抵触教练（有时候是抵触教练个人），只能够勉强完成参与辅导的最低要求。而渴望与被教练者以积极的伙伴关系密切合作的教练，却被迫扮演强制执行者的角色。

在教练生涯早期，我曾经遇到过两个这样的案例，并为此感到沮丧。但现在的我已经变得更加熟练了，可以通过审查谈话辨别出资方是否是出于"修理"的目的请我做教练。如果是，我会礼貌地谢绝合作，或者就只把这次经历当作是一个学习机会。

值得庆幸的是，我因此发现了一种更积极、更有效地与那些出资方认为业绩不佳的员工，而不是明星员工的被教练者互动沟通的方法。从第一次教练谈话开始，我就抱着被教练者其实就是明星员工的心态（只是目前还没有获得出资方认可而已）。我把这个看法告诉被教练者并照此行事。不出所料，教练的关系和结果往往都变得更加积极了。

中国领导力教练在发展初期，就经历了关注点的转移，即专注于支持当前或潜在的"明星"——那些已经成功的、积极上进的企业领导者，他们可能已经担任或即将担任责任越来越大的职位。出资方逐渐意识到教练的价值所在，意识到教练不仅可以帮助企业领导者在更高的职位上增强自信、提高业绩，而且能帮助企业领导者更有效地激发下属的这种自信心，支持下属创造更好的绩效。

让我们再回到教练费用这个话题。很多出资方，尤其是那些不在中国生活的出资方，会惊讶地发现中国高管的教练费用比在美国或欧洲同级别教练的费用高。

产生这种差异的原因之一是供求关系。西方国家经验丰富的领导力教练很多，而中国这样的教练却相对较少，而既有高超的教练技能，又熟悉中国文化和精通中文的领导力教练更是凤毛麟角。

与此相关的是，绝大多数高管尤其是中国高管，尤为喜欢面对面教练方式。尽管新冠疫情的发生暂时改变了这一趋势，但我想，随着病毒在中国的有效控制，教练仍将回到面对面交谈的方式。同时，经验丰富的中国领导力教练的人数在不断增加，但仍然短缺，将有更多的工作等待他们。

现在我们来简要谈谈被教练者背景的变化，以此来结束对历史背景的反思。

我刚开始在中国做教练的时候，几乎每一位被教练者都是白人。随着时间的推移，大部分被教练者变成了中国男性。近两年这一情况又有了变化，如今我辅导的学员中 70% 是中国女性。

坦白说，这个变化并不意外。自 20 世纪 70 年代末中国改革开放政策提出以来，外国跨国公司和中国企业就相继开始运用西方领导力概念来培养本土管理者。所谓"本土化"就包括为中国企业领导者的持续发展提供教练。

安德鲁：作为出资方，我认为"审查"是教练生命周期的重要步骤，也是为被教练者匹配合适的潜在教练的一个重要方面。我最初利用教练来作为自我发展工具时，并没有教练的联系方式，我需要通过我的人脉圈寻找到潜在教练资源，包括请人给我直接推荐个人教练或教练机构。幸运的是，通过一些重要的关系，我收到了可靠的建议，也认识了一些教练。我很快认识到，建立多元化教练库是非常重要的，只靠一两位有能力的教练不可能满足各种被教练者的多样化需求。

在我最初组织的教练项目中，有一个给我的感触尤其深刻。在那个教练合作项目中，被教练者曾在世界很多地方工作过，刚调到本地工作。大家一致认为，为她提供教练是支持她职务过渡和能力发展的重要一步。当时我已经和其中两位教练合作过了，我认为他俩都很出色，和被教练者也取得了积极正向的结果并收获了正向的评价。我觉得他们都可能是这个新项目的合适人选。然而，这位被教练者对教练的背景和性格有非常特定的要求，她觉得这样才最符合她的个人发展需求。虽然我必须做更多基础性的工作来找到更多不同背景的教练档案，但这次经验告诉我，这一步所花的时间对每一位被教练者来说都至关重要。

在和最后的候选人名单上的每一位教练进行决定性谈话之前，他们的专业背景、学历和人生阅历都是我需要在审查环节去考察的重要元素。正如杰夫所说，作为出资方，这是我深入考察教练背景，并更多地了解他们的教练风格以及他们曾辅导过的被教练者类型的机会。而且根据对被教练者的了解，我试着去了解教练如何与被教练者的需求相匹配，以及他们之间互动可能会产生什么样的化学反应。尽管选择哪位教练的最终决定权在被教练者手上，但对于这些因素的深刻理解有助于我引导被教练者比较和思考哪些教练适合本项目。

我想起另外一位当时正准备退休的被教练者，他长期为他目前所在的公司服务，在行业中也德高望重。这位被教练者是团队中的明星成员，但现在是时候为过渡转型做计划了。尽管他已做好了退休的准备，但我们明白着手落实的过程可能会是一个敏感而情绪化的旅程。因此，为被教练者推荐合适的教练人选供他考虑时，审查筛选过程再次成为确认教练背景、辅导风格和方式的关键步骤。最终，我们找到了一位精通被教练者的文化背景并善于应对敏感情绪的教练，从而帮助这位被教练者顺利度过了转型期。

让我来谈谈杰夫之前所说的"修理"式教练场景。作为出资方，我也曾遇见过这类请求，但由于杰夫所提到的原因，我对于在这种情况下进行教练持非常谨慎的态度。教练项目需要各方付出巨大投入，如果开始前各方没有就共同目标和各自的需求达成共识，项目的开展可能会充满挑战。除非各方，包括被教练者对项目的目标达成一致，否则最好还是另寻解决方案。

谈到投入，杰夫提到了收费这个重要的问题！根据我的经验：审查阶段就是需要与备选教练讨论费用的绝佳时机。从组织和出资方的角度来看，了解教练的收费标准以及组织将在付费之后获得哪些具体服务是至关重要的。分享一下我的经验，如果让被教练者自己选择合作教练，而后发现教练费用明显超出公司预算，那将是非常尴尬的。审查阶段是获得这些信息的最佳时间，可以排除那些报价确实超出公司预算的教练。杰夫，我知道一分价钱一分货，但预算也很重要！

杰夫：安德鲁，我完全理解你的意思。玩笑归玩笑，言归正传，如果教练被选中，但后来因预算不足而被迫取消项目，那对于各方来说都不是什么好事。我以前曾经历过这种窘境，现在我通常会在沟通谈话中就讨论费用问题。虽然这可能有点冒昧，但我发现我的谈话对象几乎都很高兴我提出这个话题。下面让我们回到对教练项目的生命周期的思考吧。

沟通面谈

现在你已成功通过了"审查",非常好!与你谈话的各方认为你的教练能力与出资方及被教练者的需求非常匹配。接下来要进入安德鲁之前提到的"沟通面谈"环节。

沟通面谈的目的就像它的字面意思一样:对于被教练者和教练来说,这是一个充分了解彼此的机会,从而决定双方是否足够默契来建立成功的工作合作关系。从我的经验来看,在中国,沟通面谈环节大约需要一个小时,通常是在安静的环境下面对面交流或通过Zoom等视频交流方式沟通。

沟通面谈的议程可以有很多种形式。如果像我,一看就是西方人,你可能想要通过建立信任来建立融洽默契的关系;不仅仅把我当作教练,还把我当作一个与对方产生连接并尊重中国文化的人。你可以问问被教练者是否愿意让你先发言,然后你就可以分享一些你的个人经历和教练经验。很多中国被教练者很欢迎教练这么做。

就我而言,我会简单介绍一下我自己:我是一个美国人,在中国度过了30多年,先在香港,然后是上海。我会提到我的家庭关系以及我和中国的关系(我太太是中国人),还有我的教练经验和曾接受的相关培训。

由于我的潜在被教练者大部分都是中国人,所以我会用中文介绍以上全部或部分信息。一方面,这是在展示我的中文水平;另一方面,这也可以使被教练者感到舒适放松。实际上,考虑到他们所领导的跨国企业中的多元文化环境,我遇到的几乎所有被教练者的英语都非常流利。这种情况常让我们开玩笑说被教练者想要买一送一——教练加英语课。

然后我会仔细倾听被教练者提供的个人背景和其他相关情况,并尝试评估这个人接受教练的意愿程度并开始为接下来的重要步骤做准备工作。在合适的时候,我们会讨论被教练者希望实现的教练目标,然后我会问被教练者是否愿意进行二三十分钟的教练对话。

很多被教练者会接受这个请求，特别是当他们第一次接受教练时，这样可以让他们亲身体验一下教练如何发挥作用以及教练可能给他们带来的价值。沟通面谈通常由被教练者同意在短时间内确定教练而结束（大多数公司会提供两三个候选教练供被教练者考虑），然后人力资源部会联系被选定的教练。

安德鲁：一旦确定了候选教练名单，沟通面谈环节对于被教练者选择最适合自己的教练是至关重要的。正如杰夫提到的，通常第一轮需要与两三位教练面谈，如果被教练者觉得还需要会见更多教练来作为他们"最满意"的决策制定过程的一部分，那也可以扩大这一数字范围。

还记得最近刚搬到这个地区，正在适应她的新工作角色的那位被教练者吗？遇到这种情况，我们需要安排更多教练分别与她沟通面谈来帮助她做出决定。有一位被教练者想向我汇报，我作为出资方，在沟通面谈结束后要跟对方讨论教练的优势和劣势以及他们如何符合她的需求。要记住，此时将由她来决定选择谁，我需要注意尽量不过度影响她的决定。我扮演着参谋者的角色，总结她的想法和评估结果，帮助她在做决定前理清思路。

一旦被教练者做出决定，我作为出资方就要与选中的教练沟通。我发现最好是先和被选中的教练而不是那些没有入选的教练沟通。原因是被选中的这位教练可能会拒绝参与，这样还可以考虑其他教练。我就遇到过这种情况，那些教练可能感觉和被教练者之间没有缘分，或感觉自己不是帮助被教练者实现发展目标的最佳人选。

我想起一次特殊情况，当时教练告诉我说他没有把握能辅导好被教练者，尽管被教练者感觉与这位教练的沟通很顺畅。在这种情况下，经我协调，双方同意进行第二次沟通面谈来共同讨论教练目标，并让这位教练说出为什么没有把握辅导好被教练者。经过第二次面谈，他们进一步明确了教练目标，教练也更有信心支持被教练者了。这个教练项目就可以继续推进。

一旦教练被选定并同意合作，就要让其他的教练知道他们本次没有被选上。我接触过的教练都会表示理解被教练者的这些决定。基于他们的专业经验，他们知道教练和被教练者之间的化学反应和匹配程度都可能导致这种结果。

杰夫：谢谢安德鲁，作为教练，你做得很棒！这次你被选为高管的领导力教练。

与出资方和被教练者签订合约

既然你已经被选中了，接下来需要与出资方就一系列事项签订合约。这些事项包括项目组织工作，如教练时间进度安排（通常6~12个月）、课程频率、每次时长和地点（通常两三周一次，每次一个半到两个小时，在被教练者所在城市进行），以及项目进展报告的内容、频率和格式。当然还包括你的教练费用和期待的付款方式。

几乎在每个合作项目中，教练都要请出资方同意使用性格测评工具，比如常用的高品质大五测试，要提供中文版测试卷。这可能在他们组织内部已使用。需基于测试结果与各利益相关者面谈。

更重要的是，你也需要与出资方签订协议，以保证对教练和被教练者之间的谈话内容严格保密（除非有法律要求或在非常特殊的情况下）。这些内容只有征得被教练者事先同意才可以向出资方披露。

我偶尔会被要求回答这种问题：为什么教练过程需要这么长时间？为什么我建议在时间安排上教练对话要相对紧凑？

关于教练项目持续的时间长度，简短回答是："改变需要时间。"尽管出资方有所期待，被教练者也努力尝试在思维方式和行为习惯方面出现有价值的转变，但改掉根深蒂固的不良旧习并培养新的习惯需要时间。

关于教练对话的频率，我认为两三周的间隔是足够长的，这可以让被教练者有充分的时间来尝试新行为，而对于使被教练者和教练保持前进的势头，这时间又足够短。

与出资方签订合约后，你还需要与被教练者签订合约。这通常是口头合约；理想情况下，也可以签订书面合约。尽管很多最初需要双方同意的条款（尤其是保密条款）与教练和出资方签订的合约条款相似，但与被教练者签订的合约仍会有一些附加条款，比如使用的教练语言，是否允许"影子教练"的存在，以及双方的责任义务。你会发现随着教练环节的层层推进，与被教练者签订合约，甚至分阶段签订合约不仅非常有用，而且在道义上是负责任的做法。

在我刚开始做教练时，我认为"分阶段签订合约"是一个很难为情，也很麻烦的过程。但随着教练工作的深入推进，我发现通过"征求许可"来谈及可能敏感的话题或使用某个特定教练工具，分阶段签订合约变成了一种简单有效又尊重对方的做法。

教练阶段

教练合约签订后，就可以正式进入教练流程了。基本上有两个同时开展的阶段，第一阶段主要集中在信息收集，而后根据这些信息与被教练者和出资方一起，明确教练目的和目标，从而帮助被教练者。第二阶段主要是通过教练帮助企业领导者达到或者超过既定目标。

第一阶段

第一阶段，我称之为"三方目标确认"，也就是从三个渠道收集数据：工具测评结果评估、利益相关者访谈和与被教练者谈话。我合作过的很多企业会使用一种久经考验的测评工具，比如霍根测评或者SDI优势配置清单。被教练者会回答测评问题，并将结果与教练分享，然后教练向被教练者点评测评结果。

被教练者的关键利益相关者提供的360定性反馈是制订教练目标的第二个非常有用的数据来源。利益相关者通常由被教练者提名推荐，包括被教练者的管理者、数位平级同事，通常还有一些直接下属。

对这些同事进行单独的、秘密的调查，并让他们对被教练者领导力方面的优势和需要改进的领域发表评论。固定模式（至少有两位同事就某个优势或者待改进的地方提出相近的观点）会被记录下来，但不注明出处，收集之后会与被教练者分享。

在选择利益相关者的过程中，要求被教练者画出包括自己在内的组织架构图，这样我就可以更好地理解被教练者是如何看待他们的"世界"的。然后我会询问他们与每位关键同事的互动情况，从而更好地了解他们希望我向谁征求意见。按照关键利益相关者的定义来看，被教练者的管理者总是会包含在我收集反馈的人当中。

在中国教练业发展早期，人力资源负责人经常问我，与直接下属访谈是否有意义，因为鉴于中国文化讲究下级尊敬上级，他们认为没有哪个下级愿意说上级的"坏话"。我发现，在某些情况下的确如此，但我发现更有可能的情况是，在严格保密的条件下，下级还是愿意配合提供对上级的发展反馈的。

未来领导力提升的第三个数据来源是被教练者，当然，这通常是指在第一次教练谈话中。这些数据也可以通过"影子教练"来获得，即在被教练者和其他同事互动时，教练在会议室旁边或后面默默地观察被教练者。

从我的经验来看，对高管层的教练目标几乎总是包括提高影响力和沟通技能。通过运用"影子教练"，教练可观察并倾听被教练者和同事的直接互动，这对于感受被教练者如何影响同事，又如何被同事影响是非常有用的，而这些强大的能量往往是被教练者在互动过程中意识不到的。

如果不经过这样的观察，教练就很难亲身感受被教练者的沟通风格以及其他同事的反应。幸运的是，尽管他们一开始会因为自己被观察或让同事知道在接受教练而有点不舒服，但绝大多数被教练者还是同意我旁听他们的会议。（有些组织文化仍然会视教练为"修理"，尽管这种情况并不常见。）通过观察被教练者的实际行动，我几乎就可以针对每一种具体情况"对症下药"，给予有效反馈，从而使他们的沟通风格发生积极的转变。

这三个数据来源所提供的见解通常会有相当多的"重叠"部分。重叠部分通常有助于被教练者和教练看清哪些领导能力可以重点关注、努力提高，哪些能力已经相对较强，可以用于被教练者的改进和提升中。

被教练者会基于这些信息制订教练目标，反思如何衡量进步，然后与他们的管理者讨论和优化这些目标和举措。我发现在完成这些步骤后，要求被教练者、经理和我们进行一次 20 分钟的"对标谈话"是非常有帮助的,"对标谈话"确保大家都非常清楚成功的目标和衡量标准,同时也允许对谈话中任何发现的新问题进行改进。

恭喜你!第一阶段已经完成,你即将进入第二阶段,重点是通过教练来帮助企业领导者达到甚至超越他们选择的目标。

第二阶段

你可能会发现,要想使教练达到最佳效果,需要满足两个必要条件:一是被教练者被教练目标所激励;二是保持某种程度的进展势头。以我的经验来看,每两三周面谈一次是可以保持这种进展势头的。时间间隔太短,被教练者可能没有足够的时间来尝试采取可以带来进步的新思维模式和新行为方式;时间间隔太长的话,被教练者容易受繁忙的工作和生活的拖累而淡忘教练目标。

典型教练进程往往遵循一定的节奏,最好先练习进入角色,找到感觉,初步进入状态,为接受教练做好思想准备,留出充分的心理空间。然后教练通常会问被教练者自从上次见面后,生活过得可好,以及想通过教练解决什么问题(更多的问题代表可能有更多的教练合约)。尽管谈话主题通常与被教练者的教练目标相关,但有时眼前的当务之急,即使与教练目标无关,也要优先考虑。

在我做一名整体型教练的工作生涯中,我会基于全局视角来开展教练项目,不仅支持被教练者的"横向发展",比如技能培养,而且帮助他们获得"纵向提升",即作为人自身的成长(当然,被教练者要乐意接受)。整体型教练方法包括一些模型,可帮助教练和被教练者更好地理解被教练者的哪些能力足够强,哪些方面还需要改进,从而促进教练目标的达成。整体型教练方法还包括注意力练习和具体训练,可帮助被教练者朝着他们的领导力和个人发展目标前进。

下一步,教练可能希望与被教练者探讨自从上一次教练后对方都采取了哪些具体行动以及这些行动的结果。哪些有效?哪些效果不明显?对如何进步有什么反思?如果被教练者并没有按照之前的约定采取行动,也不要担心,教练可以探究那些阻碍被教练者采取行动的原因。

临近教练结束时，教练通常会让被教练者反思，选择新的行动方案，并思考采取行动时可能面临的挑战以及如何应对这些挑战。教练随后会要求被教练者草拟一份简短的行动计划总结发给自己；这可以作为下次教练讨论的基础。

就这样，教练在这种更新迭代过程中，高度专注于支持被教练者担任企业领导者角色，层层推进，直到教练项目结束。这个过程通常包括一个与被教练者、管理者和教练的中期回顾，以正式评估项目进展，并对目标和进度做出合理调整。如果被教练者同意，也可以和利益相关者定期进行"进度抽查"和最终回顾。除此以外还可能有后续联系，比如在项目结束后3个月和12个月的时间节点来评估教练到底有多少价值"留存"。

安德鲁：从出资方的角度来看，在合约中把教练项目的目标参数规范化很重要。这些参数包括为所有利益相关者（包括被教练者）制订的明确时间表和可交付成果。在我组织的教练项目中，项目持续时间通常是三到六个月。根据被教练者的需要，在某些情况下时间要长一些。

360测评以及利益相关者访谈是项目初期必不可少的组成部分，可以帮助教练和被教练者在重点发展领域上对齐目标。我会尽可能地把对利益相关者的选择权交给被教练者。但是，我也认为这是教练以及我作为出资方工作的一部分，即确保被教练者是从大量不同领域的利益相关者中进行挑选的。我合作过的教练都会主动帮助被教练者选择，有时也会征求我的意见来确定最佳人选。

尽管教练项目主要在教练和被教练者之间进行，但从我作为出资方的角度来看，和教练及被教练者达成共识，评估教练项目在不同阶段的进展也很重要。尽管被教练者和教练的谈话原则上保密，但与双方汇报进展还是有益的，这也提供了一个发现问题以及获得必要支持的机会。在我看来，这种汇报也以另一种方式体现了企业对被教练者参与的教练项目的支持。

根据教练任务的范围，一种方式是在项目中期汇报，然后在项目结束时汇报；另一种方式是根据项目时间长短与教练和被教练者协商调整。我合作过的教练在与作为出资方的我分享信息时，都征求了被教练者的同意。当被教练者对分享他们进展的具体信息没有什么顾虑时，教练就有了了解组织情境的机会，或者教练就有了听取到不同意见的可能，以便推进下一步的教练工作。

作为出资方，我必须尊重教练的职业操守，尽量做到在了解进展时不过分介入。这可能是个非常微妙的平衡，我曾要求其他教练"对我说实话"，如果我干涉过多，就随时提醒我。

除了向出资方汇报之外，向被教练者的主管进行类似的汇报也是很有用的。原则和指导方针与上面的相同。主管需要了解项目最新的进展，并且在整个过程中能够足够投入以支持教练项目，但也不能介入过多以免阻碍或抑制该进程。经验法则最好是在项目开始之前就与教练、被教练者及其主管就这些问题讨论并达成一致，这有助于预先确保所有相关人员都了解处理它们的边界线和基本规则。

教练项目的收尾总结和后续跟进也至关重要，因为它们可帮助被教练者维持教练成果的可持续性。请记住：在这个人才发展活动上已经有了相当多的投入，以上那些步骤都是必不可少的。

教练将直接与被教练者进行收尾总结会议。这将包括安排一次针对被教练者的主管和我（出资方）的成果汇报。尽管我并没有直接参与过这种收尾总结会议，但我意识到这是非常关键的。对被教练者来说，它可以对教练项目的成果进行反思和总结，同时做好下一步自我发展规划，其中包括他们可能希望从主管或者我这里得到哪些支持。

接着到了汇报会环节。我在不同的会议中分别经历过这种议程，比如一次是作为出资方，另一次是作为主管。另外，我认为这是我们所有人之间的一次联合小组会议。总之，我认为这是教练和被教练者可以互相讨论并就最有效的工作方法达成共识的环节。教练通常会和我讨论这一环节中可能出现的敏感问题，而我作为出资方，可以就最佳方案提出我的看法和建议。

尽管被教练者会在汇报会上分享他们的收获，但在教练项目之后为即将发生的事情做好准备也同样重要。因为被教练者的发展是持续的，我们必须对关键因素进行讨论并达成共识，比如下一步行动计划、需要的支持和资源以及未来的"进度检查"节点。作为出资方，我认为在汇报会举行之前提醒本次项目主管是很有帮助的，同时也可以提醒和跟进大家协商一致的下一步计划安排，以保证教练成果可持续。

杰夫：谢谢安德鲁！这次谈话使我受益匪浅，相信读者也和我一样。我们下次找机会再谈吧。

第5章
用测评数据在循证教练中提供反馈

汤姆·佩恩　张楠

在没有数据之前就建立理论是极其错误的。人们常常不知不觉地扭曲数据去套用理论，而不是修正理论使之符合实际。

——阿瑟·柯南·道尔（《夏洛克·福尔摩斯》）

摘　要

上一章，杰夫和安德鲁分享了他们对教练项目生命周期的看法。他们讨论了被教练者参与制订教练目标、规划行动方案将有助于提升教练的有效性。为了确保教练的效果，教练给被教练者的反馈必须做到中肯、不评判。被教练者必须参与选择教练目标或至少认同教练目标。他们建议，作为教练过程的一部分，需要安排一场由被教练者、被教练者的主管和教练参加的"三方会谈"，目的是让各方确认教练目标，并就教练目标达成共识。本章，汤姆和张楠将介绍一些实用的循证教练工具。汤姆会从心理学从业者的角度分享影响测评工具信度和效度的因素，介绍如何专业地使用这些测评结果。我们可以通过组织中的人力资源信息系统、外部测评、360调研（个性、认知能力）或与公司内部关键利益相关者的访谈得到被教练者的数据。教练使用任何测评工具时，都应先接受测评公司提供的培训并取得认证，才知道如何在不同情况下使用这些测评工具。张楠基于她给中国的企业领导者和客户做教练时积累的丰富经验，分享了诸多她在教练中使用人格测评工具以及借助测评中的数据给被教练者提供反馈的案例。

引　言

在教练项目开始时，教练、被教练者、组织出资方和/或被教练者主管之间需要沟通，明确相关事项。具体内容可能因教练项目的性质而有所不同，如教练项目可能是组织安排的或被教练者个人要求的，可能是公司整体人才管理项目的一部分或者是团队教练项目。

重要的是，测评数据能为被教练者提供循证信息，说明教练的方法和途径。教练需要与被教练者建立信任，以便向被教练者提供正确有效的辅导，帮助被教练者洞悉自我。这里向大家介绍一个非常有用的模型——"乔哈里之窗"。在教练项目中，教练可以利用乔哈里之窗帮助被教练者深入认识自我，了解别人对他们的看法和评价。有了这些循证见解，教练就可以帮助被教练者用他人的视角反观自己，并学会在特定情境下反省自己的行为且自觉做出评判，从而全面提高企业领导者的效能。

世界上大多数人都会通过猜测或直觉来做决定。他们要么是幸运的，要么是错误的。

——苏海勒·多西

一般而言，教练会被授权访问被教练者的某些机密信息，包括：当前的职业发展履历、绩效评估、影响成果的行为记录、360调研的行为数据或用于绩效评估的360反馈、认知能力测评以及大五人格测评。

近20年，各种测评在中国被广泛运用。现在，许多中国大学开设了心理测

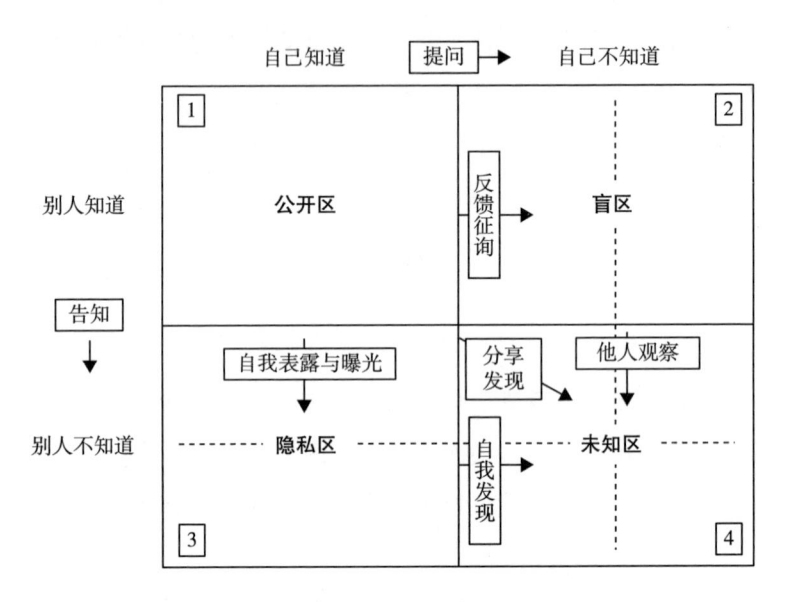

乔哈里之窗（乔瑟夫·卢夫特、哈瑞顿·英格瑞，1955年）

注：该图已得到 CC BY-SA-NC 的授权许可使用。

评课程，这类课程的专业水准随着研究的深化不断提高。各种测评对人才选拔和教练都有很大帮助。

某些测评工具的局限

尽管上述测评工具的应用相当普遍，但是，有些西方测评工具在中国应用时仍会遇到各种挑战。例如，360测评是一个被广泛使用的测评工具，特别适合在教练前使用；但是，教练中360测评结果的质量在很大程度上取决于组织文化和被教练者的情况。总体而言，360测评结果反映出了"权力距离指数"效应（Hofstede, 1980, 2001），因为下属组的评分值通常是所有参评组（包括主管组、同事组和其他组）分值中最高的。在个别中国本地公司中，员工的职业前途基本取决于上司对他们的印象。需要注意的是，某些中国企业已经把

360测评分数作为员工升职加薪的依据。但由于这些数据偶尔会被滥用，所以中国的360测评结果在教练项目中应用有限。

360测评遇到的另一个问题是，在全球范围内，主管和下属的评分一直相差悬殊。通常，在某些方面，主管对下属的评分往往低于其他所有参评者。在能力指标评分方面，参评者个人与他人（下属与同事）的评分相关性最高，而主管对下属的评分往往是异常值（主管的评分与他人的评分相差比较大）。这也是大多数企业不相信绩效管理过程和结果的原因，甚至人们也不相信把360测评用于人才发展有什么作用。这种对360测评的不信任也影响了360测评在教练中的应用。

尽管存在障碍，360测评在训练有素的教练手中仍然是极其有效的工具。有认证资质的教练能正确诠释测评结果，帮助被教练者运用测评报告数据来分析了解其他人的观点。乔哈里之窗中"他人观察"栏为被教练者揭示了他们自己无法知晓的他人的看法。与被教练者的讨论不应局限在试图弄清谁对他们的评分较低，而应关注为什么他人会这样评价被教练者。尽管他人的评价不一定准确，但仍有参考价值，因为这些评价可能会影响被教练者的绩效表现，阻碍他们的职业发展。教练和被教练者可以花时间去探讨测评结果存在差异的原因。如果被教练者不重视他人的看法，低分值反映的情况早晚会变为现实。

人格评估对教练而言是很好的辅助手段，有助于客观了解被教练者的整体风格和行为倾向。对人格评估准确性和有效性的研究表明，根据人格特质可以有效解读或预测高管能否圆满完成复杂的工作任务。工作复杂性越高，对大五人格特质的阈值要求就越高；换句话说，人格测评是衡量一个人是否能胜任更高级别职务的重要指标。这些评估还可以帮助被教练者理解其行为的现象和本质，以及支配其行为的价值观、内在动机或总体行为倾向。

人格评估可以用作招聘或晋升决策的辅助参考工具，同时也可用于教练项目，为教练和被教练者提供极具价值的分析判断依据。值得注意的是，人格评估调查问卷属于主观的自我报告。研究表明，有10%~20%的人在"自我打分"时会存在某种程度的"虚报"，原因有两种。这在简历或申请准确性研究中得到了证实，研究结果表明，大约1/3的申请人提供的信息不够准确（例如夸大或虚报工作年限、学位、职位，把团队取得的成就说成申请人的个人功劳等）。

人们在做人格测评问卷时，虚报的第一个原因是相当一部分人自认为比他人做得更好，所以，他们给自己的评分偏高。戴尔里·保罗斯博士将这种行为描述为"自夸"（SDE）。还有些人希望他人更看好他们，保罗斯博士将这种心理所引致的行为描述为"印象管理"（IM）。保罗斯在编撰其BIDR问卷（University of British Columbia，1984，1988）的过程中，描述了社会称许（伪装得好）（SDR），指出其有可能影响评估的有效性。通常，如果测评结果对填写问卷的人影响越大，他们的选择越有可能表现出某种程度的失真。除非有极端情况发生，否则，如果领导力教练已经获得测评专业机构的认证，具备使用特定人格测评工具的能力和经验，他们是可以有效地使用人格测评结果的。大多数精心研发设计的人格测评问卷都有内部指标，这些内部指标可反映被评估者答题时的"作假"程度。范津砚博士利用保罗斯博士的模型，研究了中国人格测评调查中的作假现象，发现"印象管理"和"自夸"在中国与其他文化中的发生率大致相同（Fan J. et al.，2012）。

通常，自比式（对同一被测试者的回答进行比较）的测评体系，诸如迈尔斯·布里格斯类型指标MBTI或DiSC，声称自比式测评不受测评者自夸的影响，因为答题时没有标准规范。而所有大五人格测评均为规范性测评，可以将人格测评结果相同的人与其他人进行比较。自比式测评是非规范性测评，因此不存在自夸风险。尽管如此，多数使用人格测评的组织仍希望能够将员工A与员工B的测评结果进行比较。规范性测评允许将被测试人与获得相同测评结果的其他人进行比较，而自比式测评不允许将一个被测试人与另一个被测试人的测评结果进行比较。MBTI是一个被广泛使用的人格测评体系。尽管许多领导力教练都在教练中使用MBTI测评，但MBTI手册规定，一个人的MBTI测评结果不能也不应作为人才选拔的依据，因为该结果不能与其他人的测评结果相比较。另一个原因是，像MBTI这类自比式测试的结果很可能在六周内发生变化。在循证教练中，使用不再能反映被教练者人格状态的测评数据是没有意义的。

案例分析：培养准备升职的中国高管

一位高管在与另外两位高管竞争主管继任者职位时被淘汰，于是自请了一位教练，唯一目的是帮助自己找到被淘汰的原因。在教练中，他做了大五人格测评。在缺少其他利益相关者的意见、反馈信息有限的情况下，人格测评报告中的客观数据能帮他更好地理解阻碍他升职的可能原因，而这正是他自己的盲点所在。此项测评结果中有关他个人行为倾向的信息，让他能客观地看到自己与他人互动的行为模式，可为他提供清晰的发展路径，让他知道自己在哪些特定情境下需要改变行为方式才会变得更高效。

教练在辅导过程中使用人格测评工具是一个不断积累经验的过程。过去15年里，越来越多的中国企业开始将人格测评用于人才培养和选拔。需要注意的是，任何人格测评都应该使用被测试者最易懂的通俗语言，避免产生理解上的误差。因此，企业在开展人才选拔和教练项目前，通常会使用高质量的大五人格测评。在这种情况下，这些人格测评必须是科学的、被验证有效的，并且测评有可信的常模作为参照标准。此外，当企业考虑把人格测评用于业务场景时，最好选择那些已经在业务场景中被验证有效的测评工具，以便预测被测者是否能胜任工作。

会学习是一种天赋，能学习是一种技能，想学习是一种选择。

——布赖恩·赫伯特

中国背景下的人格差异及其对领导风格的影响

性格、价值观和认知能力决定一个人的领导风格（Benson & Campbell，

2007；Judge, Bono, Ilies, & Gerhardt, 2002）。这些因素会影响一个人的行为、决策倾向及其创建的领导环境，所有这些都会影响组织绩效（Barrick, Day, Lord, & Alexander, 1991；Day & Lord, 1988；Kaiser, Hogan, & Craig, 2008；Peterson, Smith, Martorana, & Owens, 2003；Thomas, 1988）。高质量的人格测评数据给教练提供了关键信息，有助于教练了解在辅导中应该把重点放在哪里。但是，教练最重要的还是要与被教练者的主管、出资方和被教练者沟通确认，以确保选择的教练内容和发展目标符合各方的共识和预期。

尽管市面上有不同类型的人格测评工具，但常用的是那些测量人们日常环境下行为的人格测评工具。这类测评主要是基于五种特质构建的，即外向性、情绪稳定性、亲和性、经验开放性和认真负责性。这类测评可以用来了解一个人在正常情境下的自然优势和劣势。大五人格测评还可衡量一个人在有压力和紧张的状态下，在无聊或闲散时，或在放松而不用自我监督时的消极性格特征。有些测评产品的结果可以帮助被教练者了解那些可能阻碍其职业成功的行为和潜在威胁，如前面案例中的那位高管，他不知道为什么自己没有被选为主管继任者。人格测评也可以测量一个人的价值观和动机：了解一个人工作中被激励的因素、偏好的工作环境，或者作为企业领导者，他会营造怎样的企业文化。如果一个被教练者能够了解自己这些方面的性格特征，那么，他就懂得如何当好企业领导者，如何创建最有利于成功的文化或环境，或如何指导他人做好职业发展规划。

常见的个人测评主要包括：认知能力或智力测评、技能测评（通常指与胜任某个特定工作或某类工作相关的一系列技能）和人格测评。实践证明，对高管人员的选拔和培养而言，人格测评具有重要的参考价值。高质量的、可靠有效的人格测评结果有助于企业准确预测一位中高管的行为，准确率可达40%。

中国市场上有许多可靠的人格心理测评提供商，其测评问卷都已被翻译成地道的普通话。萨维莱·霍兹沃斯有限公司（SHL）、美国智睿咨询有限公司（DDI）、光辉合益、霍根测评系统、国际人才测评和NEO PI等都提供已经过充分研究的测评，其测评工具已得到学界的普遍认可，并被广泛应用于商业社会。

以下我们将举例说明如何用人格测评数据来了解一个被教练者与同一人群

中其他人相比时的性格倾向。我们将使用霍根领导力量表组合，它包含三个主要量表：HPI（霍根人格量表）、HDS（霍根发展调查表）和MVPI（动机、价值观和偏好量表）。HPI测量日常环境下的性格特质；HDS测量一个人在有压力的状态下或过于放松时表现出的性格特质；MVPI测量一个人的内在价值观和动机。霍根关于跨文化人格的论文《理解中国领导力》提到，对比不同国家的管理者时，你会看到他们各自有明显的行为模式，如图5.1所示。

（1）与几个西方国家的经理人群体相比，中国经理人群体往往更愿意遵循组织的结构和流程，而不是积极主动地承担企业领导者角色，制定新的或调整现有的结构和流程。中国经理人在霍根测评表中的抱负得分较低。抱负得分较低的人往往在日常领导岗位上缺乏竞争性和主动性。因此，中国经理人可能显得比较被动，不愿主动承担责任，尤其是在职责划分不明确或没有正式担任企业领导者的情况下，这样的特质表现得更加明显。另一个相关影响是，他们会将自己视为集体的代表，而不仅仅代表他们自己，因此，他们在公共场合发表个人观点时会格外谨慎，甚至会感到很不自在。

（2）然而，在有压力的状态下，中国经理人更容易表现出过度自信、强势和专断的行为倾向，较难听取和采纳他人的意见和建议，固执己见，不易被说服。中国经理人在霍根测评表中的自大得分较高，这表示他们犯错时、在有压力时或者放松而不用自我监督时，往往过于自信和强势，对自己的错误视而不见、听而不闻。他们在日常情况下的低抱负得分和在有压力时或不用自我监督时的自高自大，形成了鲜明的反差。这种现象在其他国家的人看来很难理解。

（3）与西方经理人相比，中国经理人的另一显著特征是更关注流程、细节和风险管理。这使得他们有很强的执行力，但缺乏冒险精神以及从错误中吸取教训的勇气，也缺乏改变既定计划的灵活性或意愿。另外，中国经理人在霍根人格量表中的审慎得分较高，这表明他们注重印象管理，在日常工作中尽量在他人面前表现得得体、中规中矩。

（4）在有压力时或空闲无聊时，中国经理人倾向于依靠权威做最后决定，或在做决定时更容易屈于权威。在有压力时或不用自我监督时，他们在霍根测评表中的恭顺得分较高，表明即使他们与上级意见不一致，也不太会反对。

霍根人格量表——HPI

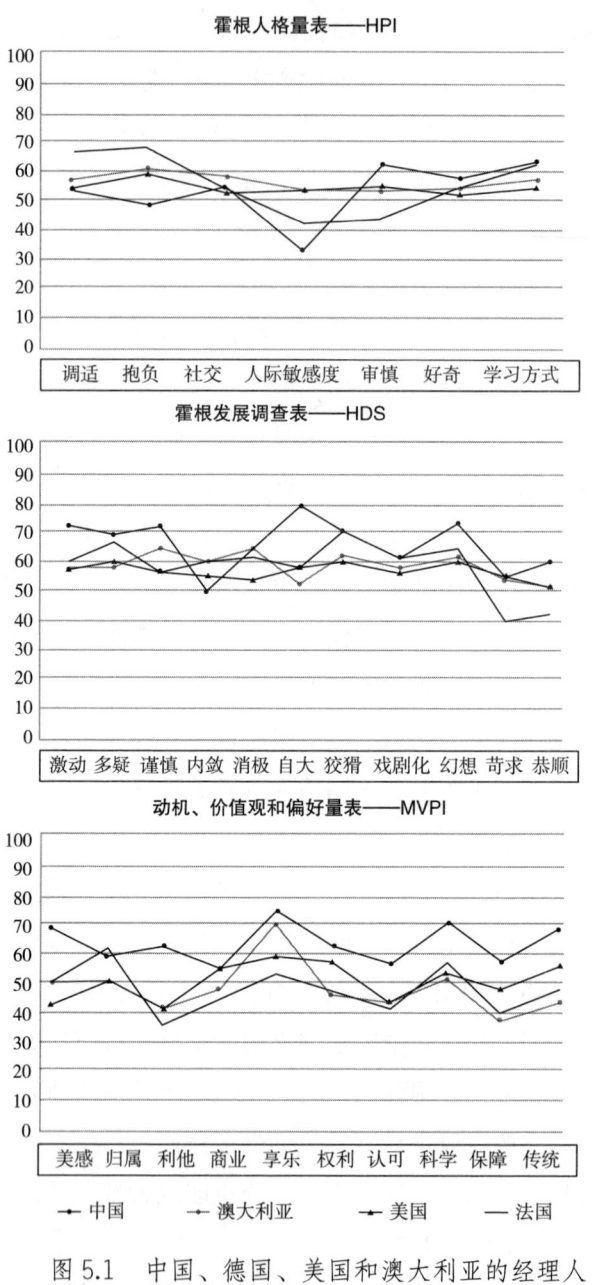

调适　抱负　社交　人际敏感度　审慎　好奇　学习方式

霍根发展调查表——HDS

激动　多疑　谨慎　内敛　消极　自大　狡猾　戏剧化　幻想　苛求　恭顺

动机、价值观和偏好量表——MVPI

美感　归属　利他　商业　享乐　权利　认可　科学　保障　传统

中国　　澳大利亚　　美国　　法国

图 5.1　中国、德国、美国和澳大利亚的经理人
在 HPI、HDS 和 MVPI 测评中的差异

注：接受测评的经理人数量：中国为 992 人；美国为 4 184 人；德国为 1 779 人；澳大利亚为 4 864 人。

（5）如图 5.2 所示，邵虎普和桑格（Shaloop & Sanger，2012）发现跨国企业和国有企业中的中国经理人之间的群体差异远小于中国经理人群体与其他国家经理人群体之间的差异。这表明，中国境内的企业中，民族差异的影响远远大于公司文化差异的影响。具体而言，邵虎普和桑格发现，中国经理人无论在跨国企业还是在国有企业里，都是抱负得分低、审慎得分高；而美国企业中的美国经理人与中国同行相比，抱负得分高、审慎得分低。即使中国经理人为美国的跨国企业工作，其性格倾向仍与在国有企业里的中国经理人相似，而与在美国跨国企业里的美国经理人相去甚远。中国经理人无论在跨国企业还是在国有企业，都不愿在自己的职责范围外主动竞争。同时，他们也较难放下手中的权力，不愿授权给下属。

教练的意义

过去 16 年，张楠教练过 100 多名文化背景各异的企业领导者，其中约 50% 是中国人，另外 50% 是在中国工作的外籍人士。以下是她根据亲身经验总结出的一些最常见的教练问题，基本与上面的关键分析结论相吻合。

主题 一

缺乏说服和影响上级的能力

很多中国被教练者缺乏说服和影响上级的能力。例如，他们在会议和讨论中，不善于主动表达观点，不善于恰当地处理矛盾冲突，而倾向于回避退让，不善于积极管理上级的预期，也就是不敢对上级说"不"，不善于积极主动地寻求帮助以获得更多支持和资源。

中国企业领导者在上级面前发言时，通常非常谨慎。在以英语等其他语言召开的会议中，语言障碍可能是造成中国企业领导者不敢大胆发言的潜在原因，但通常

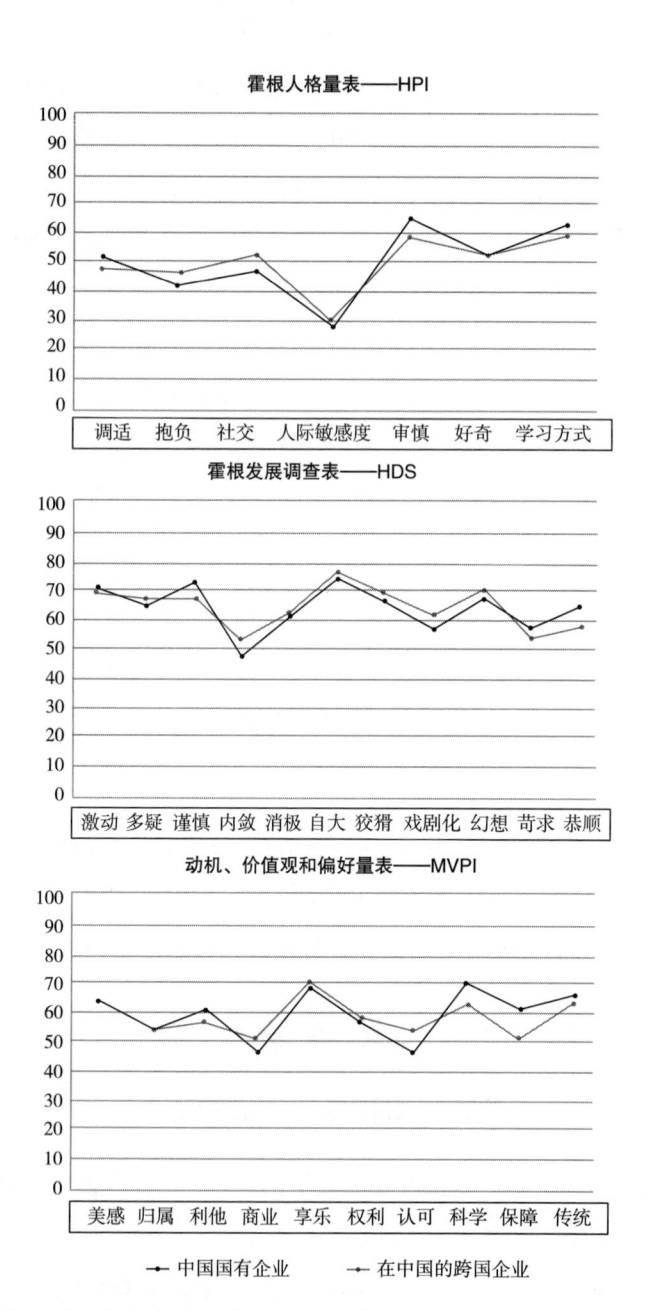

图 5.2 中国国有企业和跨国企业经理人在 HPI、HDS 和 MVPI 测评中的差异

注：接受测评的经理人数量：跨国企业为 584 人（HPI）、402 人（HDS）、520 人（MVPI）；国有企业为 334 人（HPI）、323 人（HDS）、146 人（MVPI）。

这不是主要原因。他们更喜欢在发言前做好充分准备，这样在发言时才会感到游刃有余，而在无法控制的临场自由讨论中，他们会感觉很不自在。另外，由于惧怕直面冲突，他们宁可保持缄默，也不愿发表自己的观点，尤其是发表不同的观点。有些中国企业领导者之所以不发言，是因为他们不想让自己显得争强好胜、碾压他人。因此，如果别人已经发表了观点，他们一般不会补充或重复这些观点，即使支持这些观点很重要，他们也不会发声。结果，其他国家的企业领导者可能认为中国企业领导者不合群或缺乏自信，甚至可能会认为他们傲慢自大。

张楠还注意到，中国企业领导者在说服和影响上级时，不善于说明和讨论工作中遇到的挑战和困难。因为在中国传统文化中，这样可能让人显得软弱甚至丢面子。因此，他们会尽可能自己努力解决所有问题，而不是向上级求助，争取获得更多的资源或支持。如果企业领导者业绩良好，总部可能会继续提高期望值，但是问题可能仍然存在，这会导致解决问题的难度逐渐增大。如果企业领导者业绩不佳，上级可能责备他没有提前报告，缺乏沟通能力，甚至有意报喜不报忧，从而影响他在组织中的信誉。

教练可以帮助企业领导者弥合认知上的鸿沟，让他们认识到，积极参与沟通讨论的过程与努力完成目标同样重要。鉴于中国企业领导者偏爱在会前做发言准备，张楠建议，他们可以在参会前围绕议题认真思考，在讨论中，学会通过提问引导讨论的方向，以避免可能的冲突。中国企业领导者应该通过主动沟通，增进与他人的信任。他们应该提升意识：与其独自应对挑战，不如花时间争取让上级为自己提供更多的帮助和资源来应对挑战，这会让他们更容易处理相关的问题。随着时间的推移，当中国企业领导者开始看到这种领导风格带来积极影响时，他们领导团队的方法就会逐步改进。

主题二

过度自信——性格中的黑暗面

许多中国经理人和企业领导者不敢说服和影响上级，但在自己掌控的组织内部，却拥有强大的影响力。其典型行为表现为：过度自信、强势、不愿承认错误。许多中国企业领导者之所以能够成功，在职业生涯中不断获得晋升的机会，是因为他们在面对压力时，能展现出坚强的决心和巨大的冲劲。问题在于，随着职位不断提升，领导团队的专业技能也要相应提高，但是，这些企业领导者无法做到比所有下属更专业。这种领导风格弊大于利，有时会导致组织采取高风险行动，甚至可能将组织推到灾难的边缘。有很多中国企业领导者失败的案例，就是因为他们无视专家的建议，擅自鲁莽决策导致的。尽管这种领导风格可能让企业快速取得成功，但企业也可能在短短几年内走到破产的边缘。

此类企业领导者的问题在于：其一，他们周围的多数人都听话顺从，不会提不同的意见。如果企业领导者很难接纳不同的意见，那么，他们很难能听到有见地的反馈意见。其二，他们故步自封、夜郎自大，所以，很难理解和接受认知以外的其他看法。其三，他们在教练过程中，可能会隐藏或收敛强势的习惯，从而导致获得反馈和进行反思极为困难。

因此，教练把握时机为被教练者创建觉察至关重要。当企业领导者遇到挑战和困难时，教练会发挥作用；当企业领导者面临外界压力，不得不提升自己的开放性意识时，教练也很容易观察到被教练者应对压力时的反应。为了收集反馈，教练除了加强面对面访谈时的保密性外，张楠还发现，通过旁听被教练者的团队会议，教练通常会获得非常重要的信息。利用旁听会议的机会，教练可以收集被教练者的领导风格对他人影响的反馈，观察团队成员的反应以及整个团队的工作气氛。此类现场的一手资料可以给被教练者提供反思机会，帮助被教练者用多种视角思考问题，同时也充分考虑他人的感受和意见。

参考文献

Fan, J, Gao, et al. (2012) Testing the Efficacy of a New Procedure for Reducing Faking on Personality Tests. *Journal of Applied Psychology,* Jan 12, 2012.

Shalhoop, J and Sanger, M. (2012). Understanding Leadership in China: Leadership Profiles of State-owned Enterprises, Multinational Corporations, and Major Economic Trading Partners. In *Advances in Global Leadership,* Volume 7, 321–348. Emerald Group Publishing, Ltd.

第 6 章
中国文化对中国领导力教练的影响

阿克塞尔·库尔曼　艾伦·巴宾顿·史密斯

沟通的最大问题是各说各话而不自知。

——萧伯纳

摘　要

在本章，来自英国的艾伦和来自德国的阿克塞尔将讨论文化对中国教练的影响。他们讨论了中国文化中的儒家思想、面子文化、沟通方式、个人作用、教育和情绪等，也谈到了教练问题，包括组织中的关系、管理效率和教练"三角"。让我们一起加入他们的对话。

文化背景

艾伦：欧美人普遍认为中国文化很独特，但对现代中国的独特性却知之甚少，无论是大原则还是小细节。

为了清晰说明这一章的架构，我们从基本的商业概念开始。大体而言，外国教练在中国的潜在客户包括以下四个不同类型：

（1）国有企业；

（2）外国跨国企业；

（3）合资企业；

（4）中小型企业（通常是中国企业）以及一些个人。

在实践中，被教练者最有可能是跨国或合资企业高管。也有少数非常出色的外籍教练可以给跨国或合资企业的中国高管提供教练，这要求他们的中文相当流利，而中国被教练者的外语也相当流利。但外语表达规则中总有例外，外语交流时难免有些思想或概念入脑容易、入心很难。（当然，教练和培训的关键区别在于教练帮助人转变思维模式或态度。）

对跨国企业中的外籍被教练者来说，主要问题是如何在其企业中提高绩效。而对跨国企业中的中国籍被教练者来说，重点则是调整中式思维习惯以适应跨国企业文化。在这两种情况下，教练都非常需要了解中国文化。

在这一章中，我们首先将阐述中国文化的重要性，然后探讨和解释中国文化的独特性，说明文化因素对中国教练业的影响。接下来我们将探讨外籍教练如何为企业提供增值服务以及可以从哪些方面提供。

为了把这些问题放在历史和文化大背景下来讨论，我们先从历史和当代的几件轶事说起。

中国历史上有两大现象对于中国教练业的发展尤其重要：一是具有五千多年历史的独特中华文明，如果用西方文明标尺来衡量，中华文明属于"异类"；二是中国经济发展在过去40多年取得了历史上前所未有的成功。

对教练行业总体来说，这两大现象意味着中国人可以按照西方规则参与游戏而保持中国文化特色。因此，西方教练需要更清楚地认识到，不仅需要了解中国文化，而且要尊重它。有志于在中国成为教练或为其中国员工寻找教练的企业领导者必须精通并尊重中国文化。

目前中国大多数人亲历了国家崛起的过程，尤其是25~45岁这一代人。他们作为被教练者，会以中国文化为豪，而不是盲目崇拜外国人。写此书时（2020年11月）以及出版此书英文版时（2021年初），中国已基本控制新冠疫情。如今，中国人越来越自信，而且他们开始怀疑西方人既然在国家治理方面缺乏效率，那么在公司治理方面还能教他们什么。如今，中国白手起家的亿万富翁人数和西方国家的一样多；华为和通用电气一样以先进管理闻名于世；西方国家没有像微信一样先进的通信和支付程序；阿里巴巴创造了在全中国适用的电子支付系统。

阿克塞尔： 正如艾伦所说，对于到中国从业的外籍教练而言，必须将教练内容融入中国文化背景。长期以来，很多外籍人士并没有把中国文化融入他们的行为模式中，至今仍是如此。在充满民族自豪的中国人眼中，老外（外国人）显得无知甚至有些傲慢。尊重中国文化有助于营造积极和谐的气氛，是教练合作的基础。

艾伦： 在日常生活中，甚至与亚洲其他国家相比，中国文化的独特表现比比皆是，比如特色美食、重视人际关系超过重视合同契约、着装品位（各种风格的服装可以任意混搭）以及奇异的语言结构。我自己几乎每天都会在公司或大街上看到此类现象，比如两位骑自行车的人并排夹着一块玻璃、男生替他女朋友拎手提包、快递小哥在人行道上整理一大堆文件等。这些只有在中国才会发生！

值得一提的是，我现在写这些文字的时间是2020年11月，在美国待了7个月后刚回到中国。虽然我在中国已生活了20多年，具有丰富的跨文化背景和经验，但仍会为一些奇特现象感到惊讶。

有人会提出不同意见，认为文化差异是表面的，全世界人类的本性从根本上是相同的，中国人的那些例外表现并不那么重要。

的确，每个地方的人都有相似的需求、愿望和满足感，都会为相同的动机和激励因素所驱动。我在中国使用全人式教练方法获得成功，也在某种程度上证实了这一点。因为全人式教练方法也同样在其他80多个国家取得了成功，包括南美和北美的大部分国家，非洲、中东和亚洲的新加坡、日本。在我看来，全人式教练方法非常了不起，但在具体应用过程中，仍必须敏感地适应当地文化背景。

儒家思想

艾伦：儒家思想是中国文化的根基，对中国人的思想和行为方式有深刻的影响。这种影响在中国人的日常生活中甚至会无意识地体现出来。对中国近三代人而言，近年来，儒家思想中倡导的服从权威的理念被强化了。

阿克塞尔：我认为有意识的自我反思是教练过程中的关键因素。教练需要激励被教练者反思，深入挖掘事件和行动，发现行动和反应之间的关联，以及认清被教练者在这些关联关系中所扮演的角色。被教练者可以根据参与互动的人的价值观、动机、情绪和认知，思考并选择改变自己的行为和反应。

但如果你从未学习过自我反思，人生中大部分情况下都是按照别人的指示去做、去采取行动和对策，如果通过教练你学会了对自己的行为负全部责任，但有丢面子或让别人丢面子的风险，那你该怎么办？后一种情况即使在西方文化中也会引起感情纠葛，在中国文化中就更为严重。

让我来举一个例子。我们曾想用教练方法帮助中国教师，认为这也有利于学生。于是我的同事开始联系中国的学校和相关政府部门。我们收到一些模棱两可的回答，还以为对方正在考虑我们的提议，仍然心存希望。随着时间的推移，我们认识到这种想法并不适合当时的中国教育制度，才知道模棱两可的回答其实就是表示不感兴趣。

我的另一个经历也能说明这一点。很多接受教练的中国经理人曾要求我或其他教练给他们提建议。但教练主要以问询方式进行，提供建议会破坏教练的效果，所以大多数教练会谢绝提供建议，但是很多被教练者仍然不断提出要求。一位被教练者非常坦诚地告诉我，他真的非常努力地思考我提出的问题，但仍然很难找到解决方案。

面子文化

艾伦： 中国文化中最基本的概念之一是"面子"及与其相关联的"评价"。这两个因素支配了中国人的很多行为和反应。面子在一般意义上可能容易被理解，但关于它的内涵深度和外延广度值得进一步探讨。中国人想要也需要得到父母、学校和工作单位的认可，渴望个性得到认可、成就受到表彰。因此一旦受到任何形式的评价或批评，他们会非常敏感，但很可惜，他们往往会压制自己的反应，隐藏自己的情绪。这会产生很大的负面影响，使他们无法根据收到的反馈有效处理问题。

以管理层晋升为例，要想晋升就必须不断给下属授权和赋能。在中国，传统观念认为，授权者是因为自己能力不强，才将任务派给他人的，现代观念仍如此认为。正因如此，需要花更多时间与被教练者讨论和学习乔哈里之窗模型。该模型中关于个人行为的自我发展、自我觉察和自我反思方法可以有效帮助被教练者与他人建立和深化友好和信任的关系。

阿克塞尔： 中国教练项目主要是对经理人的教练，旨在把渴望进步的年轻经理人培养成更好的企业领导者。在中国做教练，必须克服制约被教练者成长的思想障碍，也就是认为"请教练很没面子"。

东方文化中的面子观念成为阻碍个人成长的重要因素。在西方文化中，丢面子是可以忍受和面对的。在中国，面子显得非常重要，因为面子不仅关系到个人，而且关系到家庭。这就给中国人造成很多的无形压力并使他们尤为谨慎，不愿主动承担责任。正因如此，教练必须采取积极的方式来应对"我正在接受改造"的观念，特别是针对男性被教练者。

作为教练，我们应该支持被教练者保持积极向上的热情，增进对他们的理解。在教练中树立一些榜样人物，一般很容易被接受。在我们过去 10~15 年中持续合作的公司中，不少被教练者已获得多次晋升，证明教练对个人和职业成长有巨大的促进作用，这些人也成了他们所在的公司中激励人心的榜样。

沟通方式

艾伦：谈到沟通方式，很明显，大多数中国人不喜欢开门见山、直奔主题。这种含蓄迂回的沟通方式在日常沟通和团队合作中屡见不鲜。对于教练来说，一般从一开始接触客户就缺少直接沟通，因为即使被教练者的上级也不愿告诉教练或被教练者他的真正问题和想法。

我所工作的教练机构要求教练过程必须包含主管、被教练者和教练三方之间的谈话环节。主管通常很勉强地描述其所认为的真正问题是什么。即使是在教练和主管一对一的谈话中也是如此。这就得让教练从被教练者那里试探挖掘出可能存在的问题。这显然对教练工作不利。沟通常会产生的矛盾是，过分强调人为因素对决策或解决方案的影响，而相比较而言，西方文化更注重流程和结构。在中国，同事、团队成员或家庭成员对运营效率的影响力会高于组织结构。另外，当代还有一个复杂的影响因素值得注意：中国的经济发展迅猛，造成高技能人才短缺，主管因为怕他们跳槽，不敢大胆批评他们。

阿克塞尔：外籍教练还需要注意另一个问题，即中国文化高度含蓄，属于高语境文化。艾琳·梅尔在《文化地图》中描述了这种现象，很多外国人在中国也有相同的感受。高语境是指沟通方式不如其他国家的人那么直截了当、清楚明白。按照《文化地图》中的说法，德国人和荷兰人的沟通方式比较直接，属于低语境文化。

中国人描述事物时常常不具体，比较宏观抽象，这是由前文所提到的其谨慎性格引起的。如果表达得不精确，就留有解释的余地，就可以避免冲突，也为自己和他人留了面子。

对教练而言，这意味着教练必须很小心地帮助被教练者达成可行的结论，需要比预期花费更多的时间，也需要运用一系列工具和技巧。

当然，这种情况在中国各地也有所不同。通常在有500万以上人口的城市的跨国制造业公司集中区，人们多采用西方相对直接的沟通方式进行教练。沟通方式也因被教练者所在的公司文化而异。了解深层文化模式非常重要。

个人背景：被教练者的个人情况

艾伦：目前在中国，45~50岁的职业人士参加工作已有20~30年了，这时他们所面临的管理问题大都是靠家庭背景或学历文凭无法解决的。在现代职场中，管理者在处理承担个人责任和团队协作之间的矛盾时，压力非常大。

而在过去20年中，越来越多的年轻人可以从他们熟悉西方工作环境的父母那里学习。尽管如此，那些25~30岁、准备担任跨国公司或中小企业经理职务的年轻被教练者，在面对从未经历过、甚至从未听说过的挑战时，并没有感到紧张和崩溃，反倒泰然自若，这使我深感意外、佩服不已。

另外，这些年轻的被教练者几乎都是独生子女，这对学习团队合作提出了巨大的挑战。过去20多年中国经济的快速发展使现在的年轻人对自己在组织中的发展预期越来越高。他们多争强好胜，想快速成功，缺乏耐心，急于到达马斯洛的需求金字塔的顶端。对很多被教练者而言，工作以外的压力，尤其是买房、子女教育和赡养老人这"三座大山"和工作中的挑战一样重要。

但这并不是说中国人不能适应挑战。举个例子，我做过一个教练项目，是帮助300位飞机维修师提高安全维修能力。被教练者包括初级技师和团队领导。尽管他们多数人已经四五十岁，这个项目还是很成功。通过激发他们的自尊（或者说是他们的基本人性），这些员工尽心尽力、发奋拼搏，个人能力和工作业绩都取得了巨大的进步。

教 育

艾伦：在中国，目前教练业介于"纯粹教练"和"培训"之间。这和语言也相关，"coaching"在中国被翻译为"教练"，被教练者常把教练称为"老师"。这些术语的含义非常重要。教练是指支持某人去行动或练习某种技能，目的是取得成果。举例来说，网球教练教会网球选手如何将球打到发球区后角。而称呼教练为老师则表示非常尊敬教练。中小学或大学老师的任务是传授知识，告诉你所不知道的。

中国教练的含义，可以通过每位教练的亲身经历加以验证，不论是直接还是间接方式，被教练者会向教练索要可以解决他们问题的可执行方案。我相信，几乎没有中国执业教练能够说他们花了90%的时间来提问题，只将10%的时间用于讲答案。这在很大程度上不符合组织中已经具备教练环境或文化的常识。在我看来，这样的教练环境或文化通常是比较粗浅的。能否营造教练环境和文化在很大程度上要看客户是中国本土公司还是跨国企业。

教练需要面对的问题也随着时间而变化，一方面是由于中国经济的发展，另一方面是由于每一代人的抱负不同，比如"80后""90后"以及"00后"，每一代人的文化背景和抱负都大不相同。

阿克塞尔：我和同行多次讨论过关于"提供解决方案"的情境，发现过去8年多以来，尤其是近三四年中，中国市场和社会对西方教练风格的认识正在稳步提高。在此之前，很多教练为了谋生不得不降低"正宗"教练的标准。"客户需要买到他自己认为物有所值的服务"，这是许多教练的口头禅。那时在中国，成功的教练模式是将教练、导师辅导和培训融为一体。

我对于那些要求提供建议的回应是分清科目、分别处理、提供单独培训或授课，这样被教练者就会明白教练不同于培训授课。

在我担任上海教练组织主席期间，我着力推广国际教练联盟和其他国际教练组织（包括德国教练组织DVCT）所定义的教练理念。我也与玛莎·雷诺兹、菲利普·罗森斯基等嘉宾讨论过这种情况。他们都非常清楚，全球教练都可能陷入这种窘境。

情　绪

阿克塞尔：我自己在教练过程中也遇到了一些出人意料的现象。有一位陈先生，经过我的教练，取得了非常显著的进步。他是工程师，以前担任一家技术公司的三线经理。公司领导认为他是高潜质人才，在没有经过任何培训的情况下就提拔他担任主管，这是他人生中第一次担任高管。总经理采用导师辅导的方式，试图通过详细的工作指导来帮助陈先生成长。但是总经理并不理解陈先生在转换角色时所面临的特殊压力：他之前是团队成员，现在是这个团队的领导。

这样的角色转换导致了一系列的行为冲突，因为陈先生对团队成员的控制经常过于严格。如果团队成员对他的命令型领导方式表示不满，他就非常恼怒并做出激烈反应。

我和他初次见面时，看不出他是人力资源部门所描述的那种性格激进的人。我开始了解陈先生的领导风格和履历。他以前没有学过领导力方面的知识，虽然他已开始阅读相关书籍，但还是不清楚教练的流程，直接向我提问。和往常一样，在中国教练环境中，我首先向他解释提问是我的工作，不是他的工作，这让他笑了起来，接着更高兴地投入我们的谈话。通过讨论他的阅读体验和目前所学到的内容，陈先生发现了系统性思考和反思的乐趣。在幽默轻松的气氛下，我们建立了严谨而亲密的关系。最初的几次面谈采用的是系统教练方式，包括询问组织和个人背景。陈先生开始谈论自己的个人经历，他的工作压力也给家庭带来了压力。陈先生不能花更多的时间照看小孩，总是没完没了地加班，这使他和妻子都不满意。

通过教练的询问，陈先生意识到缺乏团队信任是因为他的管理行为欠妥，导致团队涣散，使陈先生不得不独自承担工作任务。更糟糕的是，他觉得团队成心想让他丢脸，所以他经常与人争吵、经常加班。他意识到了这个恶性循环的存在，并开始思考如何打破它。

陈先生的解决方案是转变管理方式，就像晋升之前那样与同事团结协作，以增强团队对他的信任。这个方法很奏效，不久陈先生就与团队成员建立了积极的良性互动关系，他可以听到更多积极的反馈，团队成员的工作也更加投入。

教练项目接近尾声时，陈先生告诉我，通过采取不同的思维模式和行为方式，他的家庭开始充满爱和幸福，因为他有更多时间陪伴家人。他向我主动分享这么多私密信息，让我很意外，也让我非常感动。

这是个美丽的故事，非常珍贵，因为在遇到情感问题时，中国人通常会压抑在内心而不愿向人诉说。这是教练的另一障碍，因为行为方式主要受情感驱动，行为式教练通常需要触及情感才能发挥作用。要想让一个人对你敞开心扉，你需要耐心细致，与被教练者建立牢固的信任关系。本章和本书的其他章节中都强调，渊博的中国历史和文化知识是教练成功的重要基础。

与雇主的关系

艾伦：忠诚度（对于雇主的情感依赖）是留住人才的关键因素，也是中国企业面临的一个重要问题。美国的最近一项调研显示，约30%的员工认为他们忠于雇主。这个数字并不高，但在中国这个数字更小，只有6%。很多年轻人雄心勃勃，急切追求升职提薪，随时准备接受其他公司提供的薪资更高的职位。近年来，随着其他因素如个人成长、健康环境（家庭子女）和拓宽国际视野、资源和人脉变得更重要，这种情况有所缓解。

一些当地企业如阿里巴巴、腾讯等正尝试在高薪资以外提供其他条件吸引人才。这也对领导力发展和组织发展服务市场产生了影响。"员工加入公司时看公司，离开时看领导"这一说法在中国和其他地方一样都得到了普遍认同。

自我管理效率

艾伦：教练和培训教学相比的另一优势在于时间运用和优化管理。几乎我所遇到的每个教练项目中，应用时间优化理念管理"高收益项目"对工作和个人生活产生的影响最大。在教练结束时的个人反馈谈话中，几乎所有被教练者都表示他们不仅提高了工作效率（比如原先他们处理一个项目都费劲，而现在他们可以同时处理三个项目），而且现在每个周末都有时间带孩子去玩。

三方教练关系

阿克塞尔：教练和被教练者之间的关系要保持公开透明，但教练谈话内容必须保密。被教练者的老板或人力资源部门常常要求我和同事向他们分享教练谈话内容。他们认为自己有这个权利，因为是他们在花钱投资于被教练者的个人发展。所以教练与项目合作各方一开始就必须通过明确的合同条款澄清"教练规则"。即便如此，也还是经常有人提出此类要求，但也无须惊奇。一个好的解决方案是请主办方和被教练者一起面谈（当然要征得被教练者同意）。如果教练持续指出教练合约中各方约定的条款，此类要求就会逐步减少。这样的"三方会谈"也有助于加强公司内部沟通。

结　论

　　西方教练也许希望随着时间的推移，所有西方理念都会像时间优化理念那样很容易地移植到中国并推广应用，但事实并非如此。好消息是只要西方教练充分重视中国文化，他们的教练技术及方法将会在未来一段时间继续增值。不太好的消息是，宏观上来讲，全球政治和经济格局正在改变，"西方品牌热"已降温。在本书中，我们将继续谈论如何与时俱进，适应新变化，满足新需求，保证教练在中国持续增值。尽管我们一直关注文化差异带来的影响，但我们发现就人类需求的优先序而言，有80%是相同的，只有20%不同。

第 7 章
情境教练：将组织情境融入教练项目中

丹尼尔·丹尼森　布莱恩·阿德金斯

从短期来看，组织文化会强烈影响组织内的个体行为；但是长期而言，人才是组织文化的决定性因素（Schneider，1987）——组织文化是由其成员创造的，尤其是组织的领导者。

——丹尼森

摘　要

上一章谈到了在与中国被教练者互动的过程中，教练对中国文化必须有充分的理解和尊重，并且必须适应中国文化环境。本章重点描述将领导力发展融入组织发展之中，使之成为教练的重要部分，从而培养企业领导者擘画企业文化愿景的能力。

引　言

2017年11月上旬，我们坐在无锡市的一间小会议室里，正在与领导团队就一家企业电子医疗产品的质量问题进行激烈讨论。这曾是一家创业型家族企业，已被全球一流制造公司收购两年，但其电子医疗产品的质量问题亟待解决。美国公司总部人员强调，必须采取强有力的措施，保证产品质量达到全球制造标准。讨论异常激烈。质量副总裁制订的质量标准很高，以至于无锡的当地团队认为几乎无法达标。之后午餐时，工程副总裁李秀告诉我："公司质量标准确实很先进，但我们短期内远远达不到。我来这里已经三个月了，当电路板出现故障时，我们甚至都找不到其原始图纸！"

几年后，我坐在美国圣何塞附近的会议室外面，观察一家中国公司美国子公司的领导团队与来访的中国总部领导交流。美国子公司似乎很难实现母公司的预期，母公司也在大幅削减其全球战略投资。会议结束后，从高盛集团聘请来负责美国子公司上市的美籍华人首席财务官深感沮丧："一开始，公司首席执行官建立全球战略生态的愿景让我赞叹不已，但我总是觉得仅仅依靠美好的愿景来指导还远远不够。我们的产品在美国商业环境中面临严峻挑战，而中国高层并没有兴趣了解问题的复杂性。"

诸如此类的案例告诉我们在教练中理解组织情境的重要性。领导力和企业领导者只有适应具体的组织情境才能取得成功。但大多数教练项目和评估方法主要关注企业领导者，并且通常以企业领导者周围人的反馈作为依据。本章重点阐述在教练企业领导者时，理解其背后更广阔的组织情境的重要性。为此，我们开发了一套方法和体系框架，在教练过程中将领导力开发与组织变革融为一体。本章将通过我们教练全球客户的一些案例来说明这套方法和体系。

情境教练

在教练中很难分清组织情境和领导能力之间的界限。能力通常被认为属于个人特质，而教练的目的是有效激活能力，促使其在组织中发挥更大的效能。通常来说，人们并不重视组织情境，尤其是当教练专注于提高高管的心理素质或行为技能的时候。即使教练谈话中涉及情境，通常也仅限于高管本人所感知到的情境。经验丰富的教练通常会通过与关键利益相关者的谈话了解更广泛的组织情境而使教练更有效,但是要了解更广泛的组织情境绝非易事。

本章将从客户案例研究开始来诠释我们如何进行情境教练,并分享我们将领导力发展融入组织变革的感悟和见解。然后我们将介绍一套方法和系统框架,说明在教练中组织情境对企业领导者处理关键优先事项的巨大影响。

对标组织文化模型

我们的方法是用一个通用模型来评估领导能力和组织情境。为此,我们创建了组织文化模型(请参见图 7.1)作为评估组织文化和领导力开发的基础(Denison & Neale, 1996; Denison, Hooijberg, Lane, & Leif, 2012; Denison, Nieminen, & Kotrba, 2014)。这两个评估均基于如图 7.1 所示的通用模型。

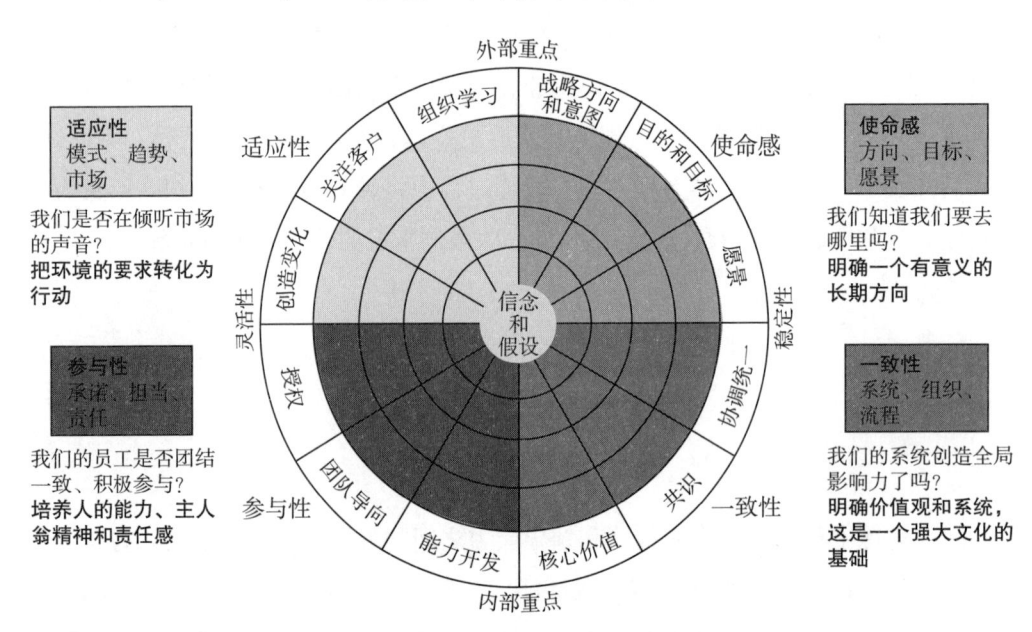

图 7.1　组织文化模型

该模型侧重于管理行为和价值观，是根据使命感、适应性、参与性和一致性这四个文化特征的研究成果而建立的，可用来预测业务绩效的多个方面，例如盈利能力、业务增长率和客户满意度（Sackmann, 2011; Denison, Nieminen, & Kotrba, 2014）。在组织层面，这四个特征是通过 12 个指标来衡量的，这些指标以全球企业样本为基准。在领导力层面，这四个特征也是通过 12 个指标来衡量的，这 12 个指标对应一系列领导力行为问题。该模型有广泛的研究和长期的业务绩效数据支持（包括最近的时间序列研究），有助于解决文化和绩效研究中的因果关系问题（Boyce, Nieminen, Gillespie, Ryan, & Denison, 2015; Denison, Hooijberg, Lane, & Leif, 2012）。下面重点介绍四个核心特征。

使命感：成功的组织具有明确的目的和方向，能够确定组织的目标和战略，并制订令人向往的长期愿景。尽管愿景使命是由高层制订的，但实现愿景使命的前提是公司上下充分理解它。明确的使命通常意味着要确立一系列引人注目的组织目标和社会责任。使命感可以从这三个方面来衡量：战略方向和意图，目的和目标，愿景。

适应性：强烈的目标感和方向感必须辅之以高度的灵活性和对业务环境的适应能力。具有强烈目标感和方向感的组织通常适应能力差，变革困难。相比之下，适应能力强的组织可以迅速将组织环境的需求转化为行动。适应性可从这三个维度来衡量：创造变化、关注客户和组织学习。

参与性：高效组织善于授权并鼓励全员参与，注重团队建设，并在各个层次上开发人的能力。组织成员对自己的工作高度投入，并具有强烈的参与意识和主人翁精神。各级员工都认为他们的意见有助于工作决策，并认为他们的工作与组织目标的实现直接相关。参与性可从这三个方面来衡量：授权、团队导向和能力开发。

一致性：当组织的价值观和行动保持一致并协调良好时，组织是最有效的。行为必须根植于一系列核心价值观。只有善于包容不同的观点，求同存异，才能将核心价值观付诸实践。高效的组织拥有高度敬业的员工、独特的经营方法，善于从内部选贤任能，并有一套明确的行为准则。一致性是组织稳定和内部协调的强大基础，可以从这三个方面来衡量：核心价值、共识以及协调统一。

与许多当代领导力和组织效能模型一样，该模型聚焦一系列必须管控的动态矛盾或问题。沙因等人指出，有效的文化始终需要同时解决两个问题：外部适应和内部整合。据此，该模型强调需要权衡稳定性和灵活性之间的矛盾以及内部重点和外部重点之间的矛盾。此外，一致性和适应性之间的矛盾，以及任务安排和参与执行过程中的"自上而下"与"自下而上"的矛盾，这些都说明了组织面临的一些相互矛盾的需求。

调整每对动态矛盾中的一个相对容易，但要同时兼顾两端则相当困难。以市场为中心的组织如果想主动抓住每一次商机，通常最大的困难在于内部整合。而内部高度整合和受控的组织通常无法做到以客户为中心。具有强大的"自上而下"愿景的组织通常难以激发实现该愿景所需的"自下而上"的动力。尽管如此，高效的组织依然可以找到一条处理这些动态矛盾的路径，而不必依靠简单取舍。

该模型的核心是信念和假设。尽管这些深层组织文化难以度量，但它们是行为和行动的基础。将组织及其员工、客户、市场和行业的基本信念和假设，以及公司的基本价值取向，编织成缜密的逻辑网络，可将组织维系成一体。但是，当组织面临变革或外部竞争的新挑战时，这种核心信念和假设以及建立在此基础上的战略和结构都会受到冲击。这时，需要重新审视组织文化及其所维系的组织系统。

引人注目的案例研究

该案例来源于我们与能源行业全球大客户的合作项目。该项目包括对公司中大量二级单位的各种文化进行评估，以及对整个公司中的许多高管进行360评估和教练。令人感兴趣的是，随着项目的推进，以变革为中心的组织文化工作和以发展为中心的领导力教练逐步融为一体。例如，在组织层面，公司越来越担心灵活性问题，这一问题也经常在对高管的个别教练中被讨论。但是从直接下属、同事和上级的观点来看，有大量高管确实表现出很强的适应能力。

当我们开始更系统地研究这些结果时，一个有趣的模式出现了。整体文化氛围清楚表明组织在适应性方面存在局限性，尤其是在引领变革方面。但是，用360领导力综合指数观察分析那些适应能力高于平均水平的高管，很快就发现该公司确实有不少高管的适应能力有待提高。请参见图7.2。

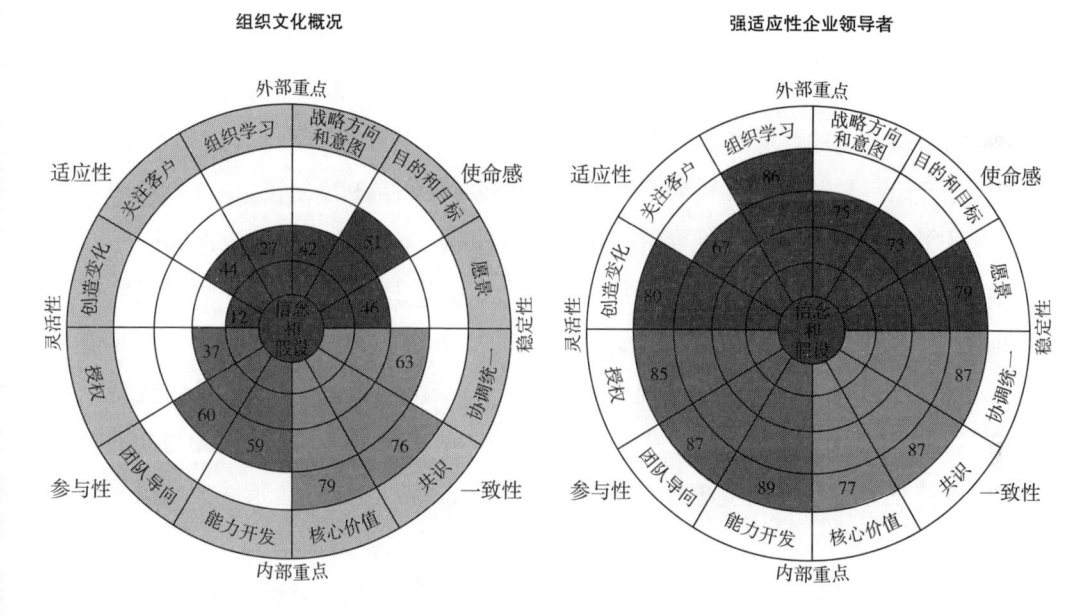

图 7.2　领导力驱动文化

我们建议公司动员这批高管，请他们来帮助公司制订改革方案，提高公司的应变能力。这些高管实际上是一个具有共同特征的群体，他们会觉得公司阻碍了他们的发展，认为自己拥有丰富的经验和信誉来推动变革进程。这些高管的数据与他们所在组织的文化氛围的数据之间差异明显，这成为我们教练的宝贵资源。

情境教练：实用框架

这一见解促使我们开发了一个框架，可通过该框架在组织中观察领导力绩效，从而帮助改善教练流程。该框架建立在我们早期研究和实践经验之上（Nieminen，Biermeier-Hansen，& Denison，2013），将企业领导者的个人优势和挑战与组织文化的优势和挑战进行了对比。据此可以将情境教练分为四大类别，即从零开始、与时俱进、变革推手和发挥优势，见图7.3。

从零开始：如果企业领导者在某方面有短板，而且企业自身也面临同一方面的严峻挑战，那么教练将会异常艰巨。企业中几乎没有榜样和导师可供借鉴和指导，企业领导者必须从头开始。这时教练最大的贡献或许就在于向企业输入外部资源或专业知识帮助其规划下一步工作。组织内对领导力开发的支持也相当有限，"为什么需要这个？"可能是一个常见的问题。但即使明知当前环境中能支持领导力开发的资源有限，有能力的教练仍然可以创造条件，寻找其他支持方式。

举个例子，陈凯蒂是广州一家科技公司的首席人事官，接受过我们的教练。她的专业背景是薪酬管理，工作表现一直很出色。后来公司招聘了一位同行接替她的工作，任命她为整合后的团队领导，这使她很不自在。360测评结果显示，她在这个新岗位上表现欠佳。组织文化测评结果表明，她的公司在这方面也没有太多经验或专业知识。现在，她要领导一场企业战略变革，而该公司缺乏管理战略变革的经验。凯蒂的教练对她帮助颇多，不仅从外部提供了同行企业的许多类似案例，还介绍凯蒂认识了几位在香港成功转型为战略人力资源总监的同行。

与时俱进：如果企业领导者在某方面有短板，而企业自身在这方面具有明显优势，那情况就完全不同了。最初，测评结果可能会有点吓人，企业领导者或许会觉得如履薄冰，需要花大力气提升自己才能适应并融入。但这种情况的

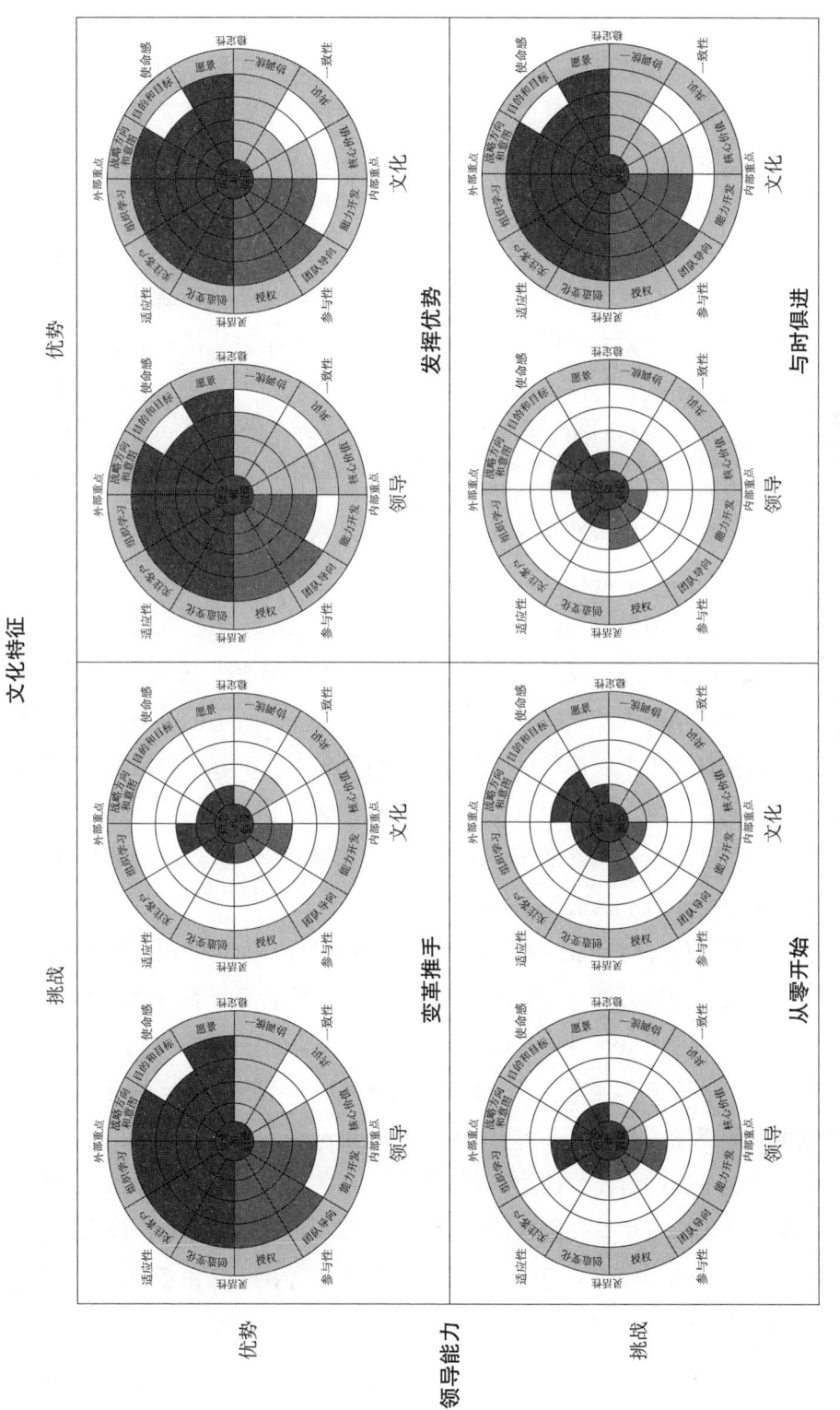

第 7 章 情境教练：将组织情境融入教练项目中

图 7.3 情境教练的四大类别

好处是，企业领导者所处的环境中有丰富的资源和案例可以利用，有很多榜样和导师可以借鉴和请教，并且机会也多。在这种情况下，教练无须从外部向企业领导者的环境中输入专业知识，因为内部已经有了。教练只需要培养情境意识，辅导被教练者与内部利益相关者建立联系并积极互动，内部利益相关者即可帮助被教练者制定提升发展计划。

刘亨利是一家金融科技公司的大客户经理，才华横溢，业绩出色，最近被提拔为团队新领导，需要承担更具战略性的职责。这个新职位要求亨利为他几个月前才加入的团队制订愿景并提供战略指导。亨利对此并没有思想准备，因此感到有点局促。该公司的文化测评结果表明，公司具有很强的战略理念，因此亨利在学习新技能时，他和教练都有丰富的资源可以利用。这样一来，这个教练项目的关键就在于帮助亨利与几位高管建立联系，高管会为他提供正确的指导并支持他开发战略能力。

变革推手：这种情境与我们先前案例研究中描述的一般模式很相似，如图7.1所示。企业领导者在某方面非常精通而公司在这方面知之甚少。乍一看，这类似于个人为"高潜人才"的情境，因为个人拥有企业所需的关键技能。实际上，这也确实是利用个人技能提高企业业绩的绝佳机会。在这种情境下，对教练至关重要的是了解企业的变革和改善计划。将企业领导者的优势与能够增强企业能力的重要活动联系起来，会对企业产生积极的影响，这些影响将超越仅仅利用企业领导者的才能和经验对企业产生的影响。

张丽莎是一位经验丰富的业务主管，最近被提升到全球能源公司的财务部门。其所在公司的目标是变得更加灵活。丽莎的一线管理经验帮助她成功领导了许多项目，从而使该财务部门能迅速满足一线业务主管的需求。她出色的360测评报告也印证了她这方面的才能。但是有一个问题，那就是丽莎从其主管那里得到的反馈不是很好。主管的看法是，她只管推动自己的项目，与很多男同事和直接下属的合作欠佳。但当教练引导该主管考虑丽莎工作情境中的组织文化测评结果时，主管开始认识到这家公司亟须提高适应能力，而丽莎作为"变革推手"具有重大价值。于是，这位主管便积极帮助处理由于丽莎的创新想法引起的团队摩擦。

发挥优势：最后着重讨论企业领导者个人已在企业中建立了明显优势的情境。这种情境下，企业领导者的优势非常适合企业发展，企业领导者有很多机会利用这种优势与他人合作，也有丰富的资源支持其持续学习，不断发展这种优势。但企业领导者个人拥有的优势可能并非独一无二，尚不足以形成坚实的竞争优势，保证他们的职业生涯持久成功。设法让企业领导者自己明白这个问题对教练来说是一大挑战。但是，教练可以帮助企业领导者建立一套关键优势技能，明确界定企业领导者个人的独特贡献，同时也要明确：这套关键优势技能是企业领导者个人与团队其他成员共同拥有的。

彭里昂作为技术主管，表现非常出色，因此他被提前一年提拔到青岛一家大型消费品公司任战略总监。他善于在新岗位上学习，360测评报告也显示他进步显著。这个团队的业绩一直非常好，他很快与一群朝气蓬勃的新同事打成一片，工作开展得也很顺利。教练深入分析了里昂的能力优势和团队优势，进行了一系列讨论，引导里昂为自己的下一步发展制订更高标准。于是，里昂把工作重点转移到与其他企业领导者团结合作，为业务部门的下一步发展制订战略计划。里昂和他的同事们的工作水平都已经非常高了，在这种情境下，教练项目就需要帮助他们制订计划，将整个团队提升到一个新高度。

讨 论

因果转化

正如文化大师埃德加·沙因（1985）所说："文化和领导力是一枚硬币的两面。"因此，我们必须始终注意同时兼顾这两个方面。在短期内，组织文化会对组织内的个人行为产生重大影响，个人需要想方设法融入组织情境，获得组织认同并做出出色的业绩。但是从长远来看，人创造环境（Schneide, 1987）——企业文化是由个人，尤其是企业领导者创造的（Denison, 1996）。因此，领导力发展与组织变革必须紧密联系在一起，以便企业领导者始终有能力预见组织文化的未来愿景；否则，随着变革加剧，组织就会有动荡的危险，因为企业领导者只能去适应组织既有的环境，而无法为组织开创未来。

许多组织将领导力发展和组织发展项目完全分开，这使得情况更复杂了。如果人才培养计划与组织变革计划不能融为一体，在某些情况下，这两类活动甚至会互相争夺资源与关注。更有效的方法是将它们直接整合，然后统筹安排两类活动，使之相辅相成。这有助于保证这两类活动共同面向未来，使领导力发展和组织发展的长期投资回报最大化。

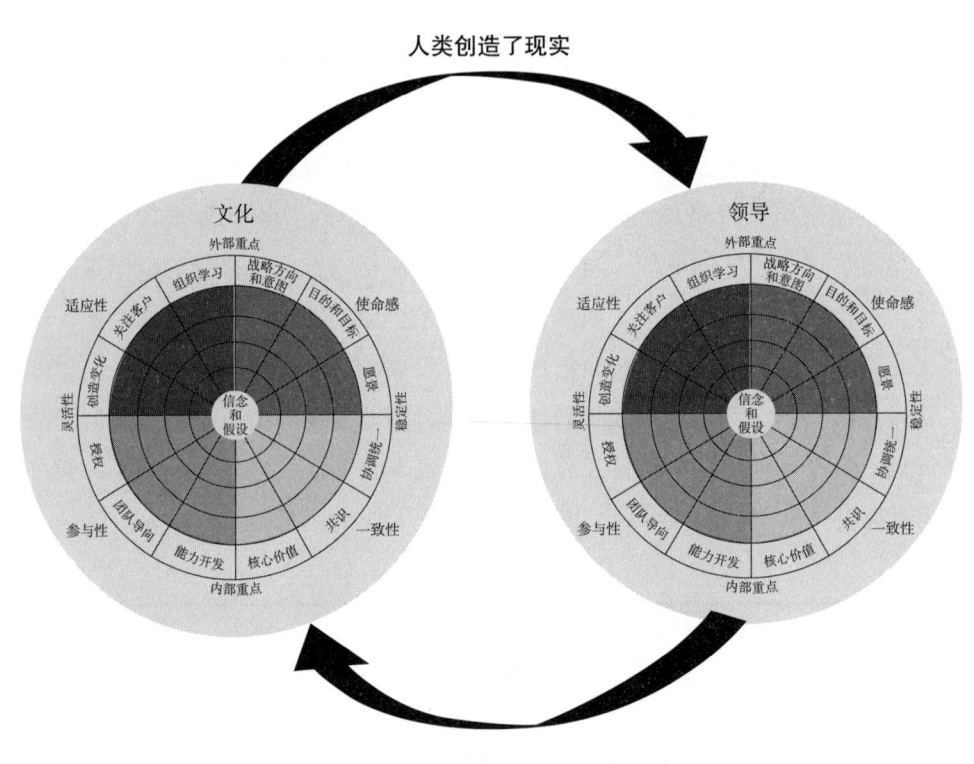

图 7.4　人类创造了现实

在中国乃至世界各地，经验丰富的领导力教练都可以凭直觉理解这种理念并将其付诸实践。但是，更系统的情境教练方法可以整合领导力发展和组织发展并使之相互支持，从而产生更大的杠杆作用。

参考文献

Boyce, A., Nieminen, L., Gillespie, M., Ryan, A. & Denison, D. (2015). Which comes first, organizational culture or performance? A longitudinal study of causal priority with automobile dealerships. *Journal of Organizational Behavior, 36*(3), 339-359.

Denison, D., Hooijberg, R., Lane, N., & Leif, C. (2012). *Leading culture change in global organizations: Aligning culture and strategy.* San Francisco, CA: Jossey-Bass.

Denison, D. (1996). What is the difference between organizational culture and organizational climate? A native's point of view on a decade of paradigm wars. *Academy of Management Review, 21*(3), 619-654.

Denison, D., & Neale, W. (1996). *Denison organization culture survey:* Ann Arbor, MI: Aviat.

Denison, D., Nieminen, L., & Kotrba, L. (2014). Diagnosing organizational cultures: A conceptual and empirical review of culture effectiveness surveys. *European Journal of Work & Organizational Psychology, 23*(1), 145-161.

Nieminen, L., Biermeier-Hanson, B, & Denison, D. (2013). Aligning leadership and organizational culture: The leader-culture fit framework for coaching organizational leaders. Consulting *Psychology Journal: Practice and Research, 65*(4), 177-198.

Sackmann, S. (2011). Culture and performance. In N. Ashkanasy, C. Wilderom, & M. Peterson (Eds.), *The handbook of organizational culture and climate* (2nd ed, p. 188-224). Thousand Oaks, CA: Sage Publications.

Schein, E. (1985). *Organizational culture and leadership.* San Francisco, CA: Jossey Bass.

Schneider, B. (1987). The people make the place. *Personnel Psychology,* 40(3), 437-453.

第 8 章
变革免疫

殷天然　苏建文　陈颖坚

刺激和反应之间有一个空间，在这个空间里我们才能选择如何反应。我们的反应来自我们的成长和自由。

——维克多·E. 弗兰克尔

摘　要

在上一章中，作者描述了在教练过程中，将领导力发展与组织发展融为一体的意义和方法，认为只有这样才能开发企业领导者制订企业愿景的能力。

在本章中，作者将阐述 VUCA（易变性、不确定性、复杂性、模糊性）的概念。VUCA 最早是在 20 世纪 80 年代末提出的。VUCA 概念说明世界正面临越来越多意想不到的事件的冲击。作者将介绍凯根（Kegan）和莱希（Lahey）在《变革免疫》(Immunity to Change, 2009) 一书中描述的大脑（意识）复杂性模型。该模型可帮助个人从不同的视角来构建自己的世界——随着个人的进步，视角会变得更加多元和更加广阔。作者还将介绍他们在中国教练咨询实践中应用变革免疫和成人发展工具的成功案例，并分享他们独到的见解。

背　景

全球人力资本趋势调查（2019）的结果显示，大多数组织将领导力发展列为高度优先事项，只有 40% 的组织认为其领导力足够或完全能满足组织发展的需求。伴随科技进步快速发展的营商环境需要一系列新技能，诸如在模糊情境下发挥领导力的作用、管理日益复杂的业务、技术悟性、管理不断变化的客户和人才分布结构，以及处理国家和文化差异等技能。调查显示，全球新领导力要求的前五项是：

（1）在高度复杂和模糊的情境中的领导力；

（2）基于影响力的领导力；

（3）远程管控能力；

（4）管控人机结合团队的能力；

（5）快速反应能力。

有研究从中国、埃及、印度、新加坡、英国、西班牙和美国征求了 763 位中高层主管的意见，列出了全球六大新领导力挑战：

（1）精雕细琢的能力；

（2）激励他人的能力；

（3）开发员工潜能的能力；

（4）团队领导力；

（5）引领变革的能力；

（6）处理与利益相关者的关系的能力。

我们发现这两项研究都提到了核心要素——"变化"。这些无疑证明了变化在今天已经给组织的运营效率带来了很大的挑战。如果还有人对 VUCA 概念的含义不甚了解，新冠疫情就是最发人深省的案例。这场疫情严重冲击了社会生活的各个方面，当然包括专注于组织发展或个人发展的教练行业及其客户。有些企业由于不确定性取消了所有外部项目，有些则认为发展不可能停止，必须直面挑战，考虑下一步的对策。

在中国，"发展"的概念早已存续数千年，传统文化始终倡导人的成长与发展。但是，自从 1978 年改革开放以来，迅速发展的中国经济为个人和组织的成长与发展带来了极大的机遇和挑战。

大脑（意识）复杂性和成人发展理论

《变革免疫》一书将成人认识世界的意识分为三个层次：社会化意识、自主意识和自变意识。该理论认为，有着不同层次意识的成人认识世界的方式截然不同。随着意识层级的提升，如从社会化意识提升到自主意识，人们就能成功超越当下复杂纷乱的意识，认清复杂纷乱的世界。书中指出：

> 尽管经理人可能已具备相当高的技能，但在不断快速变化的环境中，组织领导者不仅要经营管理好公司，而且必须不断变革公司组织结构，重铸组织规范、使命和文化。这样的能力要求使很多人感到力不从心。

有意思的是，变革免疫理论和中国传统文化之间存在着天然的联系。回溯千年，"意识复杂性"概念从儒家思想中能找到渊源。

> 子曰：吾十有五而志于学，三十而立，四十而不惑，五十而知天命，六十而耳顺，七十而从心所欲，不逾矩。

在中国漫长的历史中，这些准则成为不同时代领导者的精神指南。随着年龄的增长，人们的智慧层次也在提升。在某种程度上，可以说这是中国人事业和人生发展规律的基本信条。

意识复杂性理论属于西方哲学，与古老的东方智慧高度契合，为组织学习和发展提供了极具实操性的流程和工具，使古老的智慧更具可操作性。正因为意识复杂性概念与儒家文化密切相关，所以很容易被中国企业领导者理解与接受。许多在儒家文化熏陶下长大的亚洲人在遇到"技术性挑战"和"适应性挑战"时，很愿意从意识复杂性理论中获得启发和灵感，找到造成他们对变革有免疫力的根源，反思思想意识的局限性。

组织发展与人人文化

2012年，几乎在意识复杂性和成人发展理论首次被引入中国的同时，西方组织发展（Organization Development，OD）工具也进入中国。许多组织认识到必须充分发挥组织和个人的潜能，方能成功应对挑战。

有些组织发现传统的组织和人力资源开发手段，诸如聘请外部培训师、教练、导师或咨询顾问等，并不能让组织达到预期的目标。

无论组织还是个人，如果缺乏自我意识，没有变革的动机、动力或者意愿，变革都不可能发生。传统培训和开发项目可为员工传授知识，描述变革流程，但如果没有觉悟和动机，期望的变革也不可能发生。许多从业者开始寻找新方法和新工具，帮助客户和被教练者提高变革自觉性，培养变革动机。

在组织发展和领导力教练中如何解除变革免疫

最近十多年来，领导力教练对中国领导力开发起到了非常重要的作用。企业领导们开始认识到自己的意识水平可能与现实世界的复杂性不匹配，因此需要认识变革需求、自身的客观情况与组织环境。仅凭学习，并不能完全解决个人与组织的发展问题。发展包括学习，还需要企业领导者深刻认识自己的不足和现状，提出对策。凯根和莱希（Kegan & Lahey, 2009）认为，要解除变革免疫，学习者必须认清自己，并能勇敢地抓住机遇促成变革。

领导力教练为企业领导者提升自我意识、正确认识他人和整个环境提供了有效的方法。在领导力教练过程中，大脑（意识）复杂度和成人发展理论为企业领导者认清个人意识和现实世界之间是否匹配提供了路线图。变革免疫则提供了非常有效的工具，可以帮助被教练者正确认识自己面临的挑战，认清阻碍他们发展的真实原因，采取行动促进真正的改变发生。这样组织发展才能更为有效，业务绩效才能持续提高。

意识复杂性理论在中国的发展

从 2012 年到 2020 年，许多介绍意识复杂性理论的书籍在中国出版，也有不少推广活动宣传该理论的价值和用途。

2012 年 7 月《哈佛商业评论》（中文版）发表《人们为何难以改变》（罗伯特·凯根专访），向中国商界介绍了变革免疫理论的重要性和适用性。2013 年 7 月，中国教练从业者李京华的文章《要变革，先要找到另一个自我》在同一期刊上发表，进一步介绍了变革免疫作为教练工具的优点。

除中文出版物外，中国还举办了 6 场论坛，邀请了共 600 多名专业人士参加。2012 年，以"克服变革免疫，提升领导力水平"为主题，中欧国际工商学院、长安俱乐部、澳门大学分别举办了三场会议。2013 年，上海市中青年知识分子协会组织召开了"变革与企业发展"主题会议。2015 年和 2019 年，罗伯特·凯根博士先后在华东师范大学做了"全球教育领导力"和"未来组织探索：锐意发展型组织"的主题演讲。

除了这些出版物和演讲活动外，罗伯特·凯根博士还在中国举办了认证研讨会。2012—2015 年，开疆集团组织举办了四期变革免疫教练认证培训班，先后有 97 名高级顾问和教练参加并获得认证。获得认证后的他们可以进行专业访谈并测评被教练者的意识复杂性水平，帮助被教练者克服自身的变革免疫。

变革免疫工具在中国领导力和团队教练中的应用

近十年来，通过这些研讨认证，变革免疫工具已被应用于中国的各种组织发展和教练项目，有大约 100 名会讲中文的认证教练经常将变革免疫工具应用到他们的组织发展和教练项目中。我们选择了其中三位教练和顾问进行开放式访谈，以便读者能更好地理解该理论和工具的使用情况，他们是：

- 陈颖坚（资深组织发展顾问，在中国内地、香港和台湾地区的团队教练中应用变革免疫工具的从业者）；

教师和学生在课堂上练习教练技能的应用

（开疆集团有限公司）

- 苏建文（组织发展顾问，在中国内地跨国公司中应用 PCC 和变革免疫工具的领导力教练从业者）；
- 杨晖博士（组织发展顾问，在中国内地中小企业中应用变革免疫工具的领导力教练从业者）。

这些访谈的目的是了解：变革免疫是否可以为领导力和团队教练带来独特价值？变革免疫为何能提高工作效能？变革免疫在未来的推广应用中会面临哪些机遇和挑战？下面分别回答并讨论这些问题。

在中国使用变革免疫工具的经验和技巧

在与三位教练谈话时，我们的头两个问题是："您是通过什么途径了解到变革免疫和成人发展理论的？""您可能将变革免疫工具应用于哪些项目？"以下是他们在中国学习和应用变革免疫工具的体会。

2008 年，陈颖坚赴美国师从罗伯特·凯根博士学习成人发展理论。他是第一位从教练咨询角度学习和应用成人发展理论和变革免疫工具的中国人。学成后，他在中国台湾和香港地区将这些理论应用到他的从业实践中。几年后，陈颖坚来到中国内地，开始向当地的组织发展顾问和教练推介成人发展理论和变革免疫工具。

杨晖博士是参加陈颖坚举办的成人发展理论和变革免疫工具研讨会的组织发展顾问之一。

苏建文于 2012 年参加了由罗伯特·凯根博士在中国举办的第一场变革免疫教练研讨会。她是当时 97 位经过认证的变革免疫教练之一，此后她一直将变革免疫工具应用于其教练实践中。

尽管中国的顾问、教练和培训师在工作实践中推广应用变革免疫工具已有几十年历史，但成人发展理论和变革免疫工具在中国仍没有得到广泛应用，超过 14 亿人口的这个国家只有不到 100 位变革免疫教练。

在中国组织发展和领导力教练中应用变革免疫工具所产生的价值

接下来我们向这三位专业人士提出的问题是:"应用变革免疫工具和成人发展理论能给组织发展带来什么特别价值?"他们表示,他们都认为应用变革免疫工具和成人发展理论给了他们很多启发和帮助。

在掌握成人发展理论和变革免疫工具之前,陈颖坚在他的咨询工作室中应用 U 理论。他说:

> 我对教练成败的原因有一个新的看法,但仍然赞赏奥托·夏莫开发的 U 理论。而变革免疫工具可以验证和支持 U 理论的正确性,是按照 U 理论的路线图打造的完美实用工具。
>
> U 理论可以指导人开阔视野,然后敞开心扉,不需要走得太快。敞开心扉是指带着感情去对待他人,思考问题。每个人内心深处都有一些疑虑和担忧,这些疑虑和担忧在很大程度上是无意识的,但制约了他们做出有益的变革。这些疑虑和担忧形成了人的变革免疫,必须加以解除和克服。
>
> 在变革免疫研讨会上,凯根称这些为"忧虑箱"。担忧来自内心深处,是改变的强大动力或巨大障碍。在与众多团队成员打交道时,每个人担忧的重点都与其工作和个人经历有关,并且可能与团队其他成员担忧的重点不同。在团队中,每个人担忧的重点可以像智力拼图玩具一样拼凑起来,帮助团队克服个人阻力,形成团队的变革共识。要让被教练者敞开心扉公开讨论他们的"忧虑箱",就必须建立信任关系,因为这些问题大多是私密的。因此,变革免疫顾问必须经过认证并且有丰富的经验才能做好这项工作。

陈颖坚也提到每个人的挑战总与他们的工作有关，每个人都有不同的挑战。在团队中，每个人的挑战都可以像智力拼图游戏一样拼凑起来，构成显而易见的影响团队提升绩效的挑战。在组织发展咨询辅导中，将个人变革免疫辅导和团队变革免疫辅导融为一体是一种非常聪明的方法。

对于杨晖博士来说，成人发展理论和变革免疫工具的价值非常明确和重要。她说：

变革免疫工具"让客户认识到了阻碍他们成功的真正原因。当然，有时候，认清原因并不一定预示着改变可以马到成功，但如果你搞不清阻碍成功的因素，变革就无从谈起"。

苏建文女士是参加过凯根博士主办的变革免疫教练研讨班的认证执业者，她在咨询和教练实践中一直使用这个工具。她做了如下分享：

在某种程度上，我在组织发展教练工作中践行锐意发展型组织理念。我一直都坚信只有帮助个人实现发展，组织才能持续发展，也就是大家一直说的"人人文化"。变革免疫工具和成人发展理论（聚焦于意识复杂性）提供了清晰的路线图和有效的工具，使我能够更好地为客户服务。这套西方理论和方法与中国传统文化高度契合，因此很容易在中国推广应用。

最后，我们请三位专业人士分享了一些代表性案例。

作为中国知名组织发展顾问，陈颖坚将变革免疫教练工具推介给台湾、香港地区和内地不同类型的组织。

陈颖坚介绍了一位台湾公共部门高管克服拖延症的个人案例。

借助变革免疫工具，他发现自己总是急于快速行动，这表明他不像其他人那样需要提前做好计划。他必须明白，并非每个人都必须以同样的方式对待工作。他必须适应其他人的变化和行动步伐，使其他人在改变时也感到舒适。他以前误以为实现变革最重要的因素是速度，而忽略了其他人的安全需求。他从变革免疫理论中学到了这一点。

陈颖坚分享的另一个案例是香港的一位家族企业继承人的故事。

当企业创始人使用变革免疫工具后，他意识到自己的思想被他创建的公司束缚住了，这使他下不了决心在整个公司推行他认为很重要的变革，例如让他的儿子接管公司。

陈颖坚提到的这两个案例中，变革免疫工具帮助高管提升了自我意识，这是他们自我发展道路上的一个重要里程碑。事实上，台湾公职人员和香港企业家都取得了重要的自我突破，这使他们敢于做出有意义的改变。

中国内地充满活力的经济环境给组织发展带来了重大挑战。挑战也可能源于企业的成功。陈颖坚在中国内地的大型公司中也应用了变革免疫工具。他分享了两个团队案例，一个来自知名金融科技公司，另一个来自媒体公司。在金融科技公司，他辅导公司整个安防团队使用变革免疫工具。

目的是尝试改善跨职能部门合作，积极主动地做有价值和有创意的事情。通过变革免疫工具分析，他们发现他们所在的团队的认识有误区，团队认为他们应专注于问题发生后去解决问题。

为了有效解决问题，他们必须深入了解公司的业务目标，主动识别潜在威胁并提出防范措施。这种认识上的转变（他们以前有认识误区）就如同从清理已经产生的垃圾转变到消除产生垃圾的根源。基于这种认识并应用变革免疫工具，我帮助他们研究技术发展趋势，开阔眼界，用新视角看未来，预测技术安防风险。这种新视角改变了他们对工作职责和目的的认识，他们因此表现得更加积极主动和富有创造力。

另一个团队教练案例讲述的是中国内地一家快速成长型公司所面临的效率低下风险。

没有足够的沟通和相互理解，就难以做到相互体谅和团结协作。由于缺乏沟通和实现目标的共识，组织处于一种被动反应的状态。人们会拒绝做耗时费力的工作，惧怕挑战，认为分歧会导致冲突。他们急于完成各自的关键业绩指标，因为那才是让投资者满意的关键，所以团队专注于理解和解决眼前的问题，否则会损害团队利益，并可能失去工作，甚至累及公司。

这是他们对整个公司工作的总体认知。这种认知导致他们没有花费足够的时间来构建清晰的营销策略，提高营销团队的工作效率。这家公司的其他团队也面临着类似的挑战。

苏建文女士分享了发生在一家中国跨国公司中的变革免疫教练案例：

那是发生在一家全球大公司中的领导力教练案例。我的客户是该公司的高级总监，有望在两年内升任副总。她非常聪明能干且精力充沛，给我的第一印象是她有能力达成她所追求的任何目标。

然而，两次教练谈话后，我接到通知说她身患重病，后续教练需推迟到她康复上班以后。三个多月后，她重返工作岗位，继续教练进程。与之前不同，她看上去忧心忡忡，担心自己是否还能承担重任。一方面，她一如既往地追求卓越；另一方面，她疲于应对极其繁忙的工作，健康状况堪忧。随着教练谈话的深入，她开始逐步认真审视她这种生活的真正意义。

变革免疫工具在接下去的教练中起到了非常重要的作用：我的这位客户清晰地认识到了自己的希望和梦想，也看清了内心的恐惧阻碍了她实现目标，也限制了她的发展。同时她也看到了自己的巨大潜力，只是因为恐惧，她的才能和体能才没有得到充分发挥。在后面的几次教练中，我帮她设计了行动方案并测试了行动结果。教练项目结束前，她如期获得晋升。更为重要的是，她能比以前更加有效地管控工作和生活中的优先次序，并且对自己的身体健康也充满自信。

杨晖博士分享了一个本地中小企业案例。她提到：

> 这是一个典型的高管教练案例。变革免疫工具的应用使这名高管明白了应如何把握踩油门和踩刹车的时机和分寸：高管想要支持下属的成长，但同时觉得耐心指导他们很费时间，放手让他们干又怕出错，所以他常忍不住大发雷霆或干脆自己动手干。一方面，这位高管明白这种行为容易引起下属的反感，想要改变，但另一方面，总有人认为他看不起下属，是一位脾气暴躁的企业领导者。

变革免疫工具还帮助另一位高管认清了内心的担忧："我总认为自己必须比下属优秀，因此缺乏安全感。"这位高管认识到："信任他人一开始会感觉有些疑惑和不安。但是，要想获得真正的安全感，就必须提高下属的技能，建立团队合作氛围，信任下属并放手让他们发挥。"

简而言之，变革免疫工具应用案例涵盖了领导力教练和团队教练。只要被教练者愿意变革，变革免疫工具就可以帮助他们提高认识水平，尤其是在面对变革和挑战时。多数人未能做出改变只是因为内心有所恐惧和疑惑。一旦他们明白这一点，他们就能调整心态、直面变革。

这些案例告诉我们，如果中国组织发展顾问和领导力教练能真正理解意识复杂性和成人发展理论以及变革免疫工具的价值，他们就有信心和底气将这些工具应用于教练实践。苏建文女士表示，她非常高兴地看到有相当多的组织发展顾问和教练都已接受并应用意识复杂性和成人发展理论：

> 在我的微信朋友圈经常可以看见"社会化意识""自主意识""自变意识"这样的词。但是变革免疫工具的应用相对而言还比较少。我

想部分原因是有认证资质的专业人员太少。有些组织发展顾问问我，凯根博士或莱希什么时候还会来中国开办认证培训班。我希望我能够为此做些努力，帮助这些急切渴望学习的同行。

杨晖博士用几句话概括了她的观点：

我认为单独使用变革免疫工具还不够，必须将这个工具与咨询和教练技能结合起来，才能发挥最佳效应。专业的人力资源、组织发展或组织领导者也需要学习和使用变革免疫工具来创造真正的价值。

陈颖坚总结道：

要想在教练中有效使用变革免疫工具，教练和顾问必须具备渊博的知识和高超的教练技能。变革免疫工具是一个有力的工具，但要真正发挥它强大的作用，还需要教练提高自身的实践技能，学会仔细倾听被教练者的想法，驱除阻碍他们投身于变革的内心恐惧。显然，运用变革免疫工具的执业教练必须具备高度的同情心和同理心，并与被教练者建立高度信任关系。

陈颖坚也认为，市场上真正合格的变革免疫教练仍然非常短缺。

变革免疫工具在中国的前景

对上述三位教练采访的最后一个问题是："我们相信，随着成人发展理论的应用，变革免疫工具可以更好地为组织发展和高管领导力发展助力。除此之外，我们还可以做哪些工作来加强对这些理论和工具的应用？"

三位访谈嘉宾都建议我们，举办更多组织发展和领导力发展的论坛、大会和研讨会，收集更多学习需求信息，展示目前所取得的进展，邀请更多有识之士共同参与实践。通过这些活动，宣传变革免疫工具在中国市场应用的成功案例，展示成人发展理论和变革免疫工具的价值。大家一致认为，中国企业需要强化人力资源/组织发展工作，培训更多会使用变革免疫工具的人才。再有，在教练队伍中也应提倡分享更多使用变革免疫工具的实践经验，以便提高理解认识水平，发展相关技能。可以考虑以后在中国教练大会上增设专门的经验分享板块。

无论从组织层面还是个人层面看，在领导力教练中应用变革免疫工具都能带来许多好处。意识复杂性和成人发展理论引领当今理论前沿，又传承古老智慧；虽起源于西方，但又能与中国传统文化无缝对接。

在VUCA时代，在教练中应用变革免疫工具可为人们指明前行的方向，帮助他们克服自身的变革免疫。而这并非依靠任何大师或专家的点拨，而是通过将变革免疫工具运用于教练中，引导组织和个人发现自身的变革免疫，即阻碍变革的情绪和观念，从而自发地做出想要的变革。

意识复杂性和成人发展理论与变革免疫工具相结合，可为志在不断学习和发展的人们提供持续进步的动力。这种工具需要应用欣赏式探询和有效聆听技巧，融合循证教练的理念。根据上述访谈和与其他从业者的合作经验，我们总结出在中国市场推广变革免疫工具应用的一些要点。

在中国推广变革免疫工具的挑战

在中国推广变革免疫工具的主要挑战是认证的专业人员太少，即使在已经获得认证的专业人员中，也只有少数坚持实践并积累了相关经验。此外，也没有人或机构赞助支持和推广已经取得的经验。

在领导力教练中推广变革免疫工具的机会

对于寻找有效解决组织变革问题方案的企业来讲，采用领导力教练和组织发展工具已经成为必然趋势。很多组织都想摒弃传统的领导力培训和教育手段，寻找更先进有效的工具。变革免疫工具是极其重要的发展工具，因为它能揭示阻碍发展的思想根源，有助于人们明确发展方向，明白变革的必要和可能，以及采取措施影响他人、促进变革。

对于变革免疫工具的误解

总的来说，使用变革免疫工具相当安全。只要有专业资质和实践经验的从业者严格按照流程使用该工具，就不会产生负面作用。这也是这个工具的优势所在。

简而言之，变革免疫工具不是临床工具，大多数教练也并不具备帮助客户调理心理问题的资质。因此，变革免疫工具旨在通过教练，引导个人认清阻碍自身实现发展目标的思想根源。教练与心理门诊并不是一回事。使用变革免疫工具的从业者只要遵守国际教练联盟的职业操守指南即可规避风险，而不会涉及心理门诊的内容。

变革免疫工具主要用来帮助个体分析自身的思想和行为，认识阻碍变革的思想根源：为什么不愿意信任下属？为什么做不到充分沟通？是什么阻碍了人们无法达成他们自己设定的目标？

凯根和莱希指出，在确定新年目标的人群中，例如决心在来年减肥、戒烟、存钱的人，最终只有大约10%的人实现了目标。应用变革免疫工具可提高变革的有效性，帮助他们达成目标而不至于灰心丧气。应用变革免疫工具可使人们认清阻碍他们实现目标的思想根源。在领导力教练中应用变革免疫工具，对专业教练来说，无疑又在他们的工具箱中增加了一把利器。

参考文献

Kegan, R., & Lahey, L. (2009). *Immunity to Change: How to Overcome It and Unlock the Potential in Yourself and Your Organization* (Leadership for the Common Good), Harvard Business School Publishing. Boston, MA.

第 9 章
在中国开展领导力教练业务的挑战：领导力教练在中国的情境、挑战和推进方法

王戈　詹韦拿

孙子曾说过三种学习方法：第一种是反思，即"学而不思则罔，思而不学则殆"，这种方法最高明；第二种是模仿，即"三人行，必有我师焉"，这种方法最容易；第三种是体验，即"君子不立危墙之下"，这种方法最痛苦。

摘　要

本书第 8 章阐述了如何把成人发展理论和变革免疫工具与教练实践相结合，来帮助中国个人和组织成功变革。本章我们将探讨在中国开展领导力教练的情境，包括过去 40 多年商业和社会环境的转变。我们将深入研究文化规范和短期商业行为给长期领导力发展带来的负面影响，以及在中国推广和应用领导力教练面临的挑战。我们还将针对企业领导者如何应对这些挑战提供建议，包括如何提升客户对领导力教练在中国的价值和意义的认可，以便在企业中推广和应用领导力教练。

第9章 在中国开展领导力教练业务的挑战：领导力教练在中国的情境、挑战和推进方法

中国企业的变化

要理解领导力教练在中国的发展情况，我们首先必须了解教练的背景及其变化。许多研究者指出，影响领导力教练在中国发展的有两大主要因素：一是从集中统一的计划经济转向市场经济的过程；二是儒家文化理念。

自20世纪70年代末以来，在中国这个世界人口大国发生了前所未有的大规模、高速发展的经济和社会变革。自1978年起，中国在坚持中国特色社会主义前提下，开始向更开放的社会迈进。这一改革包括从农村合作社和集中计划生产向半自由市场经济的过渡，包括企业家队伍的成长（Rudoph J., 2018）。

改革还包括个人对财产和企业的所有权、按个人贡献分配利润，以及决策权下放。在改革开放大背景下，许多人冒险创办企业，满足市场需求。南方的广州和深圳等地的外国人投资创办的新工厂创造了大量就业机会，大批农民和国企下岗职工背井离乡，涌向沿海新兴城市。

据估计，由于这一转变，中国的国内生产总值一度以每年近10%的速度增长，四亿至六亿人摆脱了贫困，这一期间人均收入增长了25倍（Rudoph J., 2018）——明显高于同期所有发达国家（Nunn R. & Shambaugh J., 2018）。

随着中国的开放，外国直接投资也逐年大幅增长。除了投资，西方跨国公司还派出经验丰富的企业领导者管理中国子公司的筹备、建设和运营。为了确保公司持续发展，这些西方跨国公司为其中国子公司领导者提供了全球领导力开发培训，包括领导力教练。在此期间，许多跨国公司为其外派到中国的外籍员工和有发展潜力的中国本土管理者提供领导力教练。公司发现，投资于教练有利于留住人才，并能提升高管的业绩。这是促使领导力教练在中国成长的主要原因，也为教练在中国开展辅导业务提供了机会。

2016年，在中国经济增速开始放缓之前，一些跨国公司就开始减少外派到中国的企业领导者数量，并推进中国子公司领导者本土化。有些公司还减少了

用于领导力发展的预算，包括用于领导力教练的预算。

同期，由于政策的变化，中国公司的所有制结构也发生了转变。大型国有企业逐渐分化，不少改制为私营企业。此外，随着中国金融政策的变化，精英教育机构如中欧国际工商学院、长江商学院、复旦大学和清华大学等培养出大批新型商业领导人才，新型企业家利用资金杠杆和其他金融资源创办了大量中小企业。其中许多私营企业和中小企业，如美的、海尔、阿里巴巴和京东等迅猛发展，逐渐成长为大型上市公司。自中国 2001 年加入世贸组织后，许多公司都将目光投向国际市场，开始在中国境外开展业务，并雇佣中国籍和外籍企业领导者。这是中国教练开发领导力教练业务的第二大客户来源。

2005 年至 2015 年，市场对领导力教练的需求增长缓慢，这种情况是由很多原因造成的。其中一个原因是国有企业有自己的领导力开发体系，包括党员干部轮流在高层领导岗位挂职锻炼，许多企业领导者有党内提供的其他领导力开发路径。此外，不少私营企业和中小企业的中国本土企业领导者不了解领导力教练，更没有体验过领导力教练的好处，这是在中国推广和应用这种高效领导力开发工具的最大障碍之一。

中国企业领导者今天面临的挑战

要了解中国企业，尤其是私营企业的运营发展模式以及它在市场中的地位，我们就必须了解中国企业发展的背景，这就会涉及企业在招聘劳动力时面临的挑战。

过去几十年，由于中国加入了世贸组织，中国市场吸引了大量跨国公司的投资，各个领域都取得了巨大进步，包括基础设施、电子、高铁、手机、电动汽车和电子商务。

部分中国公司采取低成本、大规模量产战略，而国外竞争对手却使用不同的战略，其战略更关注著名的"微笑曲线"的两端，即一端是技术创新（如苹果、微软和迪士尼），另一端是打造领先的品牌（如宝洁、耐克和星巴克），从而获取高额利润。如果企业无法在技术创新或品牌打造方面取得竞争优势，那么，它们只能依靠扩大规模和获取低利润维持生存。这种发展模式导致的结果是，在中国，多数行业竞争异常激烈，而多数公司的利润却十分微薄。

以智能手机市场为例。全球排名前十的品牌中，有五家来自中国，即华为、OPPO、vivo、小米和联想，没有来自欧洲和日本的品牌，美国的品牌只有苹果，韩国的品牌只有三星。智能手机市场的竞争态势生动地说明：任何品牌，无论它来自本土还是来自国外，要想在中国市场取得成功是非常艰难的。很少有公司能承受多年的财务亏损。如可口可乐公司在中国市场获得盈利之前，亏损了30年，这真是一个传奇。为了生存，企业必须进行创新或市场营销。如果企业停留在"微笑曲线"的底部，就有被市场边缘化的危险。一般来说，如果消费品品牌做不到行业前三名，那么，线下零售店是不愿提供货架给这些品牌的。但是，随着线上业务的营销渠道越来越多，那些排名在第四位、第五位和第六位的品牌也可以参与到市场竞争中，它们也不会显得很逊色。

对于处于竞争"微笑曲线"低价值点的中国公司来说，当务之急是解决生存问题。而那些在技术、产品和品牌方面处于全球领先位置的企业可投入巨资用于研发、市场营销和分销。相比全球领先的企业，中国公司必须依赖规模经济和快速反应来保持领先。为了维持生存，许多中国公司，包括阿里巴巴、华为和美团等本土知名企业，形成了一种不近人情的加班文化。尽管这种文化确实增强了一些公司在国内市场上的竞争力（例如，阿里巴巴在中国的业绩远远超过亚马逊；华为的5G技术超越了爱立信和诺基亚，智能手机超越了苹果；腾讯力压脸书），但遗憾的是，它们的成功牺牲了员工的利益，不少员工长期在极大的压力下工作，失去了工作与生活的平衡。

所以企业为了生存，必须以前所未有的高速度、低成本和高效率保持领先。那些害怕落后的公司在制定战略时，仍然将速度作为其战略优势加以考量。

数字化转型需求

　　数字化转型是当今的流行术语，它不仅风靡商界，也在公共部门走俏。作为数字经济的全球领导者之一，中国在数字基础设施上的战略投资，使中国成为电子商务、智能支付、电动汽车、机器人、5G、人工智能、物联网、智能城市和智能公共服务等许多领域的先驱。

　　中国的汽车制造技术曾经相当落后。当初，在传统汽车制造业领域，中国无法与德国、日本和美国等发达国家竞争。因此，中国极为看重电动汽车技术的开发和配套的供应链发展。如今，全球大部分的电动汽车是中国制造的，中国已拥有世界上最先进的电池技术。

　　企业除了提高灵活性和注重效率外，还利用数字化技术进行商业模式创新，这种数字化创新在中国已全面展开。由阿里巴巴（中国数字化的领军企业，业务体量相当于亚马逊、eBay 和 PayPal 的总和）发起的农村淘宝运动，让偏远地区的农民受益颇多，让他们可以利用互联网的力量，把农副产品销往全国各地。你除了听说过中国大型公司"数字化"的成功之外，可能还会惊讶地发现，最近，在淘宝平台上，来自中国沿海地区 740 个乡镇企业的产品的在线销售收入也超过了 1 400 万美元。

　　在当今商业背景下，数字化转型不仅是一种制胜战略，更是一种生存战略。如果企业无法通过数字化转型建立竞争优势，那么，它们很快就会输掉游戏，被淘汰出局。好消息是，正在实施数字化转型的公司数量迅速增长，这种大趋势推动了数字化咨询业务的蓬勃发展。在中国的大型咨询公司，如德勤和普华永道的数字化咨询业务收入大幅增长。尽管受新冠疫情影响经济增速放缓，但是，一些规模较小的咨询公司也获得了机构投资，正积极招聘人才。

人才供应减少导致人才市场竞争加剧

40多年来，中国国内生产总值年均增长率高到让全世界震惊，而人才始终是市场上最热门的"通货"。如果不是受制于普遍存在的人才短缺的问题，多数企业还可以发展得更快。在改革开放的头25年里，多数本土人才喜欢到跨国公司工作，因为那里有开放的公司文化，更多的学习和发展机会，还有更高的薪酬。

举一个中国家庭的例子。丈夫曾为索尼、杜邦和戴尔公司服务。妻子曾在环球资源、RR唐纳利和多米诺公司工作。妻姐曾在巴斯夫和耐克公司工作。妻姐的丈夫曾在吉列、福特和如新公司工作。显而易见，这些公司中有许多都是《财富》五百强公司。事实上，在北京、上海、广州等城市，跨国公司培养了整整一代像这个家庭的中国专业人士，他们中的许多人在阿里巴巴、京东及中国最大的民营金融集团——平安集团等本土企业担任高级职位。

然而，最近15年，情况发生了转变。随着中国互联网巨头阿里巴巴和腾讯等公司的崛起，以及其他中国公司如华为、OPPO、万科、安踏（一家中国本土体育用品公司，收购了斐乐、所罗门、始祖鸟和威尔胜等全球品牌）的成功，一些顶尖人才往往更喜欢到本土公司工作，尤其是上市互联网和IT企业。他们选择这类公司，不仅是因为现在这类公司提供的薪水比大多数跨国公司更高，而且是因为他们为中国公司工作能体现一定的家国情怀。跨国公司和本土企业之间日益加剧的人才争夺战，增加了企业的人才招聘成本。现在，一个高级经理在中国上海的收入会超过其在中国香港的同行，这在10年前是难以想象的。考虑到高昂的人才招聘成本以及选人失误可能带来的风险，企业不得不开始关注领导力教练，确保新晋升员工或新聘员工的顺利上岗。

提高生产力是企业发展的首要任务。很多组织认识到，良好的领导力和高敬业度文化是企业生产力的可靠源泉。"一个人选择加入一家公司，是因为这家公司有吸引力；一个人选择离开公司，往往是因为其上级出了问题。"无论在中国还是其他国家，情况都是如此。

中国千禧一代对待收入和工作的新观念

过去40年，互联网、千禧一代、中国这三股力量的崛起从根本上改变了世界的格局，也重新定义了我们对世界的看法。这些都是全球性大事件，影响了每个人生活的各个方面。

虽然中国人、美国人和欧洲人对"千禧一代"字面意思的理解是一样的，但是，千禧一代对社会、商业和组织的影响，各个地区的差异很大。

与多数西方国家的新生代不同的是，中国千禧一代面临许多独特的中国式压力。

第一，中国千禧一代的上级主管大都在自上而下的威权文化中长大，员工在这种文化背景下的敬业度很低，并且是世界主要经济体中敬业度最低的（盖洛普2019年敬业度调查显示，中国的员工敬业度为7%，美国为30%）。

第二，中国部分城市的千禧一代面临特别高的房价，高得远远超过工薪阶层的平均购买能力，这导致了现代中国的另一种现象：一个人为了获取高薪会频繁跳槽。每两三年换一次工作，甚至每一两年换一次，这种现象在年轻职员和蓝领工人中非常普遍，许多人似乎不知道还有职场忠诚这个概念。

为什么会出现这种现象？因为拥有住房是年轻人普遍追求的目标，经济长期繁荣带来了丰富的就业机会，所以，跳槽可以提高收入就成了应对高房价的一条捷径。

第三，中国长期的激烈竞争消耗了大部分家庭的资源。很多年轻的职场人缺乏责任感、浮躁，也没有获得生活和职业指导。另外，公司的选人过程不够专业，特别是公司在展示为什么毕业生应该加入该公司方面做得远远不够。员工的敬业度是需要自下而上逐步提升的。

这是中国千禧一代面临的严峻现实，给企业管理带来了巨大挑战。如果企业 93% 的员工不积极投入工作或者总想着离职换工作，那么，企业怎么能实现更高的生产力呢？还有什么难题会阻碍企业持续发展，让企业所有者和首席执行官夜不能寐吗？

很明显，我们正处于一场人力资源灾难之中。在我看来，由低敬业度和低职业技能水平导致的劳动力不足是中国最大的浪费。这就更加需要企业增加在选人过程中的投入，为新员工提供入职培训和反馈。企业除了需要引入强大且更有效的领导力教练项目，还需要让新员工知道企业为什么选择了他们。

在中国应用领导力教练的障碍

国际教练联盟 2020 年的一项调查把中国和其他国家在推广教练方面的障碍做了比较。与其他国家类似，中国也有不少未经培训的人自称教练，市场对教练能带来的益处并不了解，这些都是应用教练的障碍（ICF，2020）。

具体到领导力教练在中国的应用，还有其他一些障碍，例如，企业的业务快速增长，需要企业领导者迅速做出决策，这样可以迅速看到结果。这样一来，企业就不会把人才培养当作是最紧急的事情对待，教练就不会被放到日程中。中国企业在过去几十年里飞速增长，寻求先发优势、抢占先机往往要比制订长期战略以及分析市场、流程和数据等更为迫切、更为重要。在这种注重效益和结果的压力下，企业几乎没有时间和兴趣开发领导者技能。此外，企业领导者还会认为，企业投资培养的人才很容易跳槽到其他薪水更高的企业，所以这种投资很难看到回报。大量企业还没有认识到非金钱激励因素能给企业带来的好处。

未来的障碍

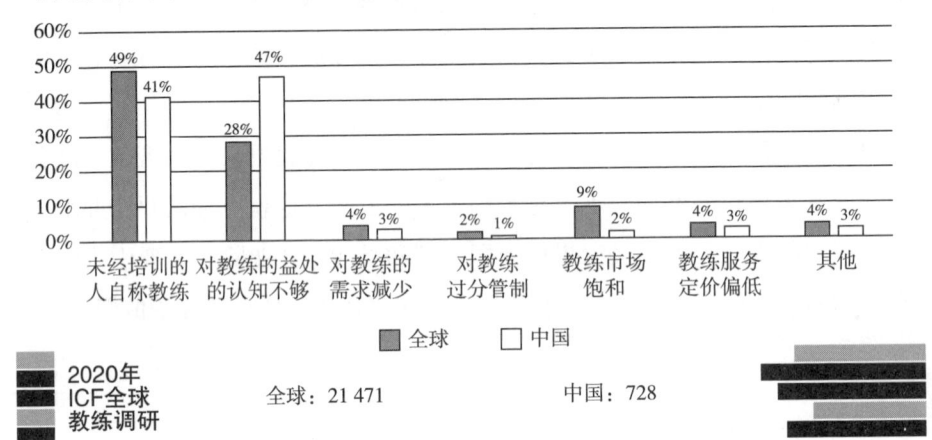

你认为在接下来的12个月里，教练最大的障碍是什么？

障碍	全球	中国
未经培训的人自称教练	49%	41%
对教练的益处的认知不够	28%	47%
对教练的需求减少	4%	3%
对教练过分管制	2%	1%
教练市场饱和	9%	2%
教练服务定价偏低	4%	3%
其他	4%	3%

2020年ICF全球教练调研　　全球：21 471　　中国：728

如前所述，随着许多中国企业进入企业生命周期的第二个增长阶段，竞争更为激烈，先发优势开始下降。中国改革开放初期，一个人只要有一个好点子，技术高于平均水平，再加上有经济后盾，就可以创办一家企业，他的企业也很容易打败许多反应迟钝、管理落后的企业。因为当时竞争有限，企业只要做到管理稍有改进、成本低于同行，就可以获得商业成功。如今，中国各行各业的发展都非常成熟、竞争加剧，企业要实现持续增长的目标，就必须加大创新力度、加快创新速度、完善管理体系、提升领导力，不断开发新工艺、拓展新市场。

此外，因为工资结构中的人才成本上升，通过增加工资从其他公司"挖人"的机会也会越来越少，企业更没有多余的预算用于人才发展。但是，对于企业里的年轻人而言，他们追求自我发展，追求工作与生活平衡，希望企业领导者尊重他们、认可他们的个人贡献。

结果导向的领导理念的历史

在快速发展的经济中，企业领导者需要转变领导方式以适应环境，而旧的领导方式就构成第二个障碍。光辉国际（Dai et al.，2015）对业务管理者进行的一项研究发现："过去，中国最成功的企业领导者都采用高度指令型、行动导向和任务驱动的领导方式。"与西方企业领导者相比，他们更能做出成果、执行力更强。

光辉国际的研究还发现，随着中国商业环境的变化，"最有可能成功的企业领导者需要擅长影响不同代际的人和文化群体，具备情境适应性，善于解决矛盾，建立各种网络，培养创新意识，善于变革管理，并具有全球视角和战略思维能力"。与西方企业领导者相比，中国的企业领导者在这些技能上的得分要低很多。这些技能是可以培训的，但是，当下很多中国企业领导者认为这些没有价值。在这种情况下，为教练投资就比为培训投资的效果更好，因为教练可以辅导管理者进行反思，探索如何在需要时调整自己的行为适应变化，而不是试图改变自己。在这方面，个性评估对教练和被教练者而言非常有价值。教练可以借助测评帮助企业领导者看到他们的性格倾向如何在工作中影响了他们领导力的有效性。教练也可以借助测评帮助被教练者专注发展自己能力项中的短板。

等级文化和儒家思想

在中国应用领导力教练的第三个障碍是儒家思想，儒家思想的影响虽然不太明显，但是，不少中国企业领导者的行为都是这种文化信条的体现。沃瑟斯特罗姆和坎宁安（Wasserston & Cunningham，2018）将儒家信条总结为"维护社会秩序的基础是教育、礼仪和关系"，通过"下级服从上级"来创建"和谐社会"。人们会认为企业领导者都是接受过培训的，企业领导者知晓商业运作的仪式或程序，不应受到质疑。因此，即使下属有担忧，也很少会对上司的指示或要求提出质疑。这样一来，企业领导者去实践在西方被称作"参与式或教练式的领导风格"的机会就减少了，这种领导风格会鼓励企业领导者主动向下属征求意见或建议。因为企业领导者应该是专家，如果企业领导者提出这样的要求，那么这么做可能会显得他们很无能。在接受教练的过程中，中国的企业领导者可以通过乔哈里之窗了解到他人可能持有不同的视角，这会让企业领导者理解来自下属和他人的反馈的重要性和价值。企业领导者通过向下属分享自己的信息，可以创建一个相互信任的氛围。

此外，由于领导力教练被称为"老师"，人们会期待教练能在教练过程中传授业务或内容类知识。彼得森（Peterson，2010）描述了领导力教练的四个作用，其中就包括传授知识。彼得森继续指出，成功的领导力教练不仅仅传授知识给被教练者，更重要的是辅导他们学习新技能，为他们自身的持续发展制定方法，以此来支持被教练者的长期发展。尽管国际教练联盟倡导的教练能力和原则之一也是鼓励企业关注被辅导者的长期发展，但是，在中国这种以结果为导向的商业环境中，企业最迫切的需求不是关注被辅导者的长期发展。所以，除非领导力教练有能力在教练中提供业务或内容类知识，否则，他们不太可能有机会辅导中国企业的高管，或者领导力教练提供的教练可能会被认为是失败的，因为他们没有为企业创造足够的价值。

面子文化也是应用教练的一个障碍。在儒家思想中，企业领导者出于对听话的下属的回报，觉得有责任关照下属。有些人可能将这种"关照"解释为不提供建设性反馈意见，以免让人感到"没面子"。总的来说，在同一家企业，中国企业领导者提供反馈意见的频率比西方企业领导者少（Van Katwyke，2012）。因此，企业领导者向下属提供反馈意见时，很少使用教练式领导风格，而是含糊其词，不会指出具体问题。这样，下属就不知道自己哪里做得不足、哪些技能需要提升，不能更有效地履行当前岗位的职责或促进自己职业的发展。企业领导者担心自己的反馈可能被下属认为企业领导者在否定下属的个人价值，而不是在帮助下属找出工作低效的原因。

在教练中，当领导力教练使用"直接沟通"（曾是国际教练联盟的核心教练技能之一）的方式与高管谈话时，领导力教练发现，即使"直接沟通"的谈话很重要，能帮助高管认识到是哪些因素制约了自己，但这也会让高管觉得没面子。"直接沟通"虽然是领导力教练的一项基本技能，但在中国却很难有效实施。但是如果教练的年龄足够大，可能就不那么尴尬。在中国，教练与被教练者之间的信任关系尤为重要。

教练是一种科学开发领导力的方法，应加大力度予以推广

限制领导力教练在中国发展业务的其他障碍包括：因为缺乏信任，客户还不够开放（不能敞开心扉，分享自己内心的真正想法）；许多中国公司对领导力发展的价值还没有意识或产生兴趣；中国专业教练组织推广宣传教练优势的力度不够。

在中国，那些对业务或产品有创意的人往往不愿与他人分享他们的想法。因为如果有人复制了你的产品或工艺，你很难证明这是你的创意。而作为开发者，你本应该享受开发的收益。此外，随着中国现代化进程的加速，人们获得个人成就（如社会地位和财富）的机会越来越多。有研究者指出，这导致了人们较少关注他人的成功，而更注重个人成就，这也导致人们不愿分享机密信息。因此，在教练过程中，中国的企业领导者往往不愿与人分享个人的私密故事或业务信息。国际教练联盟（ICF，2020b）指出，教练和被教练者之间建立牢固、信任的关系是教练获得成功的核心。如果没有建立信任关系，教练就难以开展。巧合的是，建立信任关系对提升领导力的有效性也非常重要。没有信任关系，企业领导者很难赢得团队的支持。

人力资源职能缺乏战略性

在西方公司，如果人力资源部门能参与到制定公司发展战略和实施业务战略的过程中，那么，人力资源部门就成功发挥了它作为职能部门的作用。博森（Bersin，2010）列出了高级人力资源领导者的主要职责，其中包括识别并重点

培养"高潜"人才。领导力教练被认为是快速培养这类人才最有效的方法之一。

在中国，许多高管将人力资源的职能划归到企业中的行政部门。虽然人力资源部门在人才招聘、组织培训和绩效管理等方面发挥了重要作用，但是，在确保公司有足够的可用人才支持公司战略实施方面，人力资源部门发挥的作用远远不够。布德罗和拉姆斯塔德（Boudreau & Ramstad, 2007）认为，随着时间的推移，人力资源职能正在从行政管理类职能向战略管理类职能演变。由于中国企业在战略思维方面尚有待加强，而且人力资源部门是一个相对较新的职能部门，所以，中国企业中的人力资源部门很少能做到主动计划和系统实施领导力教练项目，来加快人才储备，帮助企业应对战略上的挑战。在高效的组织中，人力资源领导的重要性与公司中其他直接向首席执行官汇报的核心高管们，如首席财务官、首席营销官和首席生产官一样重要。人力资源领导既是首席执行官的关键业务伙伴，也是那些直接向首席执行官汇报的其他高管的关键业务伙伴。人力资源领导通常会在工作时间之外，例如"在午餐的餐桌上"，与其他业务高管沟通人才发展对公司战略的潜在影响。他们会讨论公司所需关键人才的数量以及这些关键人才需要具备什么能力才能满足公司战略发展的需要。

新教练缺乏教练实践机会

在中国，影响领导力教练推广应用的另一个障碍是教练培养机构主要关注新教练的培养，而没有宣传推广领导力教练能带给企业的益处，或帮助学习教练的校友找到足够的教练业务支持校友进行业务实践。美国和欧洲的许多大学开设了领导力教练课程，帮助工商管理硕士（MBA）和高级管理人员工商管理硕士（EMBA）学习领导力教练，但是，在中国，这样的课程很少。在中国，许多教练培养项目是由私人组织运营的，传授适合各种专业人士的通用教练技能，包括生命教练和职业生涯教练。但是，很少有机构专注培养领导力教练所需的技能。培养领导力教练需要培训什么内容在本书其他章节已有所阐述，这里只想指出的是，现在市场上有许多教练是没有在领导力教练这个专业领域受过专门培训的。

此外，国际教练联盟和亚太教练联盟等专业组织专注于帮助个人成为教练，提高他们的教练专业技能。几乎没有组织帮助教练管理业务，或向潜在客户推广教练业务。因此，除非他们能成为那些在中国开展业务的大型人力资本开发公司的教练，否则许多人学完专业教练后发现，很难找到足够的客户，靠教练工作来养活自己，这也导致了中国教练的收入低于其他国家教练的收入（ICF，2020b）。

还有一个问题是，在中国，许多已获得专业领导力教练认证的人没有在大型企业工作过，他们难以理解大型企业的工作环境以及高管在工作中面临的复杂情境。在美国，许多教练培训机构为学员提供实习和实践机会。许多欧美人力发展咨询公司为客户提供领导力教练，确保教练们有足够的与大型企业高管打交道的经验。在中国，具备这种发展规模和业务范围的公司相对较新，而且公司的数量很少，所以，那些提供领导力教练的公司必须找有相关经验的教练合作，或者为教练提供实习机会，从而获得与高管打交道的相关经验。如果一位教练从未担任过企业高管，又或者比被教练者年轻，那么，他可能很难与被教练者建立信任关系。

缺乏人才和缺乏领导力带来的挑战

如前所述，员工的敬业度低对中国企业的发展构成了重大挑战，由此造成的生产力低下是中国经济发展的巨大障碍。根据国际货币基金组织的数据，中国员工的敬业度大约只有美国员工的敬业度的12%。我们研究了造成员工敬业度低的关键原因，包括：经济快速增长和房价高，就业率高，加薪机会多（意味着中国经济快速发展，市场上工作机会多，加薪机会多，再加上高房价促使员工不断寻找薪水更高的工作机会）。但根本的原因是企业普遍缺乏有经验的企业领导者。企业在任命关键岗位人选时，往往没有足够严格的选拔程序。选人流程是可以通过学习和管理实践提升的，这就像学习其他业务流程一样。企业领导者需要认真对待选拔流程。在中国，企业领导者就职后在工作中遇到困难时，往往只能靠自己想办法解决，很少能得到上级的支持，因为公司没有为员工提供相应的培训体系和资源，而这会导致员工效率低下。

培训和人才发展项目可以帮助优秀的人更优秀。如果我有 1 美元，我会花 70 美分选人用人。

——谷歌领导力与发展总监保罗·罗素

年轻一代是伴随着互联网的发展一起成长的，他们要求更多的自我、平等和尊重。对年轻一代来说，用个人影响力来领导远比用职位权力来领导的效果好。要想领导好年轻一代，企业领导者必须明白这一点。

领导千禧一代需要更高的领导水平

中国的千禧一代与西方同龄人相比，有许多方面是相同的。他们同样充满好奇，思想开放，有创造力，在工作中追求自主权，希望被认可，追求工作的意义感。然而，在很多方面，中国的千禧一代又是与众不同的。一是他们大多数都是独生子女，得到了两位父母和四位祖父母过多的关爱呵护，更以自我为中心，心理更脆弱。职场上，他们也会比上一代人遇到更多挑战，更难适应职场环境。企业要吸引、培养和留住他们，也会遇到比以往更大的挑战。这一代人缺乏忠诚度，不够成熟，缺少同理心。在面临经济压力时，他们更以自我为中心，对物质的追求更直接，往往也更缺乏耐心。

在这种背景下，企业领导者要领导和管理中国千禧一代所面临的难度和挑战可想而知，他们必须拿出有效的应对策略。在这一方面，许多跨国公司已经找到了应对方案，他们引进领导力教练项目来解决这个难题。然而，许多中国公司依然在黑暗中摸索，还没有认识到教练的价值，这与其保守的、偏指令型的企业文化有关。

我们在本章开头列出了一些应用教练的障碍，这里想再强调一下：企业迟迟不把教练用于人才发展、企业领导者缺乏使用领导力教练的经验、市场混乱（市场有各种细分教练领域，如生命教练、职业生涯教练、领导力教练等）、企业缺乏对教练价值的认知，这些都是应用教练的障碍。

领导力教练在中国还属于新生事物

什么是教练？培训和教练有什么不同？生命教练和领导力教练之间的差异是什么？这些问题都会阻碍企业用教练这种发展工具来培养其高管。

在中国，领导力教练很大程度上仍然是一个新概念，人们对它还不熟悉。多数本土企业从未接触过教练，分不清培训、导师指导、咨询和引导之间的区别。这种情况在领导力教练、生命教练或家长教练等领域都是如此。可能有人会好奇，心理咨询在中国不是已经很流行了吗？答案是相对的。许多人知道心理咨询，也知道哪里提供心理咨询服务，但与西方国家特别是与美国相比，这一服务的普及率仍然很低。

过去10年，尽管领导力教练服务在西方呈指数级增长，但在中国，这种有效的领导力发展方法还没有得到充分的理解和认可。在中国，只有不到1%的公司实际购买了教练服务，这一比率在澳大利亚和新西兰已经超过80%。这1%的公司中，大约75%是全球性公司，如微软、强生、福特、玛氏、IBM、耐克、罗氏、阿斯利康、宝马和德勤等。

从2008年开始，领导力教练这个新兴的行业开始被中国市场认可。从长远看，这个行业的发展潜力巨大。当中国公司能像外国的跨国公司一样认真对待教练项目时，教练就会在中国进入快速发展期。如果考虑到重要的文化因素，合理的猜测是，中国公司还需要五到七年时间，才能像外国的跨国公司那样认识到教练的价值。

一个令人振奋的迹象是，国际教练联盟认可的教练认证项目在中国大受欢迎。一些世界知名的认证项目都做得很好，它们稳定地培养出优秀的认证教练，满足了市场日益增长的需求，同时也推动了教练行业的发展。这些提供教练认证项目的公司包括：埃里克森、思腾、企业教练与领导力、开疆集团、澳大利亚国际教练学院、珀瑞、MMS 和 Mindspan。国际教练联盟认可的助理级教练和专业级教练的数量在中国快速增加，要归功于这些公司提供的教练认证项目。

一个新的积极转变是，在更开放的中国公司中，行动学习项目越来越受欢迎，企业通过行动学习推进问题的解决和促进跨部门合作。因为行动学习关注业务层面的问题，而不是针对人、领导力或者组织层面的挑战进行探索，这会让参与的企业领导者感觉更安全，因此，相比教练项目，行动学习项目更容易被企业引入。

要理解这一切，你需要了解更多中国国情。1978 年改革开放以前，中国是世界上最贫穷的国家之一。当时，中国的人均国内生产总值为 178 美元，而美国的人均国内生产总值为 10 560 美元，中国只有美国的 1/59。中国经济经过 40 多年的高速增长，至 2019 年，中美之间的这一比率为 1:6，中国人均国内生产总值超过 10 000 美元。最近几十年，虽然中国经济得到了快速发展，但是，对教练行业而言，行业发展的底子还很薄弱，制度流程和领导力管理等软技能的水平比较低，甚至部分软技能是缺失的。这些意味着教练行业在中国的发展缺乏厚积薄发的力量。

正如前面所强调的那样，跨国公司一直是领导力教练的主要客户，受过西方培训的人力资源和业务领导者们是教练认证项目的主要参与者。他们接受辅导后，开始推广和实践领导力教练。为了培养本土人才以满足快速增长的业务需求，领先的全球化公司纷纷引入领导力教练项目，很多项目都收获了不错的成果。根据开疆集团和 Mindspan 的经验，超过 90% 的领导力教练项目被客户评为成功项目，这个结果也与全球调研结果相符。这些成功项目的客户大多拥有开放的企业文化，企业的战略也更关注企业的长期发展。

虽然中国公司的教练项目中也有成功案例，如外包巨头东软和中国领先的连锁酒店华住集团的教练式领导者项目，但是多数中国公司的教练项目的实践结果并不让人满意。因为许多项目都是一次性的教练，而不是在管理和落实系统化的人才发展规划。这也是你能在微软、谷歌、强生、玛氏和德勤等国际化公司中发现教练文化的存在，但很难在中国知名的大公司中发现同样的文化的原因。虽然这些中国公司可能会时不时地使用教练，但是它们还没有用教练对人员和领导力的发展进行系统化培养。

为教练创造机会

教练的效果很强大，这并不是什么秘密。我们作为教练或教练公司的领导者，有很多方法向中国的业务管理者推荐教练，希望他们多使用教练。下面提供一些建议：

（1）使用教练式领导风格能提升业务领导者的效率。虽然教练在中国还是一个相对较新的领域，但是也诞生了许多成功案例。一些公司打造了令人惊叹的教练文化，如德勤、福特、罗氏、友邦保险、爱玛客、东软和华住集团等。教练行业的领导者们应该加大力度宣传这些成功案例，推动教练在中国的广泛应用。

美赞臣中国公司的教练项目创造了一流的教练文化。当时美赞臣中国公司的领导是一位澳大利亚人，2010年他担任中国区总裁后，在公司内发起了一场名为"培养优秀教练型领导者"的文化变革运动，旨在转变企业文化，希望帮助企业领导者从依靠职位权力来领导转变为通过打造个人影响力来领导。6年时间里，公司对其140名企业领导者安排了为期6天的由公司内部人员设计的教练项目，参与者对项目的满意度很高。项目的实施给公司带来了彻底的改变，让公司完成了以前"不可能完成的任务"，取得了以下骄人的业绩：

- 中国的业务超过美国，中国成为该公司最大的市场；
- 中国公司贡献了全球利润的最大份额；
- 市场覆盖从 28 个城市增加到 200 个城市；
- 员工人数从 800 人跃升至 5 000 多人；
- 市场份额从第五位上升至第一位；
- 人员离职率降至 10% 以下，为行业平均水平的一半；
- 公司前 20 名高管的离职率为零。

因为这个"培养优秀教练型领导者"的项目非常成功，这位中国区总裁晋升为全球首席运营官。美赞臣中国公司的成功案例给我们的启示如下：

- 文化决定业务成果；
- 首席执行官必须抓企业文化建设；
- 企业文化的改变需要时间；
- 提升组织绩效的秘密永远是人。另一个经验——教练可能是帮助企业实现文化变革的最有效的工具。

我们推广宣传这类成功故事十分符合中国人务实的心态，也有助于弘扬"相信人是有潜能的"这个理念。一旦美赞臣的这位首席执行官把他的传奇故事分享给一家奢侈品公司的高管，然后，这个故事又被传给一位中国零售企业的首席执行官，这位中国零售企业的首席执行官会成为领导力教练的支持者，其所在的企业的业绩会得到显著提升，这位首席执行官也有望荣升为大中华区总裁。通过这个案例，我们可以预见更多成功案例。

（2）通过新渠道影响企业领导者。我们扩展新渠道，把教练的影响力扩展到商学院很重要。我们可以向首席执行官和人力资源总监们推广教练，宣传教练的实用性和可行性。为了找到扩大影响力的新途径，我们需要具备企业家精神，不断创新。虽然影响人力资源总监使用教练仍然是我们的必由之路，但是，我们能与首席执行官直接沟通会取得更直接的效果。关于业务拓展的方法，开疆集团和 Mindspan 应该向麦肯锡学习，麦肯锡的合伙人坚持直接与首席执行官沟通，而不是和人力资源副总交谈。另一个很好的例子是领教工坊，它相当于中国版的伟仕达，其在拓展业务时，也只与企业所有者和首席执行官直接沟通。

（3）为 MBA 提供免费领导力教练。苹果一直成功地以非常低的价格将 Mac 产品卖给商学院的学生。这相当于苹果先播下种子，与未来的业务领导者建立关系。苹果此举实际是在为企业的未来发展做投资。开疆集团、Mindspan 和其他教练培训公司都在为 MBA 提供免费或低价的教练，帮助学生做出职业选择，并对他们的长期职业发展提供更多见解。

（4）与领导力发展平台结成联盟。与领教工坊、混沌大学等致力于打造领导力发展平台的本土公司结成联盟，共同推广教练服务，也同样重要。据我预测，教练市场可能会在五至七年内进入快速增长期，那时，中国公司将成为教练服务的主要客户。虽然在中国的跨国公司是较易争取的客户，但中国公司将主导该行业的未来。与中国公司建立联系的教练公司将会赢得明天的市场。因此，与领教工坊、混沌大学等中国教练门户公司建立联盟，不失为一种明智之举。

（5）提供免费教练培训项目。同样重要的是，要为领先的中国公司提供免费的教练培训项目，如"教练式领导者"工作坊，增加企业的曝光度并获得教练经验。这样做的部分原因是大多数中国公司的人力资源部门不是教练培训公司的战略合作伙伴，不负责公司战略性人才发展项目。另外，中国公司往往偏保守，不愿冒险。通过向中国公司提供低成本的试验，如"教练式领导力"工作坊，我们将打开新的大门。Mindspan 利用这一策略进入了阿里巴巴和京东，效果非常好。

（6）总结和推广令人信服的商业案例。我们必须总结令人信服的商业案例，来说明教练是如何为千禧一代赋能，提升他们的工作效能的。全球企业急需培养和开发千禧一代的工作能力，这是教练行业的巨大商机。要有效地领导千禧一代，就必须掌握能真正激励他们的手段。除了高薪外，他们还重视工作的意义、重要性、自主性、赞誉认可和与主管的合作关系。这方面有很多成功案例，华住集团的教练经历就是其中之一。

（7）邀请全球教练专家。邀请全球教练大师，如马歇尔·古德史密斯、罗伯特·凯根、艾伦·穆拉利（Alan Mulally）和谢丽·卡特·斯科特（Cherie Carter-Scott）博士等与中国企业和教练社群进行互动，提高教练意识，继续为教练的繁荣发展播撒种子。另一个例子是开疆集团与菲尔丁研究院及其高素质的老师合作，举办领导力教练线上研讨会。开疆集团正积极将菲尔丁研究院教练社群针对菲尔丁研究院出版社出版的新书 Innovations in Leadership Coaching 的学习和读书会引入中国，并计划近期与菲尔丁研究院联合推出中国教练专题的博士研究项目。

在过去 10 年里，我们一直采取这些步骤有效促进中国领导力教练行业的发展。我们将继续探索，创造更多令人振奋的学习机会。例如，2021 年，我们将在布伦·布朗（Breneé Brown）的"敢于胜利"项目的基础上，为客户提供勇气领导力项目。

（8）定期组织中国领导力教练大会。自 2011 年以来，Mindspan 已组织了四次大会，第五届大会于 2020 年 11 月在上海举行。除了领导力教练大会之外，Mindspan 还于 2022 年在上海主办了第六届亚太教练联盟大会，该会议吸引了世界各地的 700 多名参会者到场。

（9）赞助有关教练的投资回报率的研究项目。Mindspan 一直在赞助亚太教练联盟的调研项目，这是中国和亚洲最权威的教练调研项目。此外，菲尔丁研究院的博士校友也在积极创建能体现中国文化特色的教练和教练发展的新理论和新方法。其中就有教练的投资回报率研究课题以及在中国行之有效的教练方法研究。

（10）推广著名教练书籍。有许多西方领导者推崇的领导力教练书籍对宣传领导力教练的价值很有帮助，例如马歇尔·古德史密斯的《习惯力：我们因何失败，如何成功？》，埃里克·施密特和乔纳森·罗森博格的《万亿美金教练》，罗伯特·凯根和丽莎·莱希的《变革免疫》。重要的是，我们要继续向本土企业的首席执行官宣传教练的理念，让他们深入了解为什么领导力教练会对谷歌和苹果这样的顶级公司有效。许多教练供应商赠送了大量此类书籍，并将书中的内容用在给企业高管和人力资源总监提供的培训项目中。这种方法简单高效，对宣传推广领导力教练很有帮助。

结　论

过去10年，中国的商业环境发生了巨大变化，领导力教练的业务在中国应运而生。但近年来，教练的业务在下滑，导致新教练的从业机会仍然不多。我们相信，随着中国经济的持续发展，更多本土企业领导者走上企业的关键领导岗位，情况将会发生改变。随着中国企业向海外扩张业务，其面临的全球竞争会更激烈，其领导哲学和领导方法也需从专断指令型向参与式和教练式领导风格转变，市场对领导力教练的需求必将持续增加。

当然，教练提供商和业务领导者需要共同努力，宣传推广教练的价值，创建一个良好的生态系统，为新认证的优秀教练提供施展才能的机会，为企业客户创造更多价值。

参考文献

Bersin, J. (2010). *The new talent management framework.* Bersin & Associates. Retrieved October 6, 2020: https://joshbersin.com/2010/05/a-new-talent-management-framework/.

Boudreau, J. & Ramstad, P. (2007). *Beyond HR: The new science of human capital.* Harvard Business School Publishing. Boston, MA.

Dai, G., Et. Al. (2015). *China's new business leaders.* Korn Ferry Institute, Los Angeles.

International Coaching Federation (ICF). 2020. ICF Core Competencies Update: November 2019. Retrieved October 6, 2020: https://coachfederation.org/core-competencies.

International Coaching Federation (ICF). 2020b. *2020 Global Coaching Study.* Retrieved November 2020: https://coachfederation.org/research/global-coaching-study.

Nunn, R. & Shambaugh, J. (2018). *If wages aren't rising, how is household income going up?* Brookings Institution. Retrieved October 5, 2020: https://www.brookings.edu/

blog/up-front/2018/10/04/if-real-wages-arent-rising-how-is-household-income-going-up/.

Rudoph, J. (2018). *The China questions: Critical insights into a rising power.* Harvard University Press. Boston.

Van Katwyke, P. (2012). "Differences in skill use by Chinese and Western Leaders." *Personnel Decisions International.* Presentation to AmCham, Shanghai.

Wasserstom, J. & Cunningham, M. (2018). *China in the 21st Century.* Oxford University Press. London.

Worldbank (2005).

Yang, K. in Bond, M. H. Editor (2008). *The psychology of the Chinese people.* Chinese University Press. Hong Kong.

第二部分
教练与不断演化的市场

第 10 章
团队教练的规划和实施

帕姆·范戴克博士　陈宝权

相聚是开始，团结是进步，精诚合作才能走向成功。

——亨利·福特

摘　要

上一章我们详细讨论了中国领导力教练的文化背景，阐明了在中国推广领导力教练面临的挑战，并就如何克服这些挑战提出了一些建议。本章，我们将根据相关研究成果，论述通过团队教练提高团队领导力的条件和方法，其中包括团队教练介入的最佳时机、团队教练的替代方案以及如何组织实施团队教练。尽管在中国综合应用团队教练和领导力教练还存在文化障碍，但本章将提出教练原则，并通过简短的案例说明这些原则在中国的实际运用情境。

引　言

由于越来越多的企业借助教练的力量培养员工队伍，教练们便有了更多教练机会。他们希望扩大教练的服务范围，而不只是为个人提供领导力教练服务。

国际教练联盟于 2020 年迎来其成立的 25 周年，它已在 161 个国家和地区拥有 2.3 万多名会员。多年来，国际教练联盟和其他教练组织工作的重点一直是制订个人教练的规范。直到 2019 年，国际教练联盟才开始讨论团队教练能力的开发。范戴克博士很荣幸被邀请加入国际教练联盟团队教练标准研究小组，并成为专家组成员。到撰写本书时，范戴克博士所在的专家小组已经与来自世界各地的教练们有了四次会面，正在努力制订团队教练标准。目前这项工作仍在进行中。随着教练行业日趋成熟，我们对个人教练之外的知识了解得会越来越多，对团队教练会越来越熟悉。

虽然本章大部分内容是基于作者对美国团队和团体进行教练的研究和丰富的实践经验，但是，随着团队教练在中国的应用越来越广泛，许多基本原则很可能也适用于中国团队教练项目。

对团队教练的需求与日俱增

随着企业对教练的了解越来越多，企业会越来越多地参与教练的内容、对象和方式的确定。这将促使教练行业日益成熟，并使教练行业形成一整套教练项目、方法、理念和能力标准，如 PCCmarkers。所有这些都有助于教练行业的健康发展。

因此，越来越多的教练也在寻求扩大服务范围，将业务扩展到团队教练和团体教练领域。许多有资质的教练培训机构也开始提供团队教练和团体教练课程。这是可喜的进步！十多年来，我们一直在大声呼吁，希望发展多种教练模式，包括团队教练、团体教练和同侪教练模式。如今我们终于如愿以偿。我们将继续探寻更多培训团队教练的方法，我们将乐在其中。

关于组织为什么使用团队教练以及为什么现在要使用团队教练来支持企业的发展，从组织角度看，我们得到四个主要原因：

（1）培养创新领导力的需求。多年来，许多组织都采用常规项目来发展领导力。有些项目取得了很好的效果，而有些项目则收效甚微，原因是这些项目缺乏针对性，不能解决企业领导者面临的实际问题。对于从来没有接受过教练的人来说，团队教练是一种发展领导力的创新性方法。

（2）VUCA环境的需求。VUCA这个词已成为一个时髦词，它反映的是我们的工作环境在不断变化的特点。如今，大多数企业正面临着各种易变性、不确定性、复杂性和模糊性的挑战，这迫使企业必须保持警醒、机敏应对，寻找适当的方法，保持企业的生机与活力。

（3）成本效益的角度。近年来，组织先是为企业的高层领导者或执行官级别的领导者（组织对"执行官"级别的界定，包括总监、副总裁或高级副总裁等）提供领导力教练。当这些高管体验到教练的好处后，他们就有兴趣将教练进一步推广到企业中。对于那些准备创建教练文化的企业尤其如此。到2020年，越来越多的企业开始为不同层级的员工提供教练，以此来培养和保留人才。企业发现采用这种方式，企业的投入产出比最优。团队教练可以让组织中不同层级的员工也体验到教练的好处，形成双赢局面。团队成员接受教练后，工作效率明显提高，这会让组织受益良多。中国企业领导者以往更注重成果而不是人才发展，故而团队教练给企业带来的效果会更明显。

（4）不同代际员工共存的工作环境的要求。在美国或欧洲的组织中大都有四代人（婴儿潮一代、X一代、Y一代和Z一代）。事实上，极少数情况下，可能还有第五代人：沉默一代。在中国，我们对这几代人的叫法虽然不同（例如40岁上下一代、独生子女一代等），但是，代际差异和团队合作的原则大致相同。不同时代的人在同一团队中工作，会给团队融合带来挑战。因此，企业经常需要请团队教练来协调处理代与代之间的思想分歧。

在中国，代际差异的一个重要因素是独生子女政策以及独生子女这一代人已大量涌入职场。当团队中有不同代际的成员时，团队领导者需要用不同的领导风格进行管理。中国独生子女这一代大多在两位父母和四位祖父母的关爱呵护下长大，他们没有兄弟姐妹。他们在成长过程中要经常参加各种课外辅导班，才能在中国严苛的招生和升学竞争中占得先机。因此，大部分中国独生子女就像西方的千禧一代一样，希望得到其上司更多的尊重。他们在接到工作任务后，往往会问为什么要做。如果他们不理解原因或目的，就没有动力完成任务。他们还希望能定期获得鼓励和支持。这就需要企业培养更多的教练式领导者，让他们具备管理这种复杂团队的能力。由此可见，团队教练已经成为提升组织领导力的必要工具。事实上，在某些情况下，它已经成为企业发展的某种期待。

团队教练计划

教练可以采取许多不同的方法来提升团队的绩效。这在很大程度上取决于教练或顾问的技能、教练或顾问对团队进行诊断的能力以及团队的期望结果。

教练在制订团队教练计划时，首先要与出资方沟通，了解公司当前的情况及其在此情境下安排教练的原因，并就教练的目标达成协议。教练在给出具体的辅导方案前，要尽量多地了解相关信息。在此基础上，教练再给出一个适合本次教练的最佳解决方案。

在教练与团队负责人或出资方交谈后，或者观察了团队的运作后，如果教练发现团队成员之间的信任度很低，可以建议不要急于开始团队教练。如果团队成员保守封闭、不愿分享信息，最好选择在其他时间开始教练。如下图所示，可在团队发展连续周期的另一时点开始辅导。

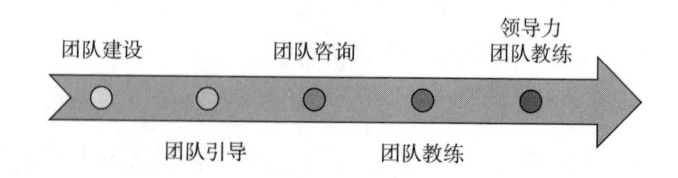

注：改编自彼得·霍金斯，2014年。

上图反映了一个团队发展的连续周期。并非所有团队都准备好了接受教练或需要团队教练。这就要求教练必须深入了解每一种干预措施，并且具有诊断的技能和能力，能及时准确地判断团队所处的发展阶段，以便选择最适当的教练干预措施，帮助团队实现预期目标。下表深入描述了团队发展连续周期中每一阶段的关注重点。

干预方法	聚焦
团队建设	在团队发展初期阶段，用于帮助团队的任何方法（帮助团队融合，提高团队凝聚力）
团队引导	帮助团队管理过程，把团队从过程中解放出来，集中精力专注于任务的完成
团队咨询	团队顾问针对团队执行任务时的表现（进行得"怎么样"）提供反思与建议；团队顾问就"已知问题"提出咨询意见，并提供建议及解决方案
团队教练	通过对话分析团队绩效与流程，帮助团队进行反思。教练的任务是幕后引导
领导力团队教练	通过教练和系统性思考，帮助团队领导者理解作为个人及团队领导者的影响力，重点关注他们带领团队工作时的影响力及所在团队对公司的影响力

如果出资方同意教练的总体方法，教练还应对其他主要利益相关者进行访谈，进一步了解团队运作水平。另外，教练对一些信息的掌握也很重要，包括了解团队成员对团队目标和工作流程理解的清晰程度以及团队成员对团队成功的承诺度，也包括了解团队成员的工作能力和工作态度。其他应收集的信息包括团队协调、沟通的方法和流程：团队成员是否协调彼此的行动？他们是否定期进行有效沟通？

另一个需要教练考虑的问题是团队氛围，或团队成员对整个团队和其他成员的态度，如：团队成员是否彼此尊重？冲突程度如何？冲突性质是什么？是什么阻止了团队成员完成关键任务或活动时的团队协作？团队内部的压力水平如何？压力是由什么造成的？团队开会时，团队成员有哪些情绪流露出来？

在制订详细的团队教练计划时，教练要让团队思考的一个关键问题是：这个团队有没有存在的必要；也就是说，团队有没有共同的目标，有没有团队领导？另一个关键问题是，是否需要对个别团队成员进行教练，或者是否所有的教练都可以在团队这个集体中进行？教练要考虑的最后一个问题是：由谁来进行执行辅导？是教练本人呢，还是有机会让团队成员互相进行教练？这些都是教练制订教练计划时要考虑的关键问题。有时，一些信息要等到教练开始后才会搞清楚。

有些团队教练项目即使没有主管领导或出资方高管过多参与到教练过程中，也可以顺利进行。如果团队领导或出资方高管的领导能力不足，则应把对他们个人的领导力教练也纳入计划，以确保团队教练项目的成功。

展开团队教练

如果团队领导或出资方高管要参加团队教练过程，则应事先讨论和商定他们在其中的角色和行为准则。为了确保团队成员之间在教练过程中高度信任，团队事务应保持公开透明，以便团队成员处理团队问题时心中有数。

教练在进行第一次团队教练时，要观察团队的动态；同时，在任何时候，教练都要担当好教练角色。有时，在第一次团队教练之前，教练有必要旁听团队会议，从旁观察团队成员的肢体语言、参与程度、沟通质量以及谈话的内容。如果对这些内容不熟悉，有很多关于团队动力和团队流程的参考资料，可以帮助教练更有效地进行团队教练。在团队会议中，建议教练重点关注下列内容，保证团队教练的顺利进行。在本章后半部分的案例研究中，我们将对这部分内容做详细介绍。

- 交谈时缺乏眼神交流；
- 明显很紧张；
- 立即反对彼此；

- 采取防御模式；
- 隐瞒信息；
- 缺乏友情：会议开始前或会议举行期间成员间不闲聊。

团队发展阶段

教练基于在团队会议和团队教练期间观察到的行为，可以分析判断出团队当前所处的发展阶段。1965 年，心理学家布鲁斯·塔克曼提出了一个团队发展模型。他认为，团队在从成长走向成熟的过程中，要经历五个阶段（Tuckman,1965）。下面对每个阶段的情况做简要说明，以帮助教练确定进行干预的最佳时机。

形成阶段

在一个团队刚开始组建时，成员之间需要互相认识，并了解各自在团队中的角色。成员需要搞清楚自己在团队中的职责和工作任务。在这一阶段，团队要制订基本规则，讨论团队的工作任务。

教练在这一阶段要进行开放式提问。团队成员要努力明确团队的目标和自己的责任。通过提问，团队成员将彼此认识，并了解各自的角色以及他们能为团队做什么贡献。团队领导及团队运营体系也需要经受考验。有时，团队成员对某个部门会有偏见，这种情况下就会对来自这个部门的成员带有偏见。所以，教练了解团队成员所代表的不同职能或部门之间的冲突或敌意，对做好团队教练是有帮助的。

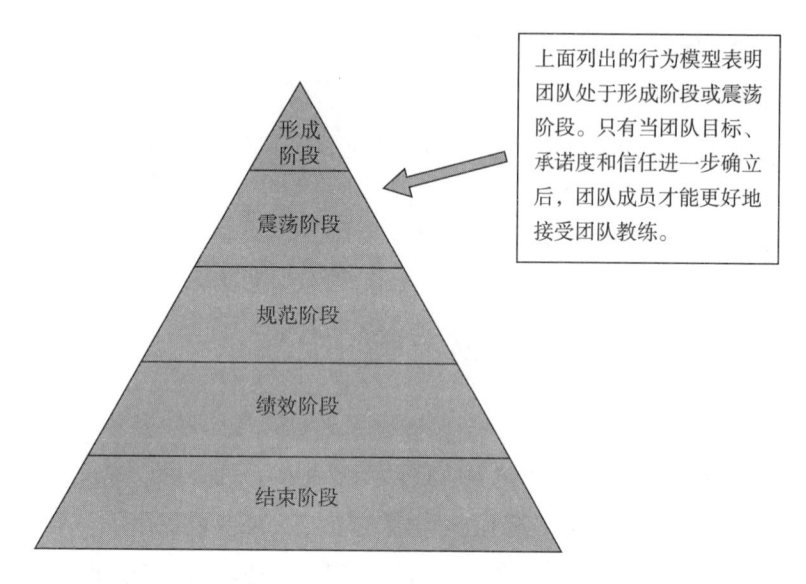

```
         形成
         阶段
        ─────
        震荡阶段
       ─────────
        规范阶段
      ─────────────
        绩效阶段
    ─────────────────
        结束阶段
```

> 上面列出的行为模型表明团队处于形成阶段或震荡阶段。只有当团队目标、承诺度和信任进一步确立后，团队成员才能更好地接受团队教练。

布鲁斯·塔克曼模型（1965）

震荡阶段

团队或团体组建后，便需要开始做决策，这时团队成员的不同个性就开始显现了。有时，团队成员会相互抵触，甚至成员之间会出现权力斗争。在这一阶段，团队内形成小团体和派系也很常见。如果不同性格和不同习性的人都保持各自的特点，那么，团队成员难免会感到沮丧和烦恼。这时，团队成员之间必须互相妥协，否则，团队发展就会受到阻碍。

规范阶段

这一阶段，团队内部在角色、责任和努力方向等方面逐步达成共识。团队成员之间可以团结奋斗，完成团队任务。

只有当团队内部分歧已经解决，团队达成共识，形成相互尊重的氛围，领导核心已出现时，团队规范才算完成。这一阶段必须有团队领导发挥作用。

绩效阶段

在此阶段，团队已经解决了内部分歧，明晰了角色定位和职责划分，明确了共同目标。团队已具备战略意识和执行任务的能力。

只有当团队成员解决了分歧、达成共识后，团队才能努力实现共同目标。这一阶段，几乎不需要团队领导的指导。

结束阶段

这个阶段适用于有时效性的项目团队，一旦团队圆满完成了任务并实现了目标，就可以解散团队（Tuckman，1965）。

如果一个团队正处在形成阶段或震荡阶段，那么，这个团队此时还不宜进行团队教练，而应首先做团队建设。

当一个团队需要帮助时，团队应该马上求助于团队教练。但是，团队教练也会有副作用或者无法帮助团队实现预期目标，这个时候，多是因为团队本身运作水平比较低（例如团队成员能力不够、态度有问题或者对团队流程不够熟悉等）。团队出现下列情况时，说明它还没有做好接受团队教练的准备：

- 团队处于发展的早期阶段（形成阶段或震荡阶段）；
- 成员之间缺乏信任；
- 成员的角色和职责划分不清；
- 团队成员不清楚团队的方向和目标。

要帮助一个团队了解团队运作的基本情况，最好是通过团队建设和团队引导的方式来实现。在某些情况下，应该先使用这些方法，待团队发展成熟后，再引入团队教练，效果会更好。当一个团队解决了几个关键问题后出现以下迹象时，表明这个团队已经准备好，可以接受团队教练了。

- 明确了团队成员的角色以及成员之间的关系；

- 团队成员有相同的大目标和阶段性目标；
- 团队结构清晰；
- 团队目标清晰且已就团队目标达成共识；
- 团队成员一致认为个人表现与团队绩效息息相关；
- 明确了团队领导者和其他关键利益相关者；
- 团队已形成开放的氛围，成员们愿意学习成长，不断完善流程，提升绩效。

一般来说，只有教练与团队成员有机会交流并对团队运行水平进行评估后，才能确定团队处于哪个发展阶段或判断团队运行得如何。教练需要观察团队成员之间的互动，并提出一些诊断性问题，之后才能提供最终的团队教练计划。明确以下问题，有助于教练确定团队所处的发展阶段。

- 团队成员是否有共同的价值观？该价值观与组织的价值观是否一致？
- 团队成员是否明确各自的角色和责任？
- 团队成员之间是否坦诚沟通？
- 团队如何描述其执行能力？
- 团队成员如何判断团队的运行水平？

在与团队合作时，使用上面列出的问题进行团队评估，将有助于教练确定适合团队的教练方法。

循证团队教练能力

我们认为，教练熟悉自己的教练领域的专业知识非常重要。因此，教练必须不断学习积累相关专业知识，而不是临时抱佛脚。工欲善其事，必先利其器。

强有力的工具包将有助于教练提升教练的有效性。

除此之外，有些准备做团队教练的教练通常会误以为，他们做一对一教练的经验和技能可以很容易地移植到团队教练中。其实不然，虽然一对一教练经验有助于他们做团队教练，但团队教练必须具备的专项技能是这些经验无法替代的。

以下是范戴克博士通过研究总结出的团队教练和团体教练必备的三项主要技能。

技能一

教练的自我觉察能力

教练经常会把个人生活经历带入每个教练项目中，而他自己往往意识不到这一点。其中，有些经历来自你出生的家庭——你的"第一个团队"，这些早期经历在很大程度上决定了你是谁以及你如何对待周围的人。无论你的家庭是滋养型还是缺乏支持型的，你的早期家庭经历都会影响你作为一个团队教练的表现。所以，应该花时间去认真思考你从家人那里学到了什么，并思考你学到的东西是如何帮助你或者阻碍你成为一名团队教练的。这样的反思很有意义。

思考家庭对一个人的影响将有助于教练在不同方面提升自我觉察能力。认真思考以下问题将有助于教练进行反思：

沟通——你家的沟通模式是什么？家庭成员之间的交流是开放和自由的，还是压抑和隐蔽的？

- 你是怎么学会沟通交流的？
- 作为一名教练，为了提升沟通效果，你需要学习哪些沟通模式，摒弃哪些沟通模式？

冲突——当不止一个人在场时，冲突就有可能发生。因为每个人的想法不同，所以经常会有不同的意见。冲突是自然的、必要的、中性的，甚至在某些情况下，为了成长和发展的需要，冲突是必要的。

- 你的家庭是如何处理冲突的？你的家庭是包容接纳、回避，还是扭曲事实？
- 作为一名教练，如果事态紧急、人们的意见出现分歧时，你有什么感受？

凝聚力——凝聚力在辞典中的定义为将人或事物团结或结合在一起的力量。家庭凝聚力有时是根据家庭成员之间的亲密程度来衡量的。有些家庭似乎天生就很和睦，有些家庭则需要做出些努力。

- 你知道生活在一个和睦的家庭里是什么感觉吗？家人间的亲密程度对你的家庭重要吗？
- 作为一名教练，如果一个团队缺乏凝聚力，成员之间比较冷漠，你能发现吗？如果发现了，你有办法帮助团队提升凝聚力吗？

担当——西方有一句谚语"艰难之路，唯勇者行"，中国也有类似的说法，如"沧海横流，方显英雄本色"。只有高绩效团队才能完成艰巨的任务。历史上有很多故事，讲的就是勇于担当的团队知难而进，最后创造了奇迹。

- 遇到困难时，你的家庭如何应对？大家是各顾各，还是齐心协力，撸起袖子加油干？
- 作为一名教练，在团队面临危机时，你将如何帮助团队齐心协力、迎难而上？

在这个数字爆炸、奉行多重任务的时代，教练必须养成与时俱进的习惯。我们专注于被教练者，但稍不留神就会感觉麻木、迷失自我。休息一下，静下心来，花时间让自己独处一会儿，去体会和反思一下自己的感受：我在做什么？为什么做？

我该如何做？这些都是提升教练自我觉察能力的必修课。

下面是我的一些习惯性做法，建议那些我辅导和督导的人也这样做：

- 每天至少独自坐下来"内省"一次，哪怕只有五分钟，体会一下自己的感受。
- 花一些时间做冥想、祷告或积极阅读。
- 有机会就做一下人格测评；不要因为自己已经做过 MBTI 测评了，就故步自封。尝试一下其他测评工具，也许可以让自己获得新的启发，用新的视角去看待他人。
- 真诚对待自己。我们习惯回避冲突或拖延一次重要的谈话，因为这样做太容易了。但是，请不要这么做，因为人生太短暂了。如果有重要的事情，立刻去做，以免后悔。
- 切忌浮躁，深入思考。即使身处浮躁的红尘世界，也要活出深度。花点时间隔绝身边一切干扰，静下心来，领悟现象背后的本质。

保持与时俱进可以让你与周围的人更合拍，并能提升你的应变能力。团队教练的一项关键技能是善于察言观色，能听出话外之音。经常练习自我反思、自我觉察，在与他人互动时，可以让你对周围发生的情况更加敏锐地做出反应。

技 能 二

教练的社会觉察能力

这种能力是指教练能为被教练者创建一个令对方感觉心理安全的环境的能力。为了培养学员们的这种能力，我们发现了一些很有效的方法。我们会邀请学习团队教练的学员们分享他们上次是如何营造一场聚会或社交活动的氛围的，如何做才能让参加的嘉宾感到舒服，哪些做法得体适宜，有哪些禁忌，如何营造想要的那种氛围。另一种方法是请他们回想自己参加过的令人扫兴的聚会或社交活动。这两种方法同样有用。

这些做法和行为同样适用于团队教练和团体教练项目。

以下是营造团队安全感的一些小窍门：

- 做真实的自己，不要装。你的轻松自在会感染别人。
- 守时守信，说到做到。
- 排除干扰。
- 注意观察周围的环境，排除可能的安全隐患，如场地空间、座位、后勤服务、隔音等方面可能存在的安全隐患。
- 营造一个开放的情感空间。言谈举止中不带主观臆断。
- 保持沟通公开透明，开诚布公，建立信任。
- 及时有效地解答问题，消除顾虑。
- 保持开放与诚实。

技 能 三

把握团队动态的能力

团队动力学的主要研究对象是团队成员之间的互动关系，这些互动包括但不限于沟通模式、言语和非言语行为以及做决策的模式。从20世纪40年代起，社会心理学家库尔特·勒温便开始研究团体动力，他的研究对我们理解团体动力学做出了很大贡献。他指出，人在团队中的行为往往与其独自工作时的行为不同。他的研究成果很吸引人，他的研究也涵盖了对团体流程的研究。

当教练为两人以上的团体提供教练时，教练必须对团队动态有深入的理解。教练理解团体细微差别的能力将有利于教练促进团体的发展。

在研究中，我还发现其他一些能力对于团体教练取得成功也很重要，包括善于协调的能力、亲和力、引导能力以及使用团队沟通媒介（如提供在线教练）的能力。

案例：重塑企业文化——欧洲医疗器械公司在中国

本案例由在中国生活工作20多年的资深领导力教练陈宝权分享。

概　述

吴先生（化名）是一家欧洲制造公司的亚太区首席执行官，他最初找我是想改善公司的学习文化，他认为公司文化是公司实现可持续发展的关键。此前，他已尝试了各种方法改善公司文化，包括向他的直线下属提供一对一领导力辅导，以及激发员工的学习兴趣和自主性。但令他无法理解的是，没有人体谅他的良苦用心和辛勤付出。

吴先生向教练介绍了公司的背景和团队骨干成员的情况，并提出了教练的期望目标。沟通后，我们一致认为，要变革公司文化，至少需要一年时间。首先要通过领导力教练开发管理团队成员的潜力，接下来再使用团队引导方式让团队成员理解公司的愿景和目标，然后利用团队教练进一步提高团队的效能。这样设计的原因是领导力教练和团队教练是创新型的人才发展方法，可以有效解决个人学习需求方面的问题。

流　程

第一阶段：对管理团队成员的领导力教练

首先，首席执行官和管理团队成员都被分配了一名教练，教练会在六至九个月的时间里，帮助他们解决个人发展的问题。为了保证教练的私密性并为被教练者提供必要的心理安全空间，首席执行官不要求教练提供团队教练的过程报告。中国公司往往很难做到这一点，它们会认为企业出资发展员工，就应该有权了解一切细节，包括了解员工的辅导过程、掌握员工的发展动态。这在文化上是可以被接受的。但是，如果企业这样做，会导致被教练者因为感觉不安全而不愿在辅导中表达自己的真实想法。

第二阶段：为文化变革项目设立目标

四个月内，我们组织了几次战略规划研讨会，协助管理团队制订未来五年的愿景和开展业务的关键举措。这个阶段的主要成果是促使管理团队在重塑企业文化方面达成了共识，包括建立学习型企业文化，帮助团队打造高绩效领导团队。在规划这一阶段的教练内容时，我使用了范戴克博士在本章前面提到的许多原则。

诊断组织现有文化

中国是一个拥有56个民族的大国，各民族在文化甚至语言方面差异很大。案例中的这家大公司的员工来自全国不同地区，有着不同的民族和信仰。

企业领导者面临的一个共同挑战是统一团队成员的思想和价值观。负责任的领导会花时间向下属展示、澄清公司的愿景和方向，并确保员工都能理解。但是，在当今快节奏的工作环境及市场环境下，多数领导无暇顾及这个问题。

要想成功重塑企业文化，团队教练或教练式团队领导者必须注重文化氛围的培养，提高对社交情绪的觉察，并注重人际关系管理。团队领导者掌握这些技能非常重要。只有掌握了这些技能，他们才能快速消除员工对公司目标的误解，便于团队达成共识，有效增强团队执行力。

我在做团队教练时，会特别留意自己和他人在信仰和价值观方面的差异，以及有着不同的信仰和价值观的人如何互动以迅速达成共识。我注意到管理团队成员对于公司愿景和价值观的理解和认同存在较大差异，有些成员甚至反对公司现有的政策和做法。这些信息对于制订教练方案十分重要。

第三阶段：启动团队教练

与管理团队就创建企业文化、打造高绩效团队这个目标达成一致后，我们组建了一个核心项目小组。该小组由企业管理层员工和一些精心挑选的中层管理者组成，负责管理和实施团队教练项目。

最初的团队教练会议由我作为团队教练来推动，目的是为创建学习型企业文化树立行为模型。我使用的方法不仅是要按照项目流程推进项目，更重要的是，在企业内，打造一个热爱学习、相互尊重、合作共赢的企业文化氛围，激发团队成员共创未来，支持企业的可持续发展。

随着项目的推进，我扮演了观察员的角色，只在必要时介入。通常，在多数中国企业中，员工一开始不愿意显露自己的才华和能力，在公开场合更是如此。教练创建的学习型文化氛围以循序渐进的方式为大家所喜，以此推动企业文化的转变，同时确保团队成员透彻地理解团队辅导过程。

团队教练在中国刚刚兴起，大部分人还没有领会到它的价值。另外，业务领导者有快速交付成果的压力，因此，他们会更多地关注业务的发展，而不是人才的发展。这使得团队发展并非公司的当务之急。为确保公司的团队教练项目取得最大收益，教练必须理解和满足出资方和团队成员的目标和需求。同时，教练要在观察和调研的基础上，对项目目标和各方需求进行综合平衡和优先级排序，从而形成教练方案。因此，掌握团队动态（包括权力互动模式）十分重要。在中国，人们一般不习惯直接表达自己的想法，但是，那些没有明说的言外之意往往影响巨大、不容忽视。如果忽视了这些言外之意，教练将无法理解团队潜在的问题，也不能促进团队的进一步发展。

主要成果

在这个案例中，教练综合运用了领导力教练、会议引导和团队教练相结合的方式，帮助管理团队成员提升了个人领导力，帮助团队成员更好地理解和整合了公司和团队的愿景，并形成了共同的行为规范。

文化重塑倡议成功地在全公司范围内启动，其成果得到了制度体系的支持，不断被强化巩固。随着企业文化被重塑，管理层提出了新的行为准则，并在整个公司内进行推广。公司内部员工开始自觉开展公司文化强化活动。这主要归功于管理层领导和核心项目小组其他成员的参与，他们学以致用、身体力行，并且担当着文化变革推动者和倡导者的角色。这也表明团队教练在整个过程中发挥了重要作用。

另外，在本案例中，公司运营总监的态度也发生了重大改变。他感觉这个项目让他受益匪浅，他对教练式企业领导者如何通过提升领导力帮助公司取得更高的业绩有了新的认识。他过去不清楚公司的发展方向和自己的职责，甚至怀疑公司的政策，并经常与上级争论。如今，在管理会议中，他很容易与上级达成一致，并能从公司的角度看问题，也愿意与他人协作。他现在工作得更加高效了。与生产团队合作时，他较少下命令直接指挥，而是给对方更多空间让他们尝试新想法，找出问题的根源。我认为，这种改变在一对一教练项目中很难发生。因为在进行一对一教练时，可能公司还没有在公司层面就企业文化变革达成共识，其他人很难从公司的宏观角度看待问题，获得亲身体验，所以，通过一对一教练项目推动企业文化变革很难实现。而在团队教练中，有更多人共同参与、共同创造对变革的体验，为有效解决团队的问题铺平了道路。

团队教练有助于公司更好地应对企业文化变革中遇到的挑战，团队教练的效果也是令人满意的。我相信，只要教练和企业领导者精诚合作，灵活使用本章介绍的团队教练的要领，就一定能创造更多中国团队教练的成功案例。

第 11 章
教练在中国教育和职业规划中的应用

龚渊

未来属于那些能给下一代带来希望的人。
——法国古生物学家、中国旧石器时代考古学开拓者及奠基人之一德日进

摘 要

上一章我们阐述了利用团队教练提高中国团队绩效的方法。这一章将由龚渊女士介绍教练在中国教育和职业规划中的应用。在中国，学生选择主修专业时，主要基于专业能力，并没有考虑兴趣，但往往兴趣才是激励学生学习的动力。虽然老师和家长的初衷是好的，他们往往倾向于为学生选择他们认为好的专业，但学生可能并没有动力一生从事他们所选的职业。只有老师和家长综合考虑了学生的能力、兴趣和个性后，才能更好地引导学生选择最适合学生自己的职业发展方向。在此基础之上制订和实施的教学计划，才能为学生的职业生涯做好充分准备。研究表明，学生在选择教育路径时，如果是基于职业动力选择的，并综合考虑了自身的能力和个性，那么他们的专业成绩更好，辍学风险更低，也更容易按时毕业。例如，一个学生酷爱音乐，一心想成为摇滚音乐家，但其在声乐和器乐方面禀赋平平。尽管如此，只要教练方法得当，仍然可以培养他从事与音乐相关的职业。比如，开发他的管理才能，把他培养成杰出的音乐经纪人或音乐制作人。在这方面，教练行业大有用武之地，可有效帮助学生开创美好未来。

引 言

职业发展贯穿人的一生,从童年时期开始,到青少年时期日渐清晰。成年人考虑职业发展时,更务实,也更现实(Porfeli, Lee, Hynes, & Hirsch, 2012)。职业规划是指帮助个人做出教育和职业选择的活动(OECD & EC, 2004)。在全球化背景下,遗传学、人工智能、数字技术、机器人、纳米科技、3D打印、生物技术、智能系统、电网等科学技术突飞猛进,标志着第四次工业革命时代的到来,也正在深刻地改变着社会和工作方式(World Economic Forum, 2016)。当今社会信息爆炸,社交焦虑升级,变化无处不在,一个人如何才能立于不败之地?只有靠永无止境地学习。职场人士需要重新思考职业发展和职业规划,将重点从寻找和选择工作转移到发展技能,提高灵活性与创新能力上(Gillmore, 2018)。

职业选择受多种因素影响,包括个性、兴趣、自我认知、文化认同、全球化、社交能力、榜样、社会和家庭的支持、信息和财务等可用资源(Kerka, 2000)。班杜拉、巴巴拉内利、卡普拉拉和帕斯托雷利(Bandura, Barbaranelli, Caprara, & Pastorelli, 2001)指出,个人的职业生涯受生活环境、个人能力、社会交往和教育程度等多种因素影响。最重要的是,自我效能认知是选择理想的工作和生活方式的关键决定因素。然而,在影响年轻人职业选择的所有因素中,父母的影响至关重要,但人们往往对此视而不见。

2010年,随着《2010—2020年国家教育改革和发展中长期规划纲要》的发布(Huang & Wang, 2014),中国教育部决定在高中开设职业规划指导课程。此后,一些试点中学分别从教师和学生的角度,开展了各种项目试点,做了大量工作,例如:为教师提供培训和教练,帮助教师转变观念、提升能力;为学生开设职业通识课程。虽然中国家长对学生的职业选择有重要影响,但是这些新政策、新尝试都忽视了父母的作用,以及学生与家长、家长与老师之间的联系(Zhou, Li, & Gao, 2016)。

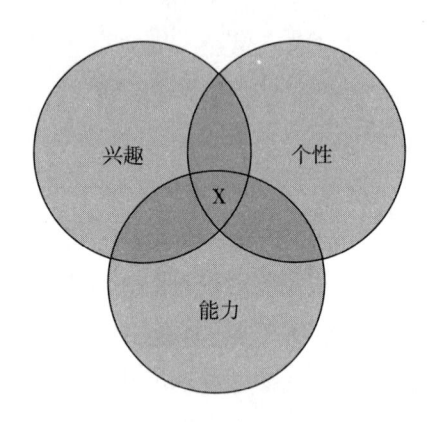

图 11-1　兴趣、能力和个性交叉的职业偏好模型

许多中国家庭向孩子灌输这样的价值观：教育是提升个人社会地位的主要途径，是改变人生命运的关键环节（Shek，2007）。西方人认为个人成功与否取决于个人的能力水平，而中国教育体系更注重考试分数，因此，中国父母对孩子的学习成绩期望很高。中国父母通常在孩子上大学后或临近大学毕业前，才开始关注孩子的职业发展问题。在儒家传统文化影响下，学生在选择教育和职业时，往往会听父母的意见（Leung, Hou, Gati, & Li, 2011）。我们注意到，在职业教育和职业规划方面，中国学生在高中阶段普遍缺乏家长的支持。即使有些学生能获得支持，支持的质量也不高。因此，我们计划在中国教育界推广应用教练技术。

职业规划指导和职业发展理论

职业发展理论和实践已经从数量导向、特质因素方法和工作匹配模型转向质量导向、社会建构方法和发展模型（Arulmani, Bakshi, Leong, & Watts, 2014）。职业规划指导和咨询始于20世纪初，是工业化发展的产物（Keller & Viteles, 1937；Watts, 1996）。进入21世纪后，职业规划指导和咨询理论模型与实证检验方法仍在发展演变。职业发展理论随着工作情境的变化而演变，从个人到系统，从内容到流程，以及内容和流程的组合（Arulmani et al., 2014; Patton & McMahon, 2014）。20 世纪的职业发展理论和实践大多以西方为基础。进入 21 世纪后，工作环境充满变化，原来那些旧的理论已不足以应对全球化和颠覆性技术给职业发展带来的挑战。

过去 100 多年的历史中，美国及其他国家在研究中提出了五种主要职业发展理论，它们可被用于指导职业规划和职业咨询实践（Leung, 2008）。这五种理论分别是：工作适应理论；霍兰德工作环境下的职业人格理论；萨柏和萨维卡斯提出的职业发展自我概念理论；戈特弗雷德松的界限和妥协理论；社会认知职业理论。

工作适应理论和霍兰德工作环境下的职业人格理论主要注重工作匹配和环境适应。萨柏（Super, 1980, 1990）提出的基于生命周期、生命空间的职业发展理论和发展模型，受到全世界的广泛关注。自我概念理论也受到了广泛的关注，并在世界各地的不同文化环境中得到了验证。戈特弗雷德松的理论是近年来提出的，是研究内容和流程的理论（Leung, 2008; Patton & McMahon, 2014）。这五大理论中，基于发展模型和建构方法的三种理论已被广泛应用于职业规划指导。

职业发展的自我概念理论

自 1950 年以来，唐纳德·萨柏测试、改进和发展了生命周期、生命空间方法。根据萨柏的研究，自我概念是由身体和心理成长、个人经历、环境特征和刺激等多种因素相互作用而形成的。职业模型，也称为职业生涯彩虹图，其基本理念是：自我概念会随着时间而改变，并随着经验而发展。萨柏等人（Super et al., 1992）在伊莱·金斯伯格研究的基础上，将生活和职业发展阶段从三个扩展到五个，即成长、探索、建立、维持和衰退。

但是，萨柏等人忽略了一个事实，即人的职业可能并非按阶段顺序逐一发展。萨维卡斯（Savickas，2002）开发了一种研究和理解职业的新方法，首先关注发展流程，然后关注内容。他最初在唐纳德·萨柏的指导下工作。在萨维卡斯的成果中可以清晰地看到萨柏的影响。职业成熟度的概念被广泛用于描述人的职业发展程度。萨维卡斯用"生命设计"这个术语来描述个人的职业生涯发展过程（Savickas，2005）。他用发展的眼光看待职业发展，特别关注自我概念，即一个人如何认识自己，有没有自知之明。他认为自我概念是一个人发展的基础。

萨维卡斯和他的合作者们（Nota & Rossier, 2015; Savickas, 2012; Savickas et al., 2009）从历史角度阐明了生命设计概念，提出了职业规划理论和对职业规划进行干预的三个基石：个体差异或特征、职业发展或任务，以及生命—职业设计或主题。职业发展咨询的核心目标是从选择职业或规划职业路径转变为倡导对个人和社会都很重要的工作生命（Fan & Leong, 2016）。

萨柏、奥斯本、沃尔什、布朗、奈尔斯（Super, Osborne, Walsh, Brown, & Niles, 1992）确定了评估职业发展的五个方面：职业规划、职业探索、决策、职场信息和合意的职业群体知识。从青少年期开始，随着年龄和认知水平的增长，个体对这些知识的了解也逐步增加。萨维卡斯（1997）提出职业适应性的概念，用它取代了职业成熟度。因为职业适应性概念整合了萨柏的生命周期、生命空间理论的四个部分：个体差异、发展、自我和背景。适应性可以用发展维度来表述。最近，针对职业适应性概念中的三个主要维度，即职业规划、职业探索和职业决策的研究更加深入了（Creed, Fallon, & Hood, 2009; Hirschi, 2009; Johnston, 2018; Koen, Klehe, & Van Vianen, 2012）。马里（Maree, 2017）提到，因为在实证研究中获得的结果差异较大，说明基于生物学的职业成熟度概念有局限性，因此，它被职业适应性概念取代。职业适应性概念对于职业规划指导具有实用价值。人们可以通过使用职业适应能力量表、职业适应能力调查表、学生职业规划量表和职业前景量表等测评工具来发现个人能力差距，然后就可以对个人进行针对性职业规划干预（Johnston, 2018）。

戈特弗雷德松的界限和妥协理论

在职业理论发展过程中，认知成长和发展被广泛研究。戈特弗雷德松（Gottfredson，1981，1996）认为职业选择是一个需要高水平认知能力的过程。在该理论的最近修订版中，戈特弗雷德松（2002，2005）详细阐述了基因构成与环境之间的动态互动关系。遗传特征对人的基本特征（如兴趣、技能和价值观）的形成起着至关重要的作用，而这些特征的表现受到人所处环境的影响。

尽管基因构成和环境对人基本特征的形成至关重要，但戈特弗雷德松坚持认为人具有主观能动性，可以影响环境。因此，职业发展是一个自我创造过程，在这个过程中，每个人都在自己的文化环境界限内寻找表达遗传个性的路径或机会（Leung，2008）。戈特弗雷德松提出了四个界限阶段，其中第四阶段指14岁及以上的人的内在的、独特的自我定向。十三四岁的青少年会形成两种与职业发展相关的认知能力：自我概念和职业概念（Gottfredson，2005）。在青少年时期，人的个性、兴趣、技能、价值观等自我概念逐渐凸显。在现实世界中，为了实现自己选择的目标，人必须做出妥协，对外适应环境，对内调整个人偏好。尽管戈特弗雷德松的理论在许多方面不可验证，但作为一种理论，它确实可以很好地指导职业发展规划，特别是在学校（Leung，2008）。

社会认知职业理论

社会认知职业理论原则已被广泛用于指导职业发展实践。班杜拉等人（Bandura et al.，2001）认为，职业生命进程是由个人在发展成形期所做出的各种选择所决定的。该理论基于班杜拉的自我效能理论。自我效能是指一个人对其实现目标能力的认知（Bandura，1986）对动机的认知调节起着关键的作用。自我效能感是职业选择和发展的关键因素（Bandura et al.，2001）。该理论提供了三个相互关联的分段过程模型，有三个核心变量：自我效能、结果期望和个人目标（Leung，2008）。三个分段过程包括学术和职业兴趣发展，教育和职业选择，以及教育和职业效果与稳定性。社会认知理论强调自我效能在个人选择和行为中的重要性。职业自我效能受个体差异和环境因素的影响，例如家庭背景和学习经历（Lent，Brown，& Hackett，2000）。

年轻人在参加活动时，如果感到效能很高，并且获得了可预测的积极成果，他们就会对该类活动产生兴趣。随着自我效能感和期望成果互相强化，兴趣就会转变成个人目标。这种交织互动关系有助于形成稳定的模式。班杜拉等人指出，家庭的社会经济地位会影响父母的效能认知和学业抱负，进而影响孩子的效能认知、学业抱负和职业成就。孩子的效能认知和学业取向决定了他们对不同类型职业的效能认知，进而决定了他们乐意从事的职业和主动回避的职业。

根据社会认知职业理论，战略性职业规划干预会对年轻人产生积极影响，可为他们培养职业兴趣、选择职业和提高绩效提供全方位理论指导（Leung，2008）。这一点已在世界上许多文化背景下得到研究证实，例如诺塔、法拉利、索尔伯格和索来西（Nota，Ferrari，Solberg，& Soresi，2007）利用这个理论研究了意大利青年在学习大学预科课程时的职业发展规划。该研究的大量结论与社会认知职业理论中的职业选择模型一致；最重要的是，该研究揭示了家庭支持对职业决策和效能的关键作用。

上述理论为职业规划指导和职业发展提供了基本概念。匹配理论不能用于指导个人职业发展。在21世纪的职场，生命周期内的自我概念模型和社会认知模型能更有效地支持职业规划指导。不断变化的全球社会环境需要一项重要的技能发展策略：终身学习（Herr，2008）。从职业发展到职业管理的概念转变，从理论上反映了新兴社会重新设置职业形态的需要。学习周期取代了分阶段发展期，这促使人们积极规划、终身学习，从而构建美好的未来（Savickas，2008）。

教育领域的职业规划指导

长期以来，职业发展理论和职业规划指导实践已被应用到教育领域，在许多国家的不同文化背景下得到了验证。吉斯波斯（Gysbers，2008）指出，尽管各国在概念和说法上存在差异，职业指导条款的相似性却越来越强。1991—2010年，在教育领域推行职业规划指导的力度在不断加大，其目的与生命周期职业发展规划一致，都是通过整合个人一生中的角色、环境和事件，在整个生命周期中实现自我发展（Gysbers，2008）。

在全球化时代，日益激烈的国际经济竞争和超高速信息流使教育、劳动力市场和个人职业生涯发生了重大变化（Van Esbroek，2008）。个人职业路径越来越复杂和碎片化，人们在不断换新工作，其中有些是人们自己创造的就业机会。根据美国劳工统计局（Bureau of Labor Statistics，2016）的数据，未来十年的就业增长预计将超过过去十年的增长，到2026年将产生1 150万个新就业岗位。另据估计，将来至少有65%的小学生可能从事目前尚不存在的工作（Economic Graph Group，2017）。因此，工作匹配理论在21世纪的全球职场中是行不通的。发展理论为教育领域的职业规划指导实践奠定了坚实的基础。

盖斯特（Guest，2000）认为，长期以来，所有职业问题都被视为整个教育过程的一个组成部分。莱莫斯（Reimers，2006）认为，教育工作者已达成共识，要通过教育来保证学生成为自己生活的建筑师。他进一步认为，如果孩子掌握了快速融入数字经济的适当技能，他们就可以成为成功的公民并实现远大理想。吉斯波斯（2008）认为在职业规划指导中，应该采用合乎逻辑的系统教学方式来帮助学生。学生需要获得的知识、需要发展的技能以及需要形成的态度，都是教育领域中职业规划指导的结果，这反映了许多国家的普遍观念，即职业指导旨在获得学业成果。

为高中生提供职业指导的重要性

萨柏(1990)指出,在探索阶段(15岁到24岁左右),青少年要理解、选择和实施职业发展规划。理解是一个认知过程,涉及对个人兴趣、技能和价值观的理解,并根据自己的理解设定职业目标。选择是做出试探性的和具体的职业选择,而实施则是通过培训和走上工作岗位实现职业选择。在这个阶段,学生一般借助课堂学习、工作经历、爱好来选择和培养技能(Super, 1992)。学生在大学里一切靠自己,而从高中阶段在教师指导下学习转向大学阶段自主学习,是一个巨大跨越。

在全球化、数字化的大环境下,对高中生的职业规划指导变得更加重要和紧迫。自我概念和技能发展是高中职业规划指导的重点。许多学者研究的课题是教会学生适应大学生活。但是,很少有学者从家庭角度研究如何帮助学生成为自己的首席执行官,培养他们自主设定目标、制订正确的学习策略、做出合理决策并监督自己的表现等的能力。

高中阶段的自我概念和技能发展

职业规划指导不仅仅是选择职业,而是一个自我探索和自我评估的过程(Nota & Rossier, 2015; Savickas, 2011; Savickas et al., 2009)。一般来说,学生会在青春期的后半段形成相对稳定的自我概念,并以此作为选择和调整职业的指南。在以后的发展阶段,一个人随着阅历增加不断反思,自我概念将继续发展变化(Savickas, 2008)。

对于个体而言,在高中阶段强调自我概念的培养很重要,同时更要强调培养做决策、设定目标和做规划的技能（Gysbers，2008）。在美国，关于在高中阶段做好读大学和选择职业做准备的话题已经被讨论了很多年。2010年，美国职业和技术教育协会、美国各州职业技术教育协会主席联合会和21世纪技能伙伴组织共同强调将职业和技术教育与21世纪所需的技能结合起来，融入整个教育系统，让更多学生走上成功之路（Hyslop，2011）。

由于职业发展是持续一生的过程，青少年早在实际参加工作之前就开始规划自己的职业生涯。涅格鲁-萨布特立卡和波普（Negru-Subtirica & Pop，2016）对1 151名青少年的职业适应性与学业成绩的相关性进行了研究，结果显示二者有一种互惠关系：如果学生有明确的未来目标，且已经投入了职业规划活动，在学校的成绩往往更好，反之亦然；学业成绩好会进一步促进学生对未来的职业持积极态度。

吉斯波斯（2008）强调，尤其在高中阶段，职业规划指导的目的是培养学生掌握做决策、设定目标和做规划的能力，为未来的职业做好准备。青少年做决策的能力是可以培养和提高的（Gati & Saka，2001）。因此，学校和家庭都应该采取适当的措施，帮助年轻人为工作做好准备。向高中生传授职业决策技能，已作为一种介入措施被成功实施（Jepsen, Dustin, & Miars，1982；Savickas，1997）。学校培养学生的职业意识和职业决策技能至关重要，尤其是在学生从高中到大学或职业教育的过渡期间（Lankard，1991）。开展职业指导活动，聘请高中职业辅导员，以职业发展理论为基础为学生提供综合项目，可全面提升学生的综合能力（Krass & Hughey，1999）。

父母的角色

家庭对青少年发展的影响已有大量研究。尽管学校、同龄人和生活环境对学生的自我认同和职业选择有一定程度的影响，但是研究发现，父母的期望是影响子女职业选择的关键因素。青少年的职业发展路径、决策方式和行为都与家庭有着千丝万缕的联系（Young, Ball, Wong, & Young, 2001）。在孩子成长过程中，孩子用什么方法进行生活筹划和认知社会，都会受到父母的影响，包括家庭形式、父母的态度和行为、文化和信仰以及生活方式。父母对子女教育的参与是决定子女社会情感和教育成果的关键因素（Wang, Deng, & Yang, 2016）。父母受教育程度、家庭人数、就业和社会经济情况（如父母收入）是影响学生职业目标的主要因素。学者们强调父母和孩子应该共同努力，做好年轻人的职业发展规划，以应对社会经济的不确定性（Young et al., 2001）。

首先，教育孩子的首要责任在父母；其次，学校和整个社会也要共同承担教育孩子的责任。学校通常会忽视父母对孩子教育及职业选择的重要性，但是，往往学生从父母那里学到的更多。因为父母与孩子生活在一起，他们了解孩子的兴趣、能力和个性，他们会对孩子如何做决策产生重要影响（Hoghughi et al., 2004）。尽管父母在这件事上具有独特而关键的影响，但是，人们并不清楚父母对孩子的职业选择的影响因素是什么。

人生和职业发展道路的选择涉及无数决定。虽然学校和老师可以为学生提供通用性的指导，但是也需要针对个体量身定制个性化职业规划指导。因此，如果家长有这方面的能力，就可以和孩子进行个性化沟通，与孩子共同制订孩子的职业规划，帮助孩子设定短期和长期目标。家长的支持有助于孩子选择、准备和发展技能，有利于孩子培养兴趣、确定优势并建立信心。正确的职业规划指导可以调动学生的积极性，有助于提升学生的学业成绩（Gysbers, 2008）。

班杜拉等人阐述了影响职业选择的多种因素，如社会经济地位、教育程度、财务状况和家庭支持。这些因素可以是内在的，也可以是外在的，或者两者兼而有之。但是，多数人会选择父母喜欢的职业；有些人会选择与所学专业相关的职业；有些人在选择自己热爱的职业时，不计较利害得失；还有一些人则选择能为自己带来高收入的职业。莫塞尔（Morsel, 2009）表示，如果父母明确表示对孩子的职业选择没有具体期望，那么，孩子通常会根据自己的喜好，对多种职业进行自由尝试。

佩里等人（Perry, Liu, & Pabian, 2010）认为，父母对孩子职业选择的指导有利于孩子增强职业信心并做好职业规划。那些认为自己能在职场和专业领域达到父母期望的青少年，在处理相关职业问题时，展示出强大的能力（Leung et al., 2011）。在集体主义文化中，青少年们也希望自己符合父母的期望，能得到父母的支持会让父母开心（Sawitri, Creed, & Zimmer-Gembeck, 2014）。

与职业相关的父母支持量表

萨维特里等人（Sawitri et al., 2014）强调，孩子对父母提供的职业支持的正面认知对达成期望的结果至关重要。与职业相关的父母支持量表（CRPSS）可以评估参与者对其父母提供的职业支持的认知（Turner, Alliman-Brissett, Lapan, Udipi, & Ergun, 2003）。CRPSS（Turner et al., 2003）经过翻译和修改，形成了24项中文版的量表。探索性因素分析和验证性因素分析结果表明，中文版CRPSS中的指标可合理衡量中国青少年对父母提供的职业支持的认知（Cheng & Yuen, 2012）。CRPSS包括辅助指导（IA）、情感支持（ES）、职业相关建模（CM）和口头鼓励（VE）四个分量表，共20道问题。

父母自己几乎不知道他们对孩子职业选择的影响有多大。年轻人选择职业时，通常会充分考虑父母的建议。父母对青少年职业道路的选择至关重要，尤其是从学校到就业的过渡期间。青少年对父母的支持的认知，对他们的能力、职业兴趣和职业选择有很大影响。父母应该明白自己的角色的重要性，并且应该学习如何提高孩子的自我效能感（Ginerra, Nota, & Ferrari, 2015）。从事一门职业是获得独立感、融入社会、平等参与社会生活的前提条件。青少年应该培养高效决策能力。圭拉、莫妮卡和坎宁安（Guerra, Modecki, & Cunningham, 2014）将有效决策能力定义为预见现实场景、关注相关线索、多角度思考能力以及在各种情境和背景下（包括压力或挑战性环境）做出有效选择的能力。在父母的正确引导下，通过自我探索、规划、行动及反思，青少年可以提高决策能力、发现自己的兴趣所在并制定职业目标。

职业规划指导在中国

在过去的几十年里,许多国家都在进行教育改革。中国一直在努力向西方世界学习青少年发展的最佳实践和先进理论,包括在教育领域提供职业规划指导。

职业规划指导的发展顺应了社会经济转型大潮。从计划经济到市场经济的转变,给中国的就业制度带来了戏剧性的变革。在此背景下,中国人的就业从过去完全由政府安排过渡到个人自主择业。在社会主义计划经济下,工作是由相关部门安排分配的。国有部门招收的所有人员都保证有终身制工作,父母退休后还可以由子女接替其工作,这就是所谓的"铁饭碗"(Zhang, Hu, & Pope, 2002)。有学者研究了中国职业规划指导的历史,指出中国职业规划指导从1917年开始起步,到20世纪50年代,职业教育和指导被重新定位,1990年进入扩张期,从1997年开始进入国际合作阶段。虽然历史悠久,但职业规划指导真正的发展只有近20年。随着新机会的增多和选择自由度的提高,职业规划指导变得越来越重要。中国职业规划指导的发展历程与西方国家有很多相似之处。

为什么中国需要职业规划指导

全球化和不断变化的劳动力市场需要个性化的职业规划指导。但是,中国的集体主义、人际关系、家族文化以及传统儒家思想,都对职业规划指导的发展有重要影响。中国人在遇到职业问题时大多会求助于朋友或家人,而不相信职业发展专业人士,而且中国缺乏训练有素的职业顾问。

几项研究表明，中国有 10%~30% 的青少年有情绪或行为问题（Liu，Tein，& Zhao，2004；Liu et al.，2000），而职业规划指导对青少年维持心理健康很重要。如果没有职业支持，学生可能会迷失方向或走弯路，无法适应 21 世纪全球职场的技能要求，这将阻碍他们追求美好生活和继续学习，对社会和社区也会产生负面影响。

中国社会目前有两种特殊现象：一是"啃老族"的存在。"啃老族"指的是与父母住在一起但在社会上没有做任何有意义的事情的青少年群体。中国老龄化研究中心（China Research Center on Aging，2010）发布的数据显示，65% 以上的中国城市家庭中，老一辈养小一辈；大约 30% 的成年人需要靠父母支付部分甚至全部生活费（Wang，2011）。"啃老族"可能没有工作或不愿工作，也没有上学或参加培训。他们普遍缺乏挣钱谋生的技能，大部分时间依赖父母。另一个更常见的社会现象是学生毕业后因各种原因找不到工作而失业（"High School Students"，2017）。这两个群体的共同特点是缺乏自信、决策能力弱、没有自我评价或自我规划能力。就特质评价而言，他们的自我意识、灵活性和适应性得分较低（"High School Students"，2017）。

为什么中国父母的角色很重要

一项关于中国高中和大学生职业规划状况的调查报告显示，53% 的学生表示父母是最重要的影响因素，39% 的学生认为教师的影响最重要（"High School Students"，2017）。该调查还发现，63.8% 的在读大学生在上大学前没有认真考虑过自己的职业选择问题，65.5% 的大学生想转专业，只有 13.9% 的学生表示对现在的专业感兴趣。

儒家思想对父母和子女的价值观和行为有重大影响。尼尔森等人（Nelson，Badger，& Wu，2004）列出了中国人的信仰，例如尊重长辈、顺从、服从权威、忍耐、学会承受自己的问题、勤奋工作、保住面子和避免尴尬。中国人重视谨慎而不愿冒险。服从、从众、合作是许多中国家庭的指导原则。深受集体文化熏陶的父母会教育孩子控制自己的情绪，不要以自我为中心，多为他人考虑，并恪守承诺（Nelson et al.，2004）。在这方面，中国学生的择校、行为和价值观在很大程度上受到家长的影响。

中国家长更注重结果，不是很重视学生的全面发展。子女教育是中国家庭的头等大事，现在的孩子和前几代人相比，受到的父母和祖父母的关心和照顾要多得多。塞尔曼等人（Zhao，Selman，& Haste，2015）发现，家长和学生承受的考试压力过大，中国教育体系培养出的学生高分、低能和健康不佳问题已成为一个严重的社会问题。在高考压力下，家长愿意投入更多精力和金钱择校补课来提高学生的考试分数。

中国传统注重学业成绩，父母和祖父母广泛参与，想方设法帮助孩子取得高分。家长认为，高分是考上一流大学的保证，而考上一流大学后找到好工作的概率就会提高（Zhao et al.，2015）。父母往往在他们认为最重要的科目上投入更多。东方父母在教育上的投入比西方父母多。有数据显示，93%的中国家长愿意支付补习费用，而英国只有23%的家长愿意（Wang，2017）。

有些家长对倡导死记硬背和顺从权威的教育体系不满，不相信仅看考试分数的大学招生方式，为孩子选择国际学校或私立学校，计划将孩子送到国外，以逃避高考。但在这种情况下，多数家长还是要依靠学校顾问和机构为孩子介绍合适的大学。如此一来，如何培养孩子顺利适应西方大学环境，就成了一个挑战（Zhu，2016）。

当前政策变化

近几十年来，一些重要政策举措相继出台，如教育部2004年颁布的《2003—2007年教育振兴行动计划》、国务院2010年颁布的《2010—2020年国家教育改革发展中长期规划纲要》。自2000年以来，中国教育发展的政策主题更多地集中在四个主题上：每个公民都有平等接受教育的权利；注重质量，提高个人和社会生产力；实事求是，效率优先；振兴中华，提高国家的全球地位（Li，2017）。这四大主题并非相互排斥，而是在许多方面相互关联、相互依存。同时，随着时间的推移，这些主题也在实际的贯彻执行过程中不断发展，更加鲜明突出。

针对公众对教育体制的诟病，21世纪伊始，中国政府多次出台新政策，旨在缩小学校之间的差距，缓解学生之间仅看考试分数的竞争。2000年，中国教育部发布了《减轻小学生学业负担的紧急通知》。该文件对必修教科书目的数量、家庭作业量和学生在学校的时间进行了严格的限制。后来，教育部对中学教育也颁布了类似的规定。教育部呼吁家长协助监督这些规定的执行。然而，只要高考分数仍是大学录取的单一标准，中国教育系统就会继续用考试分数来衡量学业成功，使学校、家长和学生不得不专注于提高考试分数，进而挫伤很多学生的自信心和创造力（Zhao et al.，2015）。

高考，即全国大学入学考试，是单一的分数考试，几乎可以决定学生未来的工作和命运。高考过于强调分数，要求学生在高中早期就选择学习文科和理科，因此一直受到各界批评（Li，2017）。

最近几轮教育改革始于2014年，新高考制度的初步试点在上海和浙江启动。其他地区将在试点经验的基础上进行调整和修改。这是一个漫长的过程，每个城市可能有不同的模式。新制度提供了更多机会和广泛选择，要求学生自己做出更多决定。中国教育改革以及教育和职业全球化为学生选择教育和职业提供了越来越多的机会（Fan & Leong，2016）。在这种背景下，研究中国教育的很多专家呼吁，在高中阶段开设职业规划指导课程迫在眉睫（Huang & Wang，2014）。

过去，孩子高考后的大学选择，包括选择哪个专业，通常由父母决定或参考父母的意见。但是，随着高考改革的持续推进和海外教育的日益普及，学生和家长现在已经有了更多的选择和机会。专家们指出中国家庭中父母的作用已经从仅仅提供经济支持转变为培养孩子的信念和综合素质（Huang & Wang，2014）。

上海高中职业规划指导

上海在国内职业规划指导方面处于领先地位，对其他地区具有较大影响。专家们在上海浦江计划资助的研究中，从经济和政治的角度，提出从 1977 年到 2015 年，上海教育界的职业规划指导和咨询发展分为四个阶段（Zhou et al., 2016）。在第一阶段（1977—1992），工作由政府按照指令性计划分配，以满足各行业对受过培训的专业人员的迫切需求。在第二阶段（1993—1999），工作分配被职业指导服务取代。在第三阶段（2000—2011），职业教育开始在大学发展。在第四阶段（2012—2015），职业规划咨询热潮出现。

第一届全国职业规划指导与咨询大会于 1996 年在上海召开（Zhang et al., 2002）。1993 年 10 月，上海毕业生职业指导中心（SGVGC）成立。1999 年，职业规划指导只针对高年级大学生。为推动国家职业规划指导事业的发展，教育部于 2007 年 12 月下发了《大学生职业规划课程要求》。2010 年，上海毕业生职业指导中心更名为上海学生事务中心（SGSA），主要为大学生和中等职业学校学生服务。

高中职业适应性教育有助于年轻人未来的职业成功（Deng et al., 2018）。近年来的高校制度改革和高考改革给高中生带来很大压力（Liu, 2015；Qu & Zhao, 2014），高中生需要投入更多的时间和精力填报高考志愿。为此，他们需要提高自我发现和自我管理能力，以便适应未来的大学生活。但是，在这方面学校和父母对他们的支持很少。2010 年，教育部启动了高中就业指导工作，随后发布了《中长期教育改革发展纲要》（Huang & Wang, 2014）。此后，各种旨在提高教师的能力和加强学生职业规划指导的项目层出不穷，但家长的作用、家长与学生和教师的配合却普遍被忽视，尽管家长对学生职业选择的影响更大（Zhou et al., 2016）。

上海作为中国教育改革的先行城市之一，积累了很多改革经验，取得了突出成绩。例如，在 2009 年和 2012 年国际学生能力评估项目（PISA）中，上海学生在各个方面都取得了优异成绩（OECD，2016）。上海已制订了研究和实施高中职业规划指导的 20 年计划，并正在贯彻落实。这项计划的负责人之一霍博士表示，目前公立高中还没有设置系统的职业规划指导课程，私立高中虽然设置了但质量不高（Y. P. HUO，人际沟通，2017 年 11 月 17 日）。霍博士介绍了一些在培养教师职业指导能力和丰富学生课程体验方面的好做法。但现实情况是，家长对学生职业规划的指导被忽视了。

结 论

当今颠覆性变革时代，信息爆炸，人类浮躁焦虑，变化永无止息，学习永无止境。要想在这样的环境中立于不败之地，需要重点考虑职业发展规划，将重点从工作匹配转向灵活性和创造性技能开发。为了在 21 世纪数字时代的全球职场保持竞争力，年轻一代必须具备良好的职业和生活技能，这就要求他们对自己的兴趣、技能和价值观有充分的理解，并按照自己的理解追求职业和生活目标（Super，1992）。高中阶段的职业规划指导至关重要，也迫在眉睫。吉斯伯斯（2008）强调高中阶段发展自我概念的重要性。家庭和学校都应承担关键责任，支持和指导学生发展必要的技能，培养前瞻性思维，探索人生的意义。处在自我探索时期的年轻人需要家长的个性化支持指导。有了家长的正确指导，学生就能学会设定和规划目标，提高决策能力，发现自己的兴趣，实现自我价值。

我对上海一所高中的研究结论是：学生迫切需要家长提供职业规划指导。为此，我建议学校采取综合性计划，从这三方面入手解决：一是为家长举办职业指导培训班；二是提供一对一教练课程；三是建立线上和线下职业规划指导的家长支持平台，加强家庭与学校的合作。这三个步骤构成一个整体：第一步是入门培训，第二步是培训教练技能和持续改进，第三步是创建支持文化。各步骤的成果应良性互动和相互强化。建议在项目启动之前和之后，对学生进行与职业相关的父母支持量表（CRPSS）调查。学生是否从家长提供的职业规划指导中受益，可以通过 CRPSS 测评分数来判断。这是一个持续的过程。值得欣慰的是，我看到北京、上海、深圳的一些高中已开始重视职业规划方面的家长教练。

参考文献

Arulmani, G., Bakshi, A., Leong, F., & Watts, A. (2014). *Handbook of career development: International perspectives* [electronic resource]. New York, NY: Springer New York.

Bandura, A. (1986). *Social foundations of thought and action.* Englewood Cliffs, NJ: Prentice Hall.

Bandura, A. (2000). Exercise of human agency through collective efficacy. *Current Directions in Psychological Science*, 9(3), 75-78.

Bandura, A. (2005). The evolution of social cognitive theory. In K. G. Smith & M. A. Hitt (Eds.), *Great minds in management* (pp. 9-35). Oxford: Oxford University Press.

Bandura, A., Barbaranelli, C., Caprara, G., & Pastorelli, C. (2001). Self-efficacy beliefs as shapers of children's aspirations and career trajectories. *Child Development,* 72(1), 196-206.

Cheng, S., & Yuen, M. (2012). Validation of the career-related parent support scale among Chinese high school students. *Career Development Quarterly*, 60(4), 367-374.

Creed, P. A., Fallon, T., & Hood, M. (2009). The relationship between career adaptability, person and situation variables, and career concerns in young adults. *Journal of Vocational Behavior,* 74, 219-229.

Deng, L., Zhou, N., Nie, R., Jin, P., Yang, M., & Fang, X. (2018). Parent-Teacher Partnership and High School Students' Development in Mainland China: The Mediating Role of Teacher-Student Relationship. *Asia Pacific Journal of Education,* 38(1), 15-31.

Economic Graph Group. (2017). *LinkedIn's 2017 U.S. emerging jobs report.* Retrieved from https://economicgraph.linkedin.com/research/LinkedIns-2017-US-Emerging-Jobs-Report.

Fan, W., & Leong, F. (2016). Introduction to the special issue: Career development and intervention in Chinese contexts. *Career Development Quarterly,* 64(3), 192-202.

Gillmore, M. (2018). Preparing Students for future careers. *Teach* Jan/Feb, 13-15.

Ginevra, M., Nota, L., & Ferrari, L. (2015). Parental Support in Adolescents' Career Development: Parents' and Children's Perceptions. *Career Development Quarterly,* 63(1), 2-15.

Guest, C. L., Jr. (2000). Introduction to the special issue: Career issues in education. *Education*, 120(4), 602.

Guerra, N., Modecki, K., & Cunningham, W. (2014). Developing Social-Emotional Skills for the Labor Market: The PRACTICE Model, 7123, Policy Research Working Paper (7123).

Hirschi, A. (2009). Career adaptability development in adolescence: Multiple predictors and effect on sense of power and life satisfaction. *Journal of Vocational Behavior,* 74, 145-155.

Huang, X. Y., & Wang B. X. (2014). *Regular high school student development guidance.*

Shanghai, China: East China Normal University Publisher.

Johnston, C. (2018). A Systematic Review of the Career Adaptability Literature and Future Outlook. *Journal of Career Assessment,* 26(1), 3-30.

Gati, I., & Saka, N. (2001). High school students' career-related decision-making difficulties. *Journal of Counseling and Development,* 79, 331-345.

Gottfredson, L. S. (1981). Circumscription and compromise: A developmental theory of occupational aspirations [Monograph]. *Journal of Counseling Psychology,* 28, 545-579.

Gottfredson, L. S. (1996). Gottfredson's theory of circumscription and compromise. In D. Brown & L. Brooks (Eds.), *Career choice and development: Applying contemporary approaches to practice* (3rd ed., pp. 179-232). San Francisco, CA: Jossey-Bass.

Gottfredson, L. S. (2002). Gottfredson's theory of circumscription, compromise, and self-creation. In D. Brown & Associate (Eds.), *Career choice and development* (4th ed., pp. 85-148). San Francisco, CA: Jossey-Bass.

Gottfredson, L. S. (2005). Applying Gottfredson's theory of circumscription and compromise in career guidance and counseling. In S. D. Brown & R. T. Lent (Eds.), *Career development and counseling: Putting theory and research to work* (pp. 71-100). Hoboken, NJ: Wiley.

Gysbers, N. C. (2008). Chapter 12: Career guidance and counselling in primary and secondary educational settings. In Athanasou, J., & Esbroeck, R. *International Handbook of Career Guidance* [electronic resource]. (pp. 249-262). Dordrecht: Springer Netherlands.

Herr, E. L. (2008). Chapter 3: Social contexts for career guidance throughout the world. In Athanasou, J., & Esbroeck, R. *International Handbook of Career Guidance*

[electronic resource]. (pp. 45-67). Dordrecht: Springer Netherlands.
"High school student career planning status and career counseling objectives."_ Sohu Education_Sohu, 29 Sept. 2017, Retrieved from http://www.sohu.com/a/195571555_99936945

Hoghughi, M., & Long, N. (2004). *Handbook of parenting: Theory and research for practice* / edited by Masud Hoghughi, Nicholas Long. London, UK; Thousand Oaks, California, US : SAGE.

Hyslop, A. (2011). CTE and 21st century skills in college and career readiness. *Techniques,* 86(3), 10-11.

Jepsen, D., Dustin, R., & Miars, R. (1982). The effects of problem-solving training on adolescents' career exploration and career decision-making. *Personnel and Guidance Journal,* 61, 149-153.

Johnston, C. (2018). A Systematic Review of the Career Adaptability Literature and Future Outlook. *Journal of Career Assessment,* 26(1), 3-30.

Keller, F., & Viteles, M. (1937). *Vocational guidance throughout the world; a comparative survey,* by Franklin J. Keller and Morris S. Viteles. New York, NY: W.W. Norton.

Kerka, S., & *ERIC Clearinghouse on Adult, Career, Vocational Education*. (2000). Career development specialties for the 21st century [microform] / Sandra Kerka. (Trends and issues alert ; no. 13). Columbus, OH: ERIC Clearinghouse on Adult, Career, and Vocational Education, Center on Education and Training for Employment, College of Education, the Ohio State University.

Koen, J., Klehe, U. C., & Van Vianen, A. E. (2012). Training career adaptability to facilitate a successful school-to-work transition. *Journal of Vocational Behavior,* 81, 395-408. doi: 10.1016/j.jvb.2012.10.003.

Krass, L., & Hughey, K. (1999). The impact of an intervention on career decision-making self-efficacy and career indecision. *Professional School Counseling,* 2, 384-393.

Lankard, B. A. (1991). *Strategies for implementing the national career development guidelines.* Washington, DC: Office of Educational Research and Improvement.

Lent, R., Brown, S., & Hackett, G. (2000). Contextual supports and barriers to career choice: A social cognitive analysis. *Journal of Counseling Psychology,* 47(1), 36-49.

Leung S. A. (2008). Chapter 6: The big five career theories. In Athanasou, J., & Esbroeck, R. *International Handbook of Career Guidance* [electronic resource]. (pp. 115-132). Dordrecht: Springer Netherlands.

Leung, S. A., Hou, Z., Gati, I., & Li, X. (2011). Effects of Parental expectations and cultural-values orientation on career decision-making difficulties of Chinese university students. *Journal of Vocational Behavior,* 78(1), 11-20.

Li, J. (2017). Educational policy development in China for the 21st century: rationality and challenges in a globalizing age. *Chinese Education & Society,* 50(3), 133-141.

Liu, J. (2015). Reconsidering life planning education in high school from the perspective of college entrance examination reform. *Educational Development Research,* 35,

32-38, doi:10.14121/j.cnki.1008-3855.2015.10.007.

Liu, X., Tein, J., & Zhao, Z. (2004). Coping strategies and behavioral/emotional problems among Chinese adolescents. *Psychiatry Research*, 126(3), 275-285.

Liu, X., Kurita, H., Uchiyama, M., Okawa, M., Liu, L., & Ma, D. (2000). Life events, locus of control, and behavioral problems among Chinese adolescents. *Journal of Clinical Psychology,* 56(12), 1565-1577.

Maree, K. (2017). *Psychology of career adaptability, employability and resilience.* Springer Verlag.

Ministry of Education of the People's Republic of China. (2010). *National education reform and development program for medium and long term* (2010-2020). Retrieved from http://www.moe.edu.cn/publicfiles/business/htmlfiles/moe/moe_838/201008/93704.html.

Negru-Subtirica, O., & Pop, E. (2016). Longitudinal links between career adaptability and academic achievement in adolescence. *Journal of Vocational Behavior,* 93, 163-170.

Nelson, L., Badger, S., & Wu, B. (2004). The influence of culture in emerging adulthood: Perspectives of Chinese college students. *International Journal of Behavioral Development*, 28(1), 26-36. doi: 10.1080/01650250344000244.

Nota, L., Ferrari, L., Solberg, V., & Soresi, S. (2007). Career search self-efficacy, family support, and career indecision with Italian youth. *Journal of Career Assessment,* 15(2), 181-193.

Organisation for Economic Co-operation Development, & European Commission. (2004). *Career guidance : A handbook for policy makers.* (Education and culture (European Commission)). Paris : [Brussels?]: OECD; European Commission.

Organization for Economic Co-operation and Development (2016). PISA 2015 Results (Volume II): Policies and Practices for Successful Schools, PISA, OECD Publishing, Paris. http://dx.doi.org/10.1796/9789264267510-en.

Partnership for 21st Century Skills. (n.d.a). *A Parents' Guide.* Retrieved from http://www.p21.org/out-work/citizenship/a-parents-guide.

Partnership for 21st Century Skills.(n.d.b). P21. Retrieved from http://p21.org/about-us/p21-faq.

Partnership for 21st Century Skills. (n.d.c). P21 Life and Career Skills. Retrieved from http://www.p21.org/about-us/p21-framework/266-life-and-carer-skills.

Patton, W., & McMahon, M. (2014). *Career Development and Systems Theory: Connecting Theory and Practice* [electronic resource]. (3rd ed.). Rotterdam, Netherlands: Sense Publishers.

Perry, J., Liu, X., & Pabian, Y. (2010). School engagement as a mediator of academic performance among urban youth: The role of career preparation, parental career support, and teacher support. *The Counseling Psychologist*, 38(2), 269-295.

Porfeli, E., Lee, B., Hynes, K., & Hirsch, B. J. (2012). Career development during childhood and adolescence. *New Directions for Youth Development,* 2012(134), 11-22.

Qu, D., & Zhao, Y. (2014). Problems and countermeasures of the transformation and development of local undergraduate colleges and universities. *China Higher Education,* 12, 25-28.

Reimers, F. (2006). Citizenship, identity and education: examining the public purposes of schools in an age of globalization. *Prospects,* 36(3), 275-294.

Savickas, M. (1997). Career adaptability: an integrative construct for life-span, life-space theory. *The Career Development Quarterly,* 45(3), 247-259.

Savickas, M. (2002). Reinvigorating the Study of Careers. *Journal of Vocational Behavior,* 61(3), 381-385.

Savickas, M. L. (2005). The theory and practice of career construction. *Career development and counseling: Putting theory and research to work,* 1, 42-70.

Savickas M. L. (2008). Chapter 5: Helping people choose jobs: a history of the guidance profession. In Athanasou, J., & Esbroeck, R. *International Handbook of Career Guidance* [electronic resource]. (pp. 97-113). Dordrecht: Springer Netherlands.

Savickas, M., Nota, L., Rossier, J., Dauwalder, J., Duarte, M., Guichard, J., van Vianen, A. (2009). Life designing: A paradigm for career construction in the 21st century. *Journal of Vocational Behavior,* 75(3), 239-250.

Savickas, M. L. (2012). Life design: A paradigm for career intervention in the 21st century. *Journal of Counseling & Development,* 90(1), 13-19.

Sawitri, D. R., Creed, P. A., & Zimmer-Gembeck, M. J. (2014). Parental influences and adolescent career behaviours in a collectivist cultural setting. *International Journal for Educational and Vocational Guidance,* 14(2), 161-180.

Shek, D. (2007). A longitudinal study of perceived differences in parental control and parent-child relational qualities in Chinese adolescents in Hong Kong. *Journal of Adolescent Research,* 22(2), 156-188.

Super, D. (1980). A life-span, life-space approach to career development. *Journal of Vocational Behavior,* 16(3), 282-298.

Super, D. E. (1990). A life-span, life-space approach to career development. In D. Brown & L. Brooks (Eds.), *Career choice and development: Applying contemporary approaches to practice* (2nd ed., pp. 197-261). San Francisco, CA: Jossey-Bass.

Super, D. E., Osborne, W. L., Walsh, D. J., Brown, S. D., & Niles, S. G. (1992). Development career assessment and counseling: The C-DAC model. *Journal of Counseling and Development,* 71(1), 74.

Turner, S. L., Alliman-Brissett, A., Lapan, R. T., Udipi, S., & Ergun, D. (2003). The career-related parent support scale. *Measurement and Evaluation in Counseling and Development,* 36(2), 83-94.

Wang, H. (2011, Jan. 30). Audit NEET children exists in over 60% of Chinese families: Study. *People's Daily Online.* Retrieved from http://en.people.cn/90001/

90782/90962/7277071.html.

Watts, A. G. (1996). International perspectives. In A. G. Watts, B. Law, J. Killeen, J. M. Kidd, & R. Hawthorn (Eds.), *Rethinking careers education and guidance.* (pp. 366-379). London, England: Routledge.

World Economic Forum. (2016). *The future of jobs.* Retrieved from http://reports.weforum.org/future-of-jobs-2016/.

U.S. Bureau of Labor Statistics, 2016, retrieved from https://www.bls.gov/opub/mlr/2016/

Van Esbroek R. (2008). Chapter 2: Career guidance in a global world. In Athanasou, J., & Esbroeck, R. *International Handbook of Career Guidance* [electronic resource]. (pp. 23-44). Dordrecht: Springer Netherlands.

Wang, X. (2017, November 1). Parents' investment on education, East v.s. West. *China Times.* Retrieved from http://www.chinatimes.com/cn/newspapers/20171101000804-260309.

Wang, Y., Deng, C., & Yang, X. (2016). Family economic status and parental involvement: Influences of parental expectation and perceived barriers. *School Psychology International,* 37(5), 536-553.

Young, V., Ball, P., Wong, D., & Young, R. (2001). Career development in adolescence as a family project. *Journal of Counseling Psychology,* 48(2), 190-202.

Zhang, W., Hu, X., & Pope, M. (2002). The evolution of career guidance and counseling in the People's Republic of China. *Career Development Quarterly,* 50(3), 226-236.

Zhao, X., Selman, R. L., & Haste, H. (2015). Academic stress in Chinese Schools and a proposed preventive intervention program. *Cogent Education,* 2(1), retrieved from http://dx.doi.org/10.1080/2331186X.2014.1000477.

Zhou, X., Li, X., & Gao, Y. (2016). Career guidance and counseling in Shanghai, China: 1977 to 2015. *Career Development Quarterly,* 64(3), 203-215.

Zhu, J. (2016). *Chinese Overseas Students and Intercultural Learning Environments* [electronic resource]: Academic Adjustment, Adaptation and Experience / by Jiani Zhu. (Palgrave Studies on Chinese Education in a Global Perspective) London: Palgrave Macmillan UK: Imprint: Palgrave Macmillan, 2016.

第 12 章

对话：教练助力领导力发展——一次会谈

杰克·登费尔德·伍德　忻榕

摘　要

上一章讲述的是，已经有不少中国父母能够为他们的青少年子女提供有关未来职业生涯规划的教练辅导，而且这样的父母很可能会越来越多，此类做法的重要性也将日益凸显。在本章的会谈录中，领导力发展领域的两位顶尖教授围绕中国文化与体制背景下的教练辅导展开精彩对话，指出教练辅导的核心在于为企业领导者的个人发展和职业发展提供支持。此外，本章还进一步倡导，为推动领导力教练辅导在中国的发展，领导力教练应致力于深入理解并灵活运用心理学理论，比如群体动力学等。

教练辅导的演进历程

忻榕：我们相识近二十年，曾在两所商学院共事，先是瑞士洛桑国际管理发展学院（IMD），然后是现在的中欧国际工商学院（以下简称"中欧"）。你来中国后，我们就开始在我主持的 CEO 领导力课程上展开合作。鉴于我们这一章的话题是在中国开展教练辅导以助力领导力发展，我们不妨先厘清几个问题：教练辅导与领导力发展有何区别；你对于在中国工作和在西方国家工作的异同有何切身体会；我们在实际工作中是如何将教练辅导与领导力发展相结合的。

杰克·伍德： 三十年前，我开始在欧洲的 IMD 商学院设计领导力发展课程，当时"教练辅导"还是管理领域的一个新词。我对"教练"（coach）、"教练辅导"（coaching）的真正含义充满好奇，因为在我的印象中，教练就是那个在高中和大学的橄榄球或冰球比赛中冲你大吼大叫的人。那种教练真是让我感到五味杂陈。而新出现的这种教练，看来却似乎会有所不同。[1]

忻榕： 或许我们可以先回顾一下教练辅导的演进历程，然后再详细探讨如何将教练辅导融入领导力发展项目，尤其是群体领导力发展项目。在我们合作过的课程中，也设计了教练辅导的内容，比如我主持的 CEO 领导力课程，还有你为中欧 Global EMBA 课程开发的为期一周的开学模块。我们也可以详细谈谈这些情况。

我对你的工作体会特别感兴趣。在我们合作前后，我一直在做领导力发展方面的工作，也形成了自己的看法，稍后我会分享。但我同时很想知道，你对于教练这个职业的演进有何思考和经验；在你看来，领导力发展与商学院通常教授领导力的方式有何不同。

杰克·伍德： 好的。那我们就从分析那些常用词汇的意义开始：教练与教练辅导；领导力与领导力发展；机械思维与心理学思维；有意识与无意识现象[2]；由于只关注个体而非群体或更大的社会系统所导致的偏差。

古代和文艺复兴时期的哲人总是给我启迪。比如，17世纪的欧洲哲学家洛克和18世纪的伏尔泰曾警示世人：在对一个话题开启有意义的讨论之前，你必须先定义你的术语，否则讨论将徒劳无功[3]。此外，理解词语的原始含义也会给我们带来启发。

英文单词 coach 最初起源于16世纪匈牙利一个名为 Kocs 的小镇[4]，那里是一种新式的封闭式马车的诞生地。该词最初描述的是一种能够起到防护作用的交通工具——就像灰姑娘乘坐的那种四轮马车，它将灰姑娘护送到了目的地：舞会现场。19世纪中叶，coach 的词义得到延伸，coach 也可以指铁路上运送乘客的蒸汽机车车厢。时至今日，coach 还被用于表示"交通工具上能起到防护作用的区隔空间"。比如，在飞国际航线时，你可以选择乘坐飞机上的 coach（经济舱），即相对于商务舱和头等舱的二等舱。

英文单词 coach 词义的进一步扩大在英国和美国几乎是同时发生的。在英国，coach 是牛津大学的俚语，指帮助学生准备并通过考试的指导老师。而在美国，coach 的词义还延伸为运动队的管理者和训练员——那个在比赛中冲你大吼大叫的人。在我的心目中，coach 的意思就和这样的"教练"形象联系在了一起。直到我开始关注领导力发展，必须要面向高管群体，运用心理学手段来对他们进行培训，以提升他们的工作胜任力时，我才对它有了新的理解。

透过 coach 的词源，我们可以看到两个元素：护和送。这也就是说，一路护送客户从起始地（A 点）出发，途经某些中间点，最后抵达目的地（B 点）。在牛津大学和美国运动队的情境中，目的地就是取得好成绩——一路护送某人达成某项竞争性的学术或运动成就。但是，这种以成就为导向的释义却传达出 coaching 的一种微妙的含义，这一含义对领导力发展其实并无助益。

忻榕：此话怎讲？企业不就是要取得成果吗？制订计划，然后达成目标。

杰克·伍德：我在 IMD 执教十年，其 MBA 课程中贯穿整个学年的"领导力体验与习得之旅"（leadership stream）一直都由我负责。领导力不是靠上几堂课就能掌握的，这就好比学一门语言，光靠周末上一节课是学不会的。领导力不是知识层面的问题，而是行为层面的问题。它是一项技能，就像开飞机、打高尔夫、打网球、踢足球那样。大部分军事组织首先会培养学员的领导力，待他们成为军官后，再对他们进行技能训练。而公司则完全相反：甄选员工时看的是技能，至于领导力，就留给员工自行摸索了。正因如此，我们的课上才会出现这样的情形：一些三四十岁的学员在技能上非常出色，但却不懂得如何很好地发挥领导力。

我在 IMD 的同事克里斯·帕克曾经说过："知识不等于行为。"合格的领导力是对有意识的理性思考与无意识的非理性情绪进行整合的能力。非理性并不代表疯狂，而是指难以进行有意识、符合逻辑的推理[5]。人们必须反复多次体验这个整合过程，才能让领导力得到巩固。

这一观点认为，如果学生能综合掌握领导力和群体动力学，就能把相关技能和洞见应用到其他所有群体工作中，如会计、财务、运营、市场营销等。领导力是基础。所有群体都需要领导力。但不是所有群体都需要财务、市场营销或供应链管理知识。领导力跨越了其他学科的边界，这是它与其他管理主题的一个主要区别。

忻榕：我明白为何领导力对于组织成功具有如此重要甚至是核心般的意义，但以成就为导向，怎么就会无益于成功呢？

杰克·伍德：这取决于你对成功的定义。我在IMD主持领导力体验与习得之旅时，曾有位同事负责第一模块的组织行为学（OB）课程。在这门课中，学生的成绩很大程度上取决于小组作业，以及在模块结束时要举行的一场重要的小组陈述。有学员告诉我，那位负责OB课程的同事在课堂上对他们说："杰克喜欢看到你们不及格，但我乐于看到你们成功。"她的意思是希望学生们能好好表现，在模块结束时的陈述中获得高分。而她的评分标准基于各组之间的相互比较。我也希望学生们取得成功，但我对成功的定义是：关于领导力和群体动力学，他们有何收获？我不想看到一个糟糕的团队仅凭一次华而不实的陈述就获得高分——这种事情经常会发生。所以，她是基于学生的陈述打分，我是基于学生对领导力的习得和理解打分。这是截然不同的导向。

忻榕：对教练辅导而言，以成就为导向难道不是有益的吗？运动队教练都希望自己的队能赢；学术导师辅导学员是为了能让他们在考试中获得高分。这不是很好吗？

杰克·伍德：以成就为导向会让教练辅导这一职业陷入一种两难困境。这种教练辅导的观点的含义不言而喻：成功意味着适应社会规定的竞争性的企业目标。然而，基于比较的社会成就（对职业表现的评估）与帮助别人过上有意义的生活根本不是一回事。

MBA或EMBA学员来上我的课之前，需要写一份5~10页的自述——个人和职业身份叙述（PPIN）。这是为了让他们更好地认识脱下职业角色的外衣后的真实自我。无论是MBA学员还是企业管理者，他们的身上都远不止一个角色：除了职业角色外，他们还是别人的父母、配偶和子女。

于我而言，教练辅导和领导力发展的目标不是适应特定的企业需求，而是创建一些框架来帮助学员通过心理整合促进个人和职业发展。在未来的发展道路上，他们或许会和现在的雇主携手并进，也可能与之分道扬镳，走上一条不同的道路。

还有一点也很重要，那就是弄明白你的客户是谁——是课堂上那个与你交流互动的人，还是出钱让那个人来上课的组织？于我而言，最重要的客户是那个来上课的人，接下来才是出钱的组织。当然，员工发展得越好，对这个员工和其所属的企业都越有助益——前提是，企业找寻的是才能出众、富有创造力的企业领导者，而非唯命是从的应声虫。

教练辅导与文化

杰克·伍德： 忻榕，你曾在美国学习，拥有加州大学欧文分校博士学位，后在南加州大学任教。你有一个女儿在南加州大学读书，还有一个兄弟住在洛杉矶。另外，你有一个兄弟在中国当老师，他们一家在国内生活。你的母亲也住在中国。你本人精通中英双语。可以说，你是自由穿行于两种文化的典型代表。这两种文化乍看迥异，实则有许多共通之处。对此，你有何见解？

忻榕： 我本人对文化的看法是，我们的相似性远大于差异性。当然，不同文化之间会存在差异。然而，我们都是人，我们的相似之处远多于不同之处。无论文化背景如何，我们所有人都渴望受到尊重，都珍惜友情，爱我们的家人。这样的共同点可谓不胜枚举。我们经历悲伤的过程也是相似的。从本质上而言，无论中国人还是美国人，我们的心理过程和群体动力机制都是相同的。所以我总觉得，我们的相似点多于差异。这就是我看待不同国家或地区文化的方式。不过，差异当然也是存在的。每种文化都有鲜明的特征。一些价值观会在某种文化中表现得更为突出。

杰克，你在中国工作了近10年。你有何印象？

杰克·伍德： 我不敢说自己是个"中国通"。我不太会讲中文，肯定会错失许多细微之处。不过，当你置身于异国文化之中，你的内在雷达会感应到微妙的非语言信号。据专家估计，人与人之间的沟通，93%是靠非语言信号表达的（55%为肢体语言，38%为语调），仅有7%靠语言本身表达。[6]

我认同你的看法。传统的"文化差异说"有其正确性，但远没有表面上看起来那么正确。当你做出"人与人不同"的假设时，你已经不自觉地忽略了他们的相似性。忻榕，我俩都同来自世界各地的人打过交道：亚洲、非洲、南美、北美以及欧洲几乎所有国家。我们的发现是什么？人们表现出了相同的基本模式。我们可能穿着打扮略有不同，饮食起居稍有差异，但我们都会穿衣服、吃饭和睡觉。此外，我们的思维机制也是一样的。这不足为奇。我们的五脏六腑和大脑的工作方式亦如出一辙。既然如此，为什么我们的心理结构模式就非得是不同的呢？在与来自世界各地的分析师、领导力教练辅导的客户以及学生打交道的过程中，我发现他们具有许多相似的模式：与父母的关系、梦中的影像、两性关系——人们都会坠入爱河，以及害怕一些相同的东西。人类生活的共通性在我眼中变得十分清晰。

我们使用不同的语言，但所有语言的作用都是相似的，学习语言的方式也都类似，就是我们所说的母语学习方式。为了更利于生存，一些语言对概念的区分会更加精细。我们比较熟悉的例子包括：居住在加拿大北部的因纽特人用多个不同的词来描述不同的"雪"；非洲的一些语言用多个不同的词来描述不同的"绿色"。而其他文化则无须进行这么精细的区分。对于赤道地区的人而言，雪就是雪。对于沙漠地区的人而言，绿色就是绿色。在英语中，红色和粉色是两个不同的词，但实际上，粉色也是红色的一种，只是有色度之分。

西方人对亚洲人有成见，总觉得亚洲人难以捉摸。但在我看来，亚洲人，或者更具体一点，中国人，其实并不特别难以捉摸，至少不比其他文化背景下的人更难以理解。不过，我发现中国文化分为不同的层次，它们与其他社会系统类似，但各自带有些许不同的色彩。我能感受到这些层次在个人、群体、课堂和组织中发挥作用。在我看来，文化的每一个层次都为人类共有的模式添加了一抹稍许不同的色彩。这就是在世界各国不同文化中工作的乐趣所在——你可以看到一个令人欣慰的现实：在人类共同的根基上绽放出姹紫嫣红的不同文化。这些都是历史现实，但也完全可以说是延续至今的社会——心理现实。

莎士比亚在《暴风雨》中写道："凡是过去，皆为序章。"然而，过去甚至并未过去，而是绵延至今。不仅如此，文化还承载着过去的创伤；或许具体事件和主人公不同，但底层模式是很典型的，也是完全相同的。在我主持的几乎所有领导力发展课程中，民族文化中的创伤都是必须直面的课题。这一点在教练辅导中尤其显著。民族文化创伤留下的烙印世代相传。奴隶制、对原住民的征服和镇压以及内战遗留下来的阴影依然困扰着美国社会；纳粹统治、大屠杀以及历史责任问题是德国人心头永远的痛；经历了鸦片战争中欧洲列强的掠夺和剥削，中国人可谓饱经忧患；布尔什维克革命、斯大林主义、苏联解体在俄罗斯人心中始终留有深刻的印记；被罗马帝国征服以及犹太人大流散的苦难深深烙刻在了以色列人心中。这是一个古老的故事，其本质就是人类生命的故事。

中国和西方的领导力

杰克·伍德：有时，我会让学生罗列出浩瀚历史长河中的伟大领导者。这个榜单在全世界都一样；上榜者来自不同国家和文化，从一千年前的历史伟人到今天的领袖人物。结论显而易见：领导力不分中式、美式或俄式。领导力就是领导力。领导力是永恒的，且具有普适性。认识到这一事实，在不同文化中工作就会变得十分有趣。

几年前，我对数百名中国 EMBA 高管学员做了一项小调研。当时我很好奇，想要比较他们对中西方企业与政府中的领导力分别有何印象。具体来说，我问的是长期聚焦和短期聚焦之分，或者说战略导向和战术导向之分。调研的结果发人深省。大部分高管认为，西方企业聚焦长期发展，而中国企业注重短期发展；但政府就正好相反，西方政府目光短浅，而中国政府高瞻远瞩。我想他们是对的。

比较中美两国政府在面对疫情、全球经济中断、环境问题和世界政局动荡时的表现，可谓高下立判：本届中国政府表现得耐心、谨慎、负责，而特朗普政府则充分暴露了它的鲁莽、轻率和功能失调，甚至在动荡的局势中推波助澜。半数美国公民对领导力的优劣和威权主义的本质存在误解。[7]

西方人对民主制和其他政治制度有一种奇怪的刻板印象。二元对立在西方是主流观点。西方人看问题可能过于简单，在他们眼中，民主制就是好的，一党制就是坏的。他们根本没有意识到，所有政治制度和领导力本质上都是威权主义——一种基于权力与服从、统治与屈服的古老的本能模式。无论在西方国家还是在亚洲国家，都是如此。

所有人类社会系统——政府、教会、学校、医院、企业、家庭——的结构都是威权式的。阿道夫·希特勒上台前的德国是共和政体，但它本质上仍是威权体制，而且让希特勒走上了权力的巅峰。希特勒是通过选举进入国会的，之后又被选举成为德国总理。同样，美国被视为自由民主制国家。唐纳德·特朗普是广大民众投票选出的美国总统，共和党也是通过选举获得了参议院多数席位。然而，一旦当选，美国总统就能独断专行，还能获得近一半美国公民的支持。公民对民主制的参与不过是每四年花五分钟填写一张选票。其余时间，无论谁当总统，他都可以随心所欲地行使领导权力，而结果则可好可坏。他们可能把你拖入战争、贸易争端、糟糕的环境决策以及可怕的安全和健康危机。太多西方人误解了人类系统的真实运作方式。

和任何人类系统一样，中美政府都是威权体制，新加坡也是。人类系统的本质就是威权主义，所以这并不是关键所在。关键的问题在于，一个系统及其领导人是否道德。大家都说新加坡首任总理李光耀专制，但他同时也是一个德智兼备的人。他饱受西方抨击，被指责压制公民自由，可他的政权却十分稳固，因为他实现了国家的稳定和经济发展，还让所有少数族裔过上了安居乐业的生活；他厉行法治，不分种族、民族，人人平等；他严厉打击贪污腐败，积极倡导多宗教和谐共存，包括佛教、基督教、伊斯兰教、道教、印度教以及其他宗教，倡导信教与不信教人群和谐共处。他将英语作为通用语言以促进新加坡的商业发展，同时要求实行双语教育，以维护新加坡各族群的民族身份认同。李光耀曾说："唯有如此才能治理一个华人社会，别无他法。"[8]

社会系统精神动力学

忻榕：你跟我提到过一个流行观点：用"社会系统精神动力学"的方法来理解行为。其真正的含义是什么？以社会系统精神动力学的方式开展工作意味着什么？

杰克·伍德：它的意思就是研究无意识、非理性的力量。它只是个流行的说法而已，其实没什么帮助，反倒会让人觉得心理学在社会环境中的运用只有内行人懂。实际上，这是一个既简单又微妙的东西。

忻榕：你是如何想到将心理学应用于教练辅导和领导力发展的？

杰克·伍德：社会系统精神动力学诞生自第一次世界大战后的塔维斯托克研究所[9]。当时，一些精神分析学家和社会科学家试图搞明白为什么人类总是用战争和破坏性的组织行为摧毁自己。他们开始研究发生在群体内部、不同群体之间以及领导者和追随者之间的无意识过程。对无意识过程的研究具有非同小可的意义。我在耶鲁接受的就是这方面的培训。之后到了瑞士，我一边在IMD任教，一边作为一名分析师在苏黎世荣格学院深造。正是这段经历将我生命中几个不同的发展阶段整合了起来。

1988年，我在获得博士学位后加入IMD，随即发起了一个为期两周、名为"动员"的领导力课程。我清晰地认识到，几乎所有领导力都产生于小型群体，小型群体是基本的组织决策单元；总统和首相做决策就是在执行委员会和内阁这些小型群体中发挥领导力。我清楚地看到，领导力显然不是一种个体现象，而是一种群体现象，而且受到无意识力量的驱动。由此入手，我确定了课程的设计，并着手详细构建课程的架构，希望给人们的生活带来重大改观，帮助人们——来自世界各地的人们——认识到无意识人格对群体成员行为的影响。

第 12 章 对话：教练助力领导力发展——一次会谈

忻榕： 在某种程度上，我的领导力发展方法与你的路径类似。在南加州大学，我与来自不同公司的高管团队合作。我的挚友和导师洛奇·金布尔是训练有素的临床心理学家，也是提出体验式群体领导力发展方法的先驱。我们带着高管团队开展漂流、爬山和求生练习等活动，然后安排他们接受同侪反馈和一对一教练辅导。在中国香港，我同一群资深领导力教练合作开发了各种体验式练习，以便促进高管和EMBA学员更好地反思自己在群体环境下的非理性、无意识行为，从而更深刻地理解自身以及群体动力学。我猜我们之所以能合作无间，一个重要原因就是我们都信奉这些领导力发展的行为和心理过程。至于文化差异，坦白说，我并没有对欧美高管和中国高管采取不同的方法。大家都觉得这些相同的过程对他们的领导力发展颇有助益。据我所知，你对莫斯科斯科尔科沃管理学院的俄罗斯高管学员采用的也是相同的领导力发展方法。

杰克·伍德： 我初到中欧，你就邀请我加入你的 CEO 领导力课程。于是我们开始进行头脑风暴，对课程进行设计。多年来，我们一直在不断完善这个课程。但我一直很好奇。我们之前在瑞士时便已相识，却从未合作过。我都没问过你："为什么你会找我到中国合作？"

忻榕： 你的到来简直是天赐良机。当时我正在重新设计 CEO 领导力课程的第一个模块。在领导力发展方面，我对你的方法和理念早有耳闻，感到我们对于领导力发展有相似的理念。你将你的领导力发展和教练辅导方法带到了中国，中间的经历和感受如何？你觉得是难是易？

杰克·伍德： 可以说是既难又易。刚到中欧时，大部分营销人员和教授都劝我说，我开发的这套领导力发展方法，中国高管是不会接受的。他们给出的理由无外乎太西化、心理学色彩过浓、不够实用、高管是来拓展人脉而不是真来学习的等。从本质上说，这体现了一种文化观点：我的领导力发展方法不适合中国国情，是不会被接受的。

但正如我们所见，我的心理学方法恰恰与中国文化很合拍。为什么？因为中国文化本身就非常注重心理层面。

传统观点认为，管理就是对业务流程的计划、组织、控制和建构。许多管理者也试图采取这种领导方式，就好像领导力是一个理性的、机械的工程流程[10]。但是，这种方法既不能让你在家管好孩子，也不能让你在公司管好员工。高效能领导力必须整合所有人类系统（亦即由群体构成的组织）中存在的理性和感性元素，以及个人心理和社会结构中那些理性和非理性元素。

对我而言，心理学思维始终意味着要同时从至少两个层面理解问题：显性与隐性、有形与无形、有意识与无意识、理性与感性、正式与非正式、男性与女性、光明与黑暗、阴与阳。生命就宛如两极之间的流动平衡与辩证对话。[11]

我们参加会议时，都有一个台面上的议程，而大多数人会意识到，其实还有一些台面下的议程。对两个层面都理解得当，代表了一种心理能力。这种洞见固然可以逐渐发展形成，但如果能凭直觉感知事物隐含的象征情感意义，而不仅仅停留于显然、具体、理性的理解，那将是颇有助益的。要在教练辅导或其他任何行为技能上有出色的表现，你必须既能看得懂字面意思，也能听得懂弦外之音。

我们不妨看看组织结构。中国的组织结构和德国的、美国的组织结构都很类似。这就是正式的组织结构，看起来都一样。可是，你去实际观察一下，比如观察某个执行委员会真实的运作方式：哪方的影响力相对较大，谁掌握话语权，谁的意见会被听取，子群体是如何安排的，等等。这时，一个非正式结构就会浮出水面[12]。这个非正式结构才是真正左右决策的力量。而且，它并不囿于正式组织结构的条条框框。为什么？因为群体和组织同家庭一样，都是有机的，都属于人类系统。推动组织中的成员前行，鼓舞和激励他们向前迈进的，是精神和情感！

你看，管理者们几乎无时无刻不在以一种理性的方式开展工作，同时尽可能地逃避和压制不适的情绪。在管理中，他们真正能够接受的情绪只有愤怒和喜悦：CEO怒拍桌子是可以接受的，或者在刚刚完成一宗收购后喜笑颜开也是可以接受的。至于其他基本情绪，如悲伤、恐惧、厌恶或者更复杂的情绪表达，如哭泣或"表现出脆弱"，则统统都被压制了。然而，强烈的情绪却是真实生活的一部分。在电影《拯救大兵瑞恩》中，汤姆·汉克斯饰演的角色曾绕到德国地堡的另一侧，独自坐下，放声痛哭；之后，作为队长的他又努力控制情绪，重新回到所剩不多的队员中，继续率领他们完成使命。我本人曾亲眼看到一群空军高级指挥官在战事展开时兴奋得像学校的男学生一样。而我的一位长官则看到某两星将军替一个傲慢的三星将军拎包,俨然一副卑躬屈膝的跟班模样。这些经历让人不由得停下来思考,究竟什么是领导力。

教练辅导也是如此。我身边有好几个同事都是工程背景出身的行为学教授,他们的领导力发展和教练辅导方法就是提出忠告,如同以前的"五大"咨询公司所做的:他们是专家,他们告诉别人正确答案。这是把工程领域的方法套用到了领导力发展和教练辅导中[13]。许多管理者以为这就是自己所需要的。然而,事实并非如此。这种工程式的方法有自身的局限性。人不是机器,而是活生生的有机体。他们有感觉,有情绪。你不可能用一种机械化的方式去教他们发展领导力,更不用说去引领他们了。

我在2008年进行过一项调研,当时我每天都在为IMD的招牌课程"组织制胜:高绩效之道"(OWP)主持教练辅导模块。那一年,该模块在整个课程的评价中获得了最高分[14]。人力资源经理通常以为,高管接受教练辅导的目的是提高业务绩效。但研究却发现,在回答为什么要接受教练辅导时,只有22%的受访者选择的是"为了提升业务胜任力"。不仅如此,促进事业发展或拓展人脉也不是高管们特别感兴趣的目的(15%的受访者表示如此)。

"在接受教练辅导的目的中,排名前三的是:生活发展(71%)——更有效地平衡个人角色和职业角色;领导力(66%)——发展人际关系技能:提高对个人(一对一)和团队的领导能力;自我认知(63%)——更清楚地认识自己作为企业领导者所具有的短板和成长机会,了解自身职场行为的源头和发展脉络以及对他人的影响。"[15]

在生活发展、领导力发展和自我认知方面给人忠告不仅无效,而且会适得其反。这就像你告诉一个饮食失调症患者要改变饮食习惯、多吃点或少吃点一样,毫无用处。

坦率地说,对于大多数人而言,生活比工作更重要,不过有很多人好像颠倒了主次。企业在努力维持一种假象,让你误以为对工作忠诚比对家庭忠诚更重要。如果真是如此,你的孩子就倒霉了。要胜任培养高管的工作,你需要洞悉他们生而为人的真正渴望。你还必须了解如何设计学习流程和架构,以帮助他们实现自己的目标。在某种意义上，创建课程的框架也算是一门艺术。你可以帮助高管们明确自己的需求，但接下来，你需要为他们创造一种个人发展体验，让他们在其中获得成长。

无论学习还是改变，压力总是如影随形。一个人的领导力发展亦是如此，势必会存在压力。它会引发诸多情绪！我在耶鲁的博士生导师大卫·贝格曾经说过，如果你想学习，就必须直面内心的焦虑。我发现对于大多数人而言，即使焦虑和不适感不可避免，他们也还是愿意学习。但是，他们只有在觉得自己受到尊重而且相对安全的情况下，才会敞开心扉，尝试新的事物，进而获得成长和发展。所以我认为，我的工作就是为学员创造获得心理安全感的条件，让他们有机会发展自己的能力，负责任地发挥领导力。

从社会心理学视角看领导力发展

忻榕： 鉴于我们合作过的高管遍布世界各地，来自不同的大洲、国家和文化，我们都认同领导力发展不能只关注理性、有意识、机械的层面，还应该聚焦非理性、情感和行为的层面，两方面结合起来才最有助益。在领导力发展中，从个体和群体两个层面洞察领导力背后的心理过程是一个不可或缺的部分。过程和结果同样重要。我始终觉得，没有必要针对不同文化或国家的学员定制不同的领导力发展方法。我们的跨国工作经验告诉我们，领导力发展和教练辅导流程具有"普适性"，这一点我想我们也都看到了。

随着中国经济的进一步发展，人才和领导力发展成为驱动中国经济未来增长与成功的关键因素。我们看到，企业日益需要、也愈发重视领导力发展。作为一种培养企业领导者的方式，教练，尤其是群体教练，越来越受欢迎。我注意到，对资深专业教练的需求不断增加，而且正在引起更多关注。这势必对专业领导力教练的能力提出更高的要求。

杰克，关于为培养领导力或领导行为提供教练，你有什么建议？

杰克·伍德： 听讲座和看书其实没什么帮助。这些都是纯理性的活动，改变不了任何事情。想想你上次听的讲座或 TED 演讲。当时你听得津津有味，一周后就忘得一干二净。我们必须把人置于能够真正体验生活的情境之中，为他们提供去看、去感受的视角，让他们有机会揣摩和理解这些体验。这就是我所说的完整的领导力——将经验与情感融合在一起，亦即整合理性与感性体验。他们会逐渐成长为一个完整的人，一个能够学以致用的人。

作为教练，你需要专注于此时此地，掌握群体动力学方面的各种显性和隐性的现实情况。你要关注系统（你所在的群体、其他群体、整个员工群体、整个班级、整个学校）中每个人的行为、思想和感受。只要你足够耐心、认真倾听并发起有效的学习活动，这些就能形成一张完整的拼图，为你解开行为之谜。你尤其需要理解的是：领导力是一种群体动力，而非一个人的特质组合。

你得知道，作为一个行为领导力教练，你的作用是为你的学员提供学习方面的咨询，而不是给予他们忠告或取悦他们。这或许意味着，你必须容许他们失败并且感到沮丧，然后帮助他们以非评判性的方式从失败中学习。为此，你必须愿意承受他们对你的愤怒、气恼和反抗。所有这些行为都是学习的素材。与高管合作必须具备一种不同的能力——必须能够处理一些甚至在个人教练之中都不常见的、无形的和无意识的现象。

在我们对领导力发展课程的设计中，教练辅导被安排在课程的最后阶段，群体中的每一位学员都将接受保密的一对一教练。该环节旨在深入整合学员以下方面的学习：理解领导力如何在群体中发挥作用；认识自我；了解自己的生活现状；弄清未来可能的发展轨迹——是决定做出改变和成长，还是决定留在舒适区，甚或继续困在虽然令人痛苦却因为熟悉而让人感到安心的不适区。

当然，所有用来帮助他们学习的材料都必须是保密的，否则他们会缺乏安全感，无法敞开心扉，获得成长。为了更好地推动这个过程，你需要在一对一的讨论中以学员为先。你要少说多听，从他们的潜台词中捕捉他们的真实需求，进而鼓励他们寻求个人和职业上的成长与发展。你可以使用的材料也许包括：要求学员提交的自述（个人和职业身份叙述）、非评判性的 MBTI 人格量表及同侪评议——一份将自我评价和群体中其他人所做的评价进行比较的报告。结合对无意识层面的专注,这些材料所引发的学习过程肯定不同于典型的认知式教练体验——你是在为学员提供不同的视角,让他们能够从心理学角度多层次地理解自己的整体社会系统。

企业热衷于罗列胜任力清单。人力资源部会据此给你评定一个基于比较的"分数"来界定你这个人。大多数的360测评工具都将一个人的评定结果归因于其特质。但事实并非如此。就以"积极主动"这项典型的领导胜任力为例。在某个群体中,你的"积极主动"分数可能很高,所有人都认为你在这方面具有很强的、与生俱来的特质。但如果把你换到另一个群体中,哪怕还是同一家公司,你的"积极主动"分数可能就比较低。你并没有变,只是这两个群体属于截然不同的社会系统。你在一个群体中获得了授权,但在另一个群体中却未获得。因此,人力资源部所认为的胜任力实际上并不是一种个人特质,而是群体动力机制的结果。它是你所在群体中其他人的思想投射,以及他们试图让你扮演的角色的作用结果。

按照这个对领导力的理解,领导力教练的工作,就远远超出了典型的个体教练、心理咨询,甚至心理治疗的范畴[16]。这些辅导、咨询或治疗都是在心理领域开展工作,但有一项任务是它们都没有做到的:将有意识、有逻辑的理性行为与无意识、情感层面的非理性行为相结合。

忻榕: 传统方式培训出来的教练在转型成为有更多整体性方法的领导力发展教练的过程中,会犯哪些常见的错误?

杰克·伍德: 新手咨询顾问或教练的一些常见错误?有时候,群体变得灰心丧气,他们想要振作起来。而教练也想给他们鼓劲打气。这是可以理解的,但却存在问题。它意味着一种共谋,一种无意识的约定:大家都保持微笑,同时回避学习。

这种所谓的积极态度可能有害——它否认了真实情感的存在。对一个群体进行这样的"教练辅导",使它能够顺利运作、提升绩效或对自己感到满意,结果反倒会妨碍学习。当你的孩子绊倒,膝盖受伤而开始哭泣时,他们不会奔向只提供医疗忠告的父母:"没关系,只是一点擦伤。来,我用碘酒清洗一下,再贴个创可贴。看,你现在可是好好的啦。别哭了。做个男子汉。"孩子寻求的不是医疗忠告，医疗忠告无法化解他们的痛苦感受和情绪——孩子的感受实际上是被否定了。所以，孩子自然会跑向将他们抱在怀中予以安慰的父母。这其中的差别十分微妙，但显然，理性和忠告是对他人体验的否定。高效能的群体领导力教练必须与群体通力合作，用心体会其感受背后的复杂原因；但更重要的是，要理解其感受背后的目的。当群体和个人出现不好的情绪时，他们可以重新调整自己的导向，为人生规划新的任务、方向和目的地。

我们必须明白，领导力不是个人现象，而是社会现象。几乎所有的教练辅导、心理咨询，甚至心理治疗都是以个人和人际动力为导向。但无论是大到人类生活，还是小到领导力，都是我们所处社会系统的一个功能。你能否发挥领导力，要看别人给不给你权限。甚至连你的魅力都不是由你自身决定的，魅力是一种社会现象，本质上是由他人的投射归因构成的。而这些可能只是幻象，甚至是妄想，和你作为人或者企业领导者的真实素质完全无关。

前面我们所阐述的技能组合，即有能力以"系统视角"（群体、群体间和组织层面）分析微妙的心理变量，并实施严谨的多层面职业培训和认真的个人辅导工作，已远远超出商学院教授、企业咨询顾问、自由执业教练、个体心理咨询师，甚至个体心理治疗师的常规培训范畴。教练辅导需要不断深化教练与群体乃至更大系统的合作，否则其效果还是会相对较差，无法促进个人、职业或组织层面的巨大成长与发展。

注　释

[1] Wood, J.D. (1996a, 1996b).

[2] Wood, J.D. (2009).

[3] "Books, like conversations, rarely give us any precise ideas. Nothing is so common as to read and converse uselessly. We must repeat here what Locke has so strongly recommended, define the terms." Voltaire, from "Questions sur

l'Encyclopédie par des Amateurs" (Geneva: 1774), vol. 1, "Abus des mots," p. 32; *Œuvres complètes de Voltaire* (2008), vol. 38, p. 76. Jack's translation. Original French: "Les livres, comme les conversations, nous donnent rarement des idées précises. Rien n'est si commun que de lire et de converser inutilement. Il faut répéter ici ce que Locke a tant recommandé, définissez les termes."

[4] http://www.etymonline.com/index.php?search=coach&search mode=none Coach: 1556, "large kind of carriage," from Middle French *coche*, from German *kotsche*, from Hungarian *kocsi (szekér)* "(carriage) of Kocs," village where it was first made. In Hungary, the thing and the name for it date from the 15th century, and forms are found in most European languages. Applied to railway cars 1866, American English. Sense of "economy or tourist class" is from 1949. Meaning "instructor/trainer" is c.1830. Oxford University slang for a tutor who "carries" a student through an exam; athletic sense is from 1861.

[5] Wood, J. D. (1999).

[6] Personal communication with Geoff Church and Richard Hahlo, founders of London's Dramatic Resources, www.dramaticresources.co.uk. They base their data on the work of Albert Mehrabian, whose research has sometimes been misunderstood. The percentages are how much the three principal elements of a communication account for how much the receivers like the speaker. What isn't in dispute among scientific researchers (and ethologists who study animal behavior) is that the non-verbal elements in communication are significantly more important than simply the words used (verbal communication). We appear to pick up, interpret, and make judgments and decisions about others based mostly on the covert, non-verbal emotional subtext, not the overtly spoken or written text.

[7] Wood, J.D., Meister, A., Liu, H. (2021a).

[8] Lee Kuan Yew (2015).

[9] Wood, J.D., Liu, H. (2021b).

[10] Petriglieri, G., Wood J.D. (2005).

[11] Wood, J. D., Petriglieri, G. (2005b).

[12] Xin, K.R. & Pearce, J.L. (2020).

[13] Engineering and Clinical.

[14] The highest rating happened even though it was the last elective to be offered, was not included in the first waves of advertising, and some of the participants got assigned to it because they couldn't get into one of their preferred modules.
[15] Wood, J.D., (2008), p. 223.
[16] Wood, J.D., Petriglieri, G. (2005a).

参考文献

Lee Kuan Yew: his most memorable quotes, The Telegraph, Reuters, 23 March 2015.
Petriglieri, G., & Wood J.D. (2005). Learning for leadership: The "engineering" and "clinical" approaches. In Strebel, P., & Keys, T. (Eds.), *Mastering Executive Education: How to Combine Content with Context and Emotion* (pp. 140-154). London: Financial Times-Prentice Hall.
Wood, J.D., Meister, A., & Liu, H. (2021a). Defining the good, the bad and the evil. In Örtenblad, A. (Ed.), *Debating Bad Leadership: Reasons and Remedies, Chapter 3,* (in press). New York: Palgrave Macmillan.
Wood, J.D., & Liu, H. (2021b). Failure in leadership: the deeper psycho-social currents. In Örtenblad, A. (Ed.), *Debating Bad Leadership: Reasons and Remedies, Chapter 10* (in press). New York: Palgrave Macmillan.
Wood, J.D, (2009). The Nature of Unconscious Processes [in Coaching]: Interview with Jack Denfeld Wood by William Bergquist and Michael Sanson, *International Journal of Coaching in Organizations* (ICJO) , 3, 6-3.
Wood, J.D, (2008). An effective coaching strategy—or, how do you keep Cinderella's coach from turning into a pumpkin? In Büchel, B., Read, S., Moncef, A., & Coughlin, S. (Eds.), *Riding the Waves of Global Change, Chapter 24*, (pp. 221-228). Lausanne, IMD.
Wood, J.D., & Petriglieri, G. (2005a). On coaches, counsellors, facilitators and behavioural consultants. In Strebel, P., & Keys, T. (Eds.), *Mastering Executive Education: How to Combine Content with Context and Emotion, The IMD Guide*. London: Financial Times-Prentice Hall.
Wood, J. D., & Petriglieri, G. (2005b). Transcending polarization: Beyond binary thinking. *Transactional Analysis Journal*, 35(1), 31-39.
Wood, J. D. (1999). Taking the irrational seriously. IMD *Perspectives for Managers,*

59(3).

Wood, J. D. (1996a). What makes a leader? *The London Financial Times Mastering Management Series, Part 14.* Reprinted as Wood, J. D. (1997). What makes a leader? In T. Dickson, & G. Bickerstaffe (Eds.), *Mastering management* (pp. 507-511). London: Pitman.

Wood, J. D. (1996b). The two sides of leadership. *The London Financial Times Mastering Management Series, Part 15.* Reprinted as Wood, J. D. (1997). The two sides of leadership. In T. Dickson, & G. Bickerstaffe (Eds.), *Mastering management* (pp. 511-515). London: Pitman.

Xin, K. R. & Pearce, J.L. (2020). Understanding power and politics in organizations. In Xin, K.R. & Pearce, J.L. (Eds.), *Understanding Organizational Behavior* (pp. 195-229). Beijing: China Machine Press.

第13章
教练的未来：制度视角和文化双融观

莫妮克·斯诺登

摘　要

前面一章讨论了增益学习的价值，并围绕领导力教练，重点研究了领导力发展心理和系统性问题。本章将教练看作一种职业、实践和多维度过程，分别从这几种视角介绍东西方哲学对领导力教练的影响。每一种视角提供了一个主—客观框架，保证教练的话语论述能稳定地解读现象的意义。文化双融观阐释了一种从自我—他人视角创建平衡的思维模式，超越了辩证法，用不同文化所理解的语言表述反映现实，并且力求"博大与包容"。

引　言

毋庸置疑，教练的前景充满希望。本章阐述了过去几十年中国领导力教练的演进和发展；将教练看作一种演化中的职业、一种制度化实践和一种多维度过程，进行了多视角分析论述；分别从教练的不同方面反映这三个概念的内涵，而这三个概念又构成一个统一的整体。换句话说，教练是一种复杂的多面现象，其目的、方法和绩效并非单一观点所能界定的。职业、实践和过程，完全是《奇境中的教练》（Campone，2020）一书中的后现代主义观点。美国作家 E. B. 怀特建议："注意留心观察，总会有奇迹出现。"坎波内表达了类似的观点：

> 好奇是所有优质教练的核心：对被教练者的好奇，对自己作为教练的好奇，对教练过程和实践的好奇。当爱丽丝被兔子洞绊倒的时候，她面对这次奇怪的意外遭遇，大喊："好奇怪，好奇怪！"（Carro，1865）……作为有思考力的专业人士，我们都有像爱丽丝一样的遭遇：绊倒……像爱丽丝一样，最好的反应是探询……探询就是好奇心和追根问底的头脑，是理论和方法的源泉。（Campone，2020）

故事主人公的叹息表明，每一次她发现新事物后，周围的环境就变得更陌生了。奇怪的境遇通常会激起更大的求知欲，还有有益和有害的好奇心（Kashdan & Silva，2009；Silva & Kashdan，2009）。小说《爱丽丝漫游奇境记》由于用拟人化手法给动物赋予了人类行为和情感特征，曾一度在某些国家被禁止出版。可以观察到很多种动物都有好奇心，但人类的好奇心有时是不稳定的。在莎士比亚的《无事生非》中，克劳迪奥指责贝内德克："啊，勇士！虽然好奇心能杀死猫，但是你的勇气能杀死好奇心！""或者，简而言之，好奇害死猫，即好奇心往往很危险。"

基斯·图（Keith To，2006）表示："在中国和许多其他亚洲国家，父母教育我们不要好奇。好奇会招致危险，而且不礼貌。"有学者强调："儒家文化的孝顺传统根深蒂固，这对中国父母和孩子的共同价值观和行为方式具有重要影响。"詹韦拿博士和王戈提到："中国千禧一代和他们那一代的西方同龄人并没有太大不同，他们同样好奇。"然而，"与大多数西方同龄人相比，中国千禧一代面临着一系列中国式重压"。

在这种背景之下，好奇的适当性和实用性既矛盾又模糊。这就是说，一个人应该既好奇，又不好奇。在西方二元论里，前者带正电荷，后者带负电荷。相比之下，中国传统哲学里的阴阳蕴含着表面上对立或相反的力量和谐互动、互补互联、互根互用。有人有意搁置东西方二分法的对立，这种对立经常产生社会结构性分裂，并使之具体化、界限分明，使差异问题化。可以说，一个更加有趣和富有成果的任务，是在文化和管理哲学之间有限的空间内，将东西方差异（无论真实的还是假想的）搁置起来。

这种辩证对立观点有助于理解国际组织中截然不同的领导方式的深层原因和细微差别（Smith, Tushman, & Lewis, 2016）。这种直截了当的说法可能新奇，但上文提到的做法已在商业中被证明是有效的。举一个案例，宏碁集团的创始人和荣誉主席施振荣融合中西方哲学和方法，帮助组织实现了高绩效的成果（Lin & Hou, 2010）。他的领导力风格也被称赞，他被认为"和典型的中国商业领导者大不相同"，有着"独特的亚洲价值观"（Lin & Hou, 2010）。

施振荣在实践中展现了辩证思维（Chin & Miller, 2010）。同样，他认为对辩证法敏感且以辩证法为中心的教练，具有文化效用（Potter, 2020）。如果好奇心真的是优秀教练的核心，那么在东西方不同的文化背景下，对教练和被教练者而言，在教练中，对好奇心的看法可能不同，好奇心的表现形式各异，这似乎是有道理的。还有，对好奇心这个概念的思考，有助于理解教练中文化双融的观点，激发辩证思维能力。

因此，这一章接下来将分为四个部分来讨论：第一，教练是一个持续发展演进的职业，符合教练逻辑和原理；第二，教练是制度化规范化的实践，代表动态的职业；第三，教练是多维度过程的集合，融工具性、合理性、正统规范性教练实践和理论于一体；第四，以好奇心为例，运用辩证思维方法诠释文化双融观。

教练：一门新兴职业

本章从制度化角度阐述了教练作为一门新兴职业在全球（包括中国）的发展过程。莱希特和芬内尔（Leicht & Fennel, 2008）指出："发达国家已将教练定义为一门职业，关于该职业的研究，已与制度理论和制度相关的重要课题密不可分。"这项研究中的两个特别值得关注的话题是组织场和制度逻辑。场和逻辑这两个概念为教练从业人员提供了更广阔、更大胆的未来职业发展想象空间。

职业是承载、执行、促进和传播专业知识的认知文化（Scott，2008a）。知识"与信念和承诺相关……是一种特别的态度、视角或意图的运作……它总是'为了实现某个目的'"（Nonaka & Takekuchi，1995）。技能是行动和情境中的知识运用。专长是指通过掌握和分享专业知识来提高某些技能，从而创造出新知识。教练知识是由被广泛接受的道德原则、行为准则、专业标准、核心能力模型及技能评估体系所限定的、合法化和制度化的知识。

行业协会不仅仅是行业准则和价值观的"发布者和保护者"（Kraatz & Moore，2002）。斯科特（2008b）认为："行业协会是制度化机构，负责制定、解释和执行行业制度。"业内人士的共同信念和价值观经过专业化实体，如专业组织和协会整理提炼，并在持续不断的互动中形成结构化文本。例如，国际教练联盟的使命是制订高标准，提供独立认证，为训练有素的教练专业人士搭建全球网络，目的是促进教练行业的发展。

尽管教练没有明确划分和清晰界定的行业技能范围，但是它早已具备成为一门职业的条件（Fietze，2007）。尽管教练有"共同的职业义务"（Fietze，2007），但它是一门还未完全发展为有固定制度的职业，特别是监管制度。然而，循证教练实践和流程，官方认证和认可的教育项目，多种类型和级别的资格认证，以及各种专业组织机构，这些事实已足以使得教练成为一门持续发展的新兴职业。

教练场

被认证的教练、官方认可的教练培训项目、教练认证机构、教练协会组织以及测评工具供应商等实体共同构成教练组织场（以下简称教练场；Scott，

1991）。教练场由专业人士和职业社群组成，其功能是制订、实施并细化教练职业的相关实践、流程、理论逻辑和制度。

像国际教练联盟这样的职业机构，负责支持并推广专业教练经验、理论表述和解释，并促进教练行业与全社会交流；作为利益集团，其运作目的是促进职业流动（Macdonald，1995）。与教练相关的职业组织和协会是分散在世界各地的教练场成员的召集者，负责组织会员间的交流，以及收集整理和颁布教练的专业知识、能力和技能标准。这些职业机构通过推广制度化实践和标准化流程促进教练场专业化。

教练逻辑及合理性

教练场是由相同和不同制度逻辑所形成的，流动、重合且发展演进的会员制度和关系的总和（Scott，1995）。制度逻辑（以下称教练逻辑）是符号结构和物质实践的汇总，包含了教练场内组成要素获取权力、影响力和认可的原则（Friedland & Alford，1991；Scott，2001）。弗里德兰（Friedland，2002）指出：

> 职业机构的逻辑既需要具象化从而得以抽象化，也需要抽象化从而得以具象化……逻辑构成了宇宙，其中手段是有意义的；如果手段和目的匹配，则是合适的，并且是自然的，而不用考虑其中的关键物质和社会行动条件。

每一门职业和实践都有其存在的合理性，合理性有助于促进对这种职业特点和实践的理解。教练要素的预期结果需要合理依据。但是，逻辑和合理性是两个不同的概念。逻辑是合理性的前提。而采取特定的行动和举措的原因需要用逻辑结构和合理性来解释和证明。教练的合理性使教练行为情境化；反过来，情境化教练行为使得教练逻辑清晰直观、生动具体。斯科特（1995）指出，规范化、标准化的文化认知结构的深层逻辑经过合理化调节，才能产生合适、规范的行为，发挥重要作用。

专业化职场有众多相互矛盾的理论以及规范和实践理据，个人/职业准则和价值观既一致又冲突（Townley，2002）。因此，教练场也呈现出多元化趋势，并具有价值和合理性。研究现有教练实践和新兴的替代性实践，例如文化双融教练，可以确定和解释教练场的原则、手段、目的、行动逻辑和合理性，并将教练场制度化。而且，要研究教练的逻辑性和合理性，必须挖掘和剖析人们普遍接受的教练结构、实践和流程。

教练实践的制度化

教练是一种沟通现象，其逻辑根植于教练话语实践，并依靠教练话语实践表达和展示。教练知识、专门技能和逻辑由话语实践组成，这些话语实践包括个人和集体教练行为的解释方案、规范、准则和资源（可配置并有权威性）。费尔克劳夫（Fairclough，1993）将话语实践描述为一个专门技能和自反性的领域。自反性是指运用知识来组织和促进变革。教练话语实践也反映在核心能力中。例如，德尔加迪略（Delgadillo，2015）总结了国际教练联盟的核心沟通能力：

> 教练切忌：采用直接劝服的沟通战略；告诉被教练者该做什么和如何做；查问过去（特别是情绪化往事）；为被教练者选择对话的话题/内容；未征求被教练者的意见就改变教练计划；偏爱任何特定结果或解决方案；用评估替代诊断；直接教训被教练者。

像沟通学科和相关领域一样，任何一组核心沟通能力都具有多面性。此外，尽管教练和被教练者之间的社交互动可以通过对话分析阐明，但教练并非一场对话或一系列的对话那么简单。施耐伯格和克利门斯（Schneiberg & Clemens，2006）强调，制度化的行动者通过启发性对话研究和揭示对问题的看法，综合处理各种概念、目标、方案，并采取措施。在这方面，专业化的教练运用大量模型、方法、路线图、计划和方案，这些制度化元素可确保对教练的总体和具体情境的论述和阐释。

教练话语

话语是看待、学习和理解某种现象的一个视角或切入点（Putnam & Fairclough，2001）。教练话语由该教练场内成员输入并传播。教练场内成员之间的行话可催生出对改进教练实践至关重要的专门技能和知识。霍尔（Hall，2001）强调，一方面，话语规定了讨论某类话题的方式，确定了可接受、可理解的谈话、书写和行为规范；另一方面，话语排除、限定和限制了该话题或构建相关知识的其他讨论和行为方式。教练话语促进并限定了教练场成员对教练逻辑的理解和诠释，阐明了教练的意义，使教练制度化、具体化，并得到社会认同。

对教练实践的职业化共同理解（Greenwood，2002）促使业内观点和信息通过教练话语进行有序交换。在这一方面，教练话语代表职业观点的集合，揭示了预设的、想当然的概念（Taylor, Gurd, & Bardini, 1997），传播了教练场内各种不同的专业知识。合规得体的行话能保证教练场内成员沟通清晰明确，有利于教练制度化。强制性、规范性、模拟性话语也可促进职场内教练方法和惯例的稳固和结构化。

强制性话语促进了勤勉尽职和理性原则的产生和实行，这些原则"来源于影响力或合法性问题"（DiMaggio & Powell, 1991）。强制性话语反映了在文化期望的调节下，对职业施加的正式的和非正式的压力。规范性话语通过监控、许可，并将教练职业中的行为按是否合规进行分类，从而促进教练职业化。规范话语传达了主导方法，并关注现有权力结构和关系。这种结构和关系是在教练培训和教练场成员的职业化社交过程中形成的。教练场成员也会经常进入或退出教练环境，或在其中持续停留、斡旋交流。模拟性话语引发了"跟随企业领导者"的教练行动。规范性实践是公认可接受的，而模拟性实践则是公认的良好或最佳实践。

多维度过程

斯科特（2008b）提出了一个有用的三支柱分析框架，可以将教练作为一个制度化领域，对职业现象和话语实践进行有效定位、描述表达和呈现。该框架由"规则性、标准化和文化认知元素组成，结合相关活动和资源，为现象提供了稳定性和意义"（Scott，2008b）。三支柱分析框架为教练过程提供了启示。规则性支柱强调正式的和非正式的规则制定、监控及许可活动，属工具性过程维度。标准化支柱引入规定性、评估性及强制性规范，属合规性过程维度。文化认知支柱强调符号维度的中心地位，运用共同的图式、框架和其他共同符号表征，属正统过程维度。

工具性教练过程是极为理性的。该过程中所包含的教练单元会试图理解并回答以下问题：在这种情境下，我的利益何在？合规性过程维度的底层假设是，参加教练的人，只要认为对他有利，就会表现出合规行为，来确保获得奖赏（有形的和无形的），或者避免相关处罚（实际的和假想的）。但是，合规性是一种偶然结果，它并不是一个全有或全无的命题。而且，工具性过程并不一定会产生压制和约束；相反，合规性教练过程可保证教练单元在客观上实用，在主观上具有符号象征意义。本书中论述工具性过程的参考文献，与中国教练有关的，包括动机和情绪的自我调节。

合适的教练过程强调准则和价值观，以及它们在内化和影响他人方面的稳定作用。该过程中所包含的教练单元会试图理解并回答以下问题：在这种情境下，考虑到我在其中所扮演的角色，如何才能表现出得体的行为？标准化维度的行为是规定性的、评估性的及相互强制性的。准则明确规定了应该如何做才能以合理合法的手段实现有价值的目的。在接近所偏好的或所渴求的状态时，评判标准不可背离价值观。除了确定目标和目的，教练组分要选定达成预期结果的最合适的方式。本书中论述合规性过程的参考文献，与中国教练有关的，包括教练认证过程和项目，管理行为和价值观，传统和文化价值观，以及文化准则。

正统教练过程包含意义和行动的通用框架，该过程中所包含的教练单元可能会为传统主义辩护或为现代主义辩解。思考这样的问题：在这种情境下，考虑到我对它的熟悉程度，什么是最好的行动方案？重复性行动模式背后被认为正确的原则和理念会逐渐客观化，成为习惯。如果其他类型的行为被视为不可思议，文化认知维度会激发顺从性行为。模拟性维度将已执行和采用的做事方式具体化为广泛接受的过程。认知框架限定了教练组分形成职业化意识的条件。文化观念和观点经常会变化，并可能相互冲突。而且，不同的信念和矛盾的识别力可能会导致相反或不同的教练结果。本书中论述正统教练过程的参考文献，与中国教练有关的，包括中西方经理人管理模式的差别、文化认可互动、谈话模式及语言结构。

西方遇见东方：教练文化双融观

语言"既是一种词语表达（描述）又是一种非词语表达（有实际后果的言外行动）"（Taylor & Van Every，2000）。思想和行动中的语言功能及其对知识形成和传播的影响是特定情境中教练的基础。文字和事实的微妙联系是语言和现实关系的基础（Hayakawa & Hayakawa，1990）。一个普遍的认知问题：我们是如何知道我们所知道的内容？对这个问题的解析可以清楚地揭示知识、语言和文化之间的内在联系：

在西方思想中，对现实的描述通过低语境的现代西方语言表达。这种西方语言讲求泾渭分明的二元对立，而不重视灰色或悖论的模糊阴影区域。客观描述依靠语言，而语言构成了知识。（Lowe, Kainzbauer, & Tapachai, 2015）

野中和竹口（Nonaka & Takekuchi, 1995）在阐释知识转化循环时，对隐喻—类比—模型三部曲概念进行了详细说明。在描述时，如果语言表达遇到障碍，则可通过调整行动顺序绕开或超越这些障碍。语言表述是（内在）主观经验的抽象（Hayakawa & Hayakawa, 1990）。表述者通常会有意抽取理想概念而超越偶然和具体的事物。表述过程中需要处理的常见矛盾是：保留重要信息以及排除明显不重要的信息（Star, 1995）。

表述是一种解释并影响教练现象的文化认知过程。罗威、凯恩斯鲍尔和塔帕猜（Lowe, Kainzbauer, & Tapachai, 2015）将"西方观念：我思故我在"和"东方观念：天人合一"进行了对比，从而阐明了表述和知识、语言、文化的关系。他们指出：

> 西方的标准假设是，由抽象的描述语言构成的知识应该先于行动……因此，西方的自我认知是通过理性知识和感性知识对自我存在的分析和构建。和西方的个人与自我认知相比，东方的自我则由情感关系而定，很少强调个人。

米勒等人（Chen & Miller, 2010）提出，通过强调"个人—他人平衡整合"可弥合东西方文化分歧，而立场应从"西方领导东方"转变为"西方遇见东方"。尽管他们的研究重点在于管理拥有全球视野的高管，但他们提出的"开明的公民—商人"概念也适用于教练职业、教练和被教练者。为此，受相关学术研究启发（Chen, 2014; Chen & Miller, 2010; Lin & Hou, 2010; Lowe, Kainzbauer, & Tapachai, 2015），我大声呼吁：教练场成员都去拥抱和践行教练文化双融观。

文化双融观

"文化双融"的英文 ambiculturalism 中，词根 ambi 的意思是"两个都"和"周围"，传达出一种对"广博和包容"积极执着的追求（Chen，2014）。表达两种观念、力量或特性之间的对等关系并不一定是对立的，可以是下面的术语：

- 周围的：在周围活动；围绕在各边。
- 模糊性：意义的不确定性；多重含义。
- 双手灵巧的：左右手同样灵巧的。
- 文化双融的：具有在不同文化背景下沟通交流的能力。

文化双融是美国著名战略管理研究学者陈明哲最早提出的理念，旨在融通西方和中国管理实践。陈明哲（Chen，2015）也提出了其他文化双融整合理念（例如，全球—当地，竞争—合作，专业性—人性化）。他希望超越对立，实现文化观点和行动的整合。因此，文化双融术语有着很强的行为学习学和认知渊源。陈明哲认为，以行动为导向的研究可能最终将东西方管理研究看作一个整体。他指出：

> 文化双融理念认为，二元结构可以像把麦子从麦秸中分离出来那样进行整合——取其精华，去其糟粕，从而产生更好的、优化的，甚至更文明的产品、服务、管理方法、人文行为或其他结果。文化双融理念对商业、教育和生活的态度是倡导在理解对立的基础上"执两用中"，寻求平衡与整合的创新机遇。

以下几个问题是陈明哲在 2011 年管理学院年会上主持会议时提出的。此外，他还受到了当时的会议主席（Chen，2015）的启发。陈明哲利用这次会议的机会，进一步提出了文化双融管理理念。这一理念在本章中也被运用于教练的相关阐述中：

- 教练相关人员如何理解和看待不一致的经验？
- 教练相关人员如何在相对立的现象中获得平衡？
- 教练相关人员如何超越对立，从差异中汲取力量？
- 在东西方理念和实践融通交流过程中，教练相关人员应该如何趋利避害、实现共赢？

每一个问题都为超越和转变对抗性思维开辟了道路，有助于从非此即彼的两极思维转变为对立统一的辩证思维。正如纳斯比特等人（Peng & Nesbitt，1999）所说："中国人素以善于辩证思考闻名于世，他们的推理方式与在西方传统中占据主导地位的形式逻辑范例截然不同。"东方传统通常认为，矛盾是持续不断的，而对立双方也是相互联系的。最佳目标是实现平衡，使对立双方和谐共处并可互相转化。

人们通常认为，西方人重视个人，而中国人则强调集体。这就形成了个人主义—集体主义辩证法。搁置两者之间的矛盾，避免对立冲突或过分推崇任何一方，是迈向文化双融整合的初始一步。对集体主义和个人主义的权变的和整体的解读，意味着"在社区中感到自豪，同时重视个人在社区中的荣誉"（Chen & Miller，2010）。这种辩证互动从整体上强化了二者的统一，在这两种思维方式之间的有限空间中寻找并建立联系。

对个人主义—集体主义辩证法的敏锐认知和理解非常适用于文化双融教练，特别是在教练通过辅导开发被教练者的核心能力、被教练者接受辅导启发以及评估教练效果的过程中。例如，国际教练联盟要求的"强有力提问"核心能力项强调，有能力的教练应该通过提出恰当的问题揭示事物的本质和发展规律，保证维护最佳教练关系，并为被教练者带来最大利益（ICF，n.d.；n.d. 表示未注明出版日期）。教练提问的能力（Marlett & Benz，2020）和"好奇精神"

（Norwood，2020）对教练实践至关重要。在教练过程中，教练和被教练者固有的好奇心应该被激发出来。

好奇心

从文化双融视角探索好奇心具有特别的实用价值。好奇心是教练确定成效的关键动力（Campone，2020）。好奇心强的人求知欲望强烈，会自主自愿地探索新信息，寻求新体验（Kashdan et al.，第1页）。多（To，2016）指出："你在书店中能找到的几乎每一本与教练相关的书籍都会告诉你，要利用好奇心和直觉进行教练。对于几乎没有好奇心和直觉的人，该怎么做教练？"在好奇和不好奇两种相反的状态之间既有对称性，也有非对称性（To，2006）。因此，好奇心是一种有着细微差别的现象。卡什丹和他的同事（Kashdan & Colleagues，2020）总结几十年的研究成果，提出了在六维度框架中激发和运用好奇心的方法：

（1）令人愉快的探索——探索这个引人入胜的世界是快乐愉悦的经历。

（2）消除求知焦虑——你有不知道而想知道的信息，而你会花大量精力去探索；意识到这种情况会让你感到焦虑和挫败。

（3）压力容忍度——对新事物产生的压力的承受和处理能力。

（4）寻求刺激——激发出来的好奇心不可压抑，因为好奇心可以使事物从本质上更加令人向往。

（5）隐藏的好奇心——指以间接的、秘密的、不外露的方式打探他人情况的好奇心。

（6）外显的好奇心——指对他人行为、思考和情感的兴趣。

令人愉快的探索

令人愉快的探索表明了前面提到的国际教练联盟要求的核心能力项中的"强有力提问",可以利用这种性格上的好奇。卡什丹和他的同事(2020)用了以下的陈述来确定与工作相关的好奇心和心理优势之间的相关性:

- 我将挑战性情境视为成长和学习的机会。
- 我寻找需要深层思考才能解决问题的情境。
- 我喜欢学习不熟悉的课题。
- 我觉得学习新知识令人着迷。

令人愉快的探索凸显了开放性观念,外向性,在矛盾中乐于修正观点的谦逊和智慧,以及对自主导向的珍惜。令人愉快的探索在好奇心维度上与和工作相关的好奇心及智慧的关系最密切。具体而言,包括考虑他人观点的能力、理性谦逊、创新能力、有主见、不随波逐流,敢于向主管和经理表达不同意见,在工作中积极追求晋升,以及对自主导向和普适性的珍视。

从文化双融视角看,令人愉快的探索揭示了普适性—特殊性之间的辩证关系。在普适性文化中,总体而言,规则和义务比关系更优先、更重要。属于这一维度文化的范例,包括美国、加拿大、澳大利亚、荷兰和北欧各国、新西兰、瑞士、英国和德国。在特殊性文化中,规则适用性和义务期望值取决于情境和关系。属于这一维度文化的范例,包括中国、俄罗斯和南美各国。

要在教练情境下运用普适性—特殊性辩证法就必须理解各方之间的关系和联系方式,即一方的存在基于另一方矛盾的存在和不存在;也就是说,一方接受另一方既非出于义务，也非出于意愿。对于已认定的义务（必须做）、允许（可接受，但并非强制性的）、自由裁量（非强制性、非禁止，但并非一定允许）以及禁止（必须不做）等事项而言，考虑关系的复合权重和情境是发现并确定权变事件价值的过程，同时也接受无限可能性。

外显的好奇心

外显的好奇心表明了前面提到的国际教练联盟要求的核心能力项中的"强有力提问"，可以利用这种性格上的好奇。卡什丹和他的同事（2020）用了以下的陈述来决定与工作相关的好奇心和心理优势之间的相关性：

- 我问了很多问题，目的是弄清楚其他人对什么感兴趣。
- 和某个情绪激动的人谈话时，我很想弄清楚他为什么激动。
- 和某人说话时，我总想努力发现他的有趣琐事。
- 我总喜欢弄清楚人们行为背后的原因。

外显的社交好奇心凸显了亲和性、社交性，以及珍视仁爱和普适性。外显的社会好奇心与智慧的关系最密切，具体而言，即寻求妥协和解、采用他人的观点、承认变化以及珍视仁爱。

从文化双融的视角来看，外显的好奇心揭示了利他主义—仁爱之间的辩证关系。一方面，利他主义是个人对他人福祉的关切，而非主要为满足自身欲望所驱动。另一方面，仁爱是一种关怀的情感。

要在教练情境下运用利他主义—仁爱辩证法就必须理解每一方都会向另一方展现一个影子。如何展现这个影子取决于光源或对自我的认知。影子的形成、影子的大小以及影子的投射角度共同构成了一个能见度量表，该量表可衡量从一种状态转化到另一种状态的可塑性。利他主义接受甚至是采纳他人的观点，就像使自己的影子见光显现，但同时仍然保留强烈的自我意识。妥协可能不是永久的，但它对自我和他人之间仁爱关系的健康发展仍然至关重要。除此之外，避免冲突可能并不能增进他人福祉。在旅途上，那种能选择弥合分歧路径的人可以走向成功。因为只有这种人，才能真正走在光明中，把影子踩在脚下。

在教练情境下，好奇心的驱动力、性质和影响是多面的。采用文化双融理念进行教练就像通过文化万花筒观察教练关系，教练和被教练者都处在两块辩证平板和平面镜之间旋转反射。自我和他人就像是一直在万花筒中不断变化且带色调的材料一样。教练过程也是一种不断改变话语位置的互动对话，形式变化多端，有时可能迷失方向，但仍然保持和谐。总而言之，辩证法奇境既具美感又有实用性。

结　论

为一门新职业谋划未来是一项值得称颂而又功德无量的使命。从跨地域和跨文化的全球视野展望未来，又是多么令人感到谦卑！尽管如此，本书的作者担当了这个使命。种族中心化思想早已存在于潜意识中，渗透到西方管理理论、研究和实践中。作者亲历其中并将其具体化。用文化双融观审视评估教练，识别辨认那些植根于教练理论、模型、方法、路线图、计划和论著中想当然的成见、束缚和禁区，并努力消除它们，将有利于促进教练职业的健康发展。

参考文献

Blum, L. A. (2015). Altruism and benevolence. *Wiley Encyclopedia of Management,* 1-2.

Chen, M. J., & Miller, D. (2010). West meets East: Toward an ambicultural approach to management. *Academy of Management Perspectives*, 24(4), 17-24.

DiMaggio, P. J., & Powell, W.W. (1991) Introduction. In W.W. Powell & P.J. DiMaggio (Eds.), *The new institutionalism in organization analysis* (pp. 1-38). Chicago, IL: University of Chicago Press.

Fairclough, N. (1993). Critical discourse analysis and the marketization of public discourse: The Universities. *Discourse & Society,* 4, 133-168.

Fietze, B. (2017). Is Coaching on Its Way to Becoming a Profession? A Profession-Centric Sociological Assessment. In *The Professionalization of Coaching* (pp. 3-21). Springer, Wiesbaden.

Friedland, R. (2002) Money, sex, and God: The erotic logic of religious nationalism. *Sociological Theory*, 20, 381-425.

Friedland, R., & Alford, R. (1991). Bring society back in: Symbols, practices and institutional contradictions. In W. W. Powell & P. J. DiMaggio (Eds.), *The new institutionalism in organizational analysis* (pp. 232-263). Chicago, IL: University of Chicago Press.

Greenwood, R., Suddaby, R., & Hining, C. R. (2002). Theorizing change: The role of professional associations in the transformation of institutionalized fields. *Academy of Management Journal*, 45, 58-80.

Hall, S. (2001). Foucault: Power, knowledge and discourse. In M. Wetherell, S. Taylor, & S. Yates (Eds.), *Discourse theory and practice: A reader* (pp. 72-81). London: Sage.

Hayakawa, S. I., & Hayakawa, A. R. (1990). *Language in thought and action*. Houghton Mifflin Harcourt.

International Coaching Federation (ICF) (n.d.) Coaching core competencies. Accessed on December 1, 2020, from https://coachfederation.org/core-competencies.

Kashdan, T. B., Disabato, D. J., Goodman, F. R., & McKnight, P. E. (2020). The Five-Dimensional Curiosity Scale Revised (5DCR): Briefer subscales while separating overt and covert social curiosity. *Personality and Individual Differences, 157,* 109836.

Kraatz, M. S., & Moore, J. H. (2002). Executive migration and institutional change. *Academy of Management Journal,* 45(1), 120-143.

Kashdan, T. B., & Silvia, P. J. (2009). Curiosity and interest: The benefits of thriving on novelty and challenge. In C. R. Snyder & S. J. Lopez (Eds.), *Handbook of positive psychology* (2nd ed., pp. 367-374). New York, NY: Oxford University Press.

Leicht, K. T., & Fennell, M. L. (2008). Institutionalism and the Professions. In R. Greenwood, C. Oliver, T.B. Lawrence, & R. E. Meyer (Eds.), The Sage handbook of organizational institutionalism (pp. 431-448). Chicago, IL: University of Chicago Press.

Lin, H. C., & Hou, S. T. (2010). Managerial lessons from the East: An interview with Acer's Stan Shih. *Academy of management perspectives*, 24(4), 6-16.

Lowe, S., Kainzbauer, A., Tapachai, N., & Hwang, K. S. (2015). Ambicultural blending between Eastern and Western paradigms: Fresh perspectives for international management research. *Culture and Organization*, 21(4), 304-320.

Macdonald, K. M. (1995). *Sociology of the profession.* London: Sage.

Marlett, J., & Bentz, V. M. (2020). Embodied awareness: Transformative coaching through somatics and phenomenology. In T. H. Hildebrandt, F. Campone, K. Norwood, & E. J. Ostrowski (Eds.), *Innovations in coaching leadership: Research and practice* (pp. 224-250). Santa Barbara, CA: Fielding University Press.

Nonaka, I., & Takeuchi, H. (1995). *The knowledge-creating company: How Japanese companies create the dynamics of innovation.* New York, NY: Oxford Press.

Noordewier, M. K., & van Dijk, E. (2017). Curiosity and time: from not knowing to almost knowing. *Cognition and Emotion,* 31(3), 411-421.

Norwood, K. (2020). Beautiful form watcher: Coaching for equity in education. In T. H. Hildebrandt, F. Campone, K. Norwood, & E. J. Ostrowski (Eds.), *Innovations in coaching leadership: Research and practice* (pp. 346-371). Santa Barbara, CA: Fielding University Press.

Peng, K., & Nisbett, R. E. (1999). Culture, dialectics, and reasoning about contradiction. *American psychologist, 54*(9), 741.

Potter, P. (2020). Becoming a coach: Making sense of coaching students' transformative experiences. In T. H. Hildebrandt, F. Campone, K. Norwood, & E. J. Ostrowski (Eds.), *Innovations in coaching leadership: Research and practice* (pp. 371-394). Santa Barbara, CA: Fielding University Press.

Putnam, L. L., & Fairhurst, G. (2001). Discourse analysis in organizations: Issues and concerns. In F. M. Jablin & L. L. Putnam (Eds.), *The new handbook of organizational communication: Advances in theory, research and methods* (pp. 235-268). Newbury Park, CA: Sage.

Schneiberg, M., & Clemens, E. S. (2006). The typical tools for the job: Research strategies in institutional analysis. *Sociological Theory,* 24, 195-227.

Silvia, P. J., & Kashdan, T. B. (2009). Interesting things and curious people: Exploration and engagement as transient states and enduring strengths. Social and Personality Psychology Compass, 3(5), 785-797.

Scott, R. W. (1991). Unpacking Institutional Arguments. In P. J. DiMaggio and W. W. Powell (Eds.), *The New Institutionalism in Organizational Analysis* (pp. 164-182). Chicago, IL: The University of Chicago Press.

Scott, R. W. (1995). *Institutions and organizations.* Thousand Oaks, CA: Sage.

Scott, R. W. (2001). *Institutions and organizations* (2nd Ed.). Thousand Oaks, CA: Sage.

Scott, R. W. (2008a). Lords of dance: Professionals as institutional agents. *Organization Studies,* 28, 219-238.

Scott, R. W. (2008b). *Institutions and organizations: Ideas and interests.* Thousand Oaks, CA: Sage.

Smith, W. K., Lewis, M. W., & Tushman, M. L. (2016). Both and Leadership. *Harvard Business Review,* 94(5), 62-70.

Star, S. L. (1995). The Politics of Formal Representations: Wizards, Gurus, and Organizational Complexity. In Susan Leigh Star (Ed.), *Ecologies of Knowledge: Work and Politics in Science and Technology* (pp. 88-118). Albany, NY: Suny.

Taylor, J. R., Gurd, G. & Bardini T. (1997). The worldviews of cooperative work. In G. Bowker, S. Star, W. Turner, & L. Gasser, (Eds.), *Social Science, technical systems and cooperative work: Beyond the great divide* (pp. 379-413). Hillsdale, NJ: Lawrence-Erlbaum.

Taylor, J. R., & Van Every, E. J. (2000). *The emergent organization: Communication as its site and service.* Mahwah: NJ: Lawrence Erlbaum Associates.

To, K. (Winter, 2006). Business coaching in mainland China and Hong Kong. Business Coaching Worldwide, 2(4). Accessed on December 1, 2020, from http://www.wabccoaches.com/bcw/2006_v2_i4/feature.html.

Townley, B. (2002). The role of competing rationalities in institutional change. *Academy of Management Journal,* 45, 163-179.

第三部分

回望与再思考

第 14 章
蜕变的旅程：在逆境中寻找意义

宗敏

> 我们无法向每一个人传递善良。正因如此，我们要对那些有缘在特定的时间、地点、机会相遇的人，给予特别的关注和关心。
>
> ——圣者奥古斯汀

献给恩师比尔。感谢你教我乐观向上。

作为海洋学家的女儿，我的童年是在海滨城市青岛度过的。记忆中，我们住在一个很大的院子里，妈妈在院子前面的研究所里工作，我们住在后面的宿舍楼里。走出院子的正门，穿过马路，就是沙滩和大海。在儿时的记忆中，我的很多时光是看着无际的大海度过的，我心里常常想：海的另一边是不是有个完全不同的世界？那个世界是怎样的？

我的父母是"文化大革命"前最后一批毕业的大学生。晚婚晚育的他们，等到孩子开始上学时，不断提醒我们要珍惜学习的机会，要记得自己很幸运。爸妈制定了高标准，提出了严要求。六岁、个子刚刚高过灶台一点点的我要学做饭，要负责自己和弟弟的功课，要参加运动训练，要学英文教程，要帮忙干家务。

我心里常常觉得不公平：为什么做姐姐就要做这么多事情？爸爸工作忙，没时间理我，而妈妈常说的一句话是："这都是为了你好。"这种生活方式让我学会了独立、管理时间和关心他人。最重要的是，它让我知道，父母给孩子提供的承担责任的空间有多大，孩子能释放的潜力就有多大。

很久以后，我才明白，能够守着海边长大是一件多么幸运的事情。我和弟弟每天放学后从海滩跑回家。暑假的每一天我们都去游泳，我们都长得很高。在整个学生时期，我都是学校田径队、篮球队和排球队的成员。后来居住在洛杉矶、旧金山和香港的时候，这些爱好帮助我找到了友情和归属感。多年以后，当我在做一对一辅导和咨询时，我观察到那些能够迅速冷静下来并在逆境中采取有意义的行动的人，往往经常进行体育锻炼。一个活跃的头脑只能在一个活跃的身体中得到承载。锻炼产生的积极情绪使人能够积极行动。

几个月前，我遇到一位企业领导。在一对一辅导中，他告诉我他每天都因繁忙的工作而感到非常疲惫，担心这会对他的健康造成影响。当我建议他尝试每周锻炼三四次时，他的直接反应是："我已经没有精力了。"我笑着说："这其实正是你需要运动的原因。"一个月后，当我们再次见面时，他笑得很灿烂。他说："我今早跑了45分钟。"他说每次跑完步感觉真的很好。

在读研究生的时候，我遇到了比尔，他是我独立研究项目的导师。像其他教授一样，比尔在教学和工作时专注、投入、善于分析。不过，每次与他聊完，走出办公室的一刻，我印象最深的是他鼓励的眼神和爽朗的笑声。即使在面对格外具有挑战性的任务时，比尔也会让你相信"这有可能"。他常说的一句话是："嗯，这是个有意思的挑战。"我们的项目（"中国年轻人的职场吸引和保留因素"）涉及摩托罗拉、宝洁、庞贝捷工业公司（PPG）和北京大学的毕业生，获得了当年的最高学院研究奖。在很大程度上，比尔是我的第一个教练。不同于我所习惯的权威性领导，比尔展示了一个企业领导者可以在关注业绩的同时，还表现出对下属的关心。

1999年，我加入了人事决策国际公司（PDI）在达拉斯的分部。这是一家在国际上领先的领导力评估、教练和人才发展公司。当时，比尔负责PDI在中国香港及内地的业务。跟着比尔这位好教练，我参与了惠普、戴尔、康柏、壳牌、英国石油、太平洋燃气电力、可口可乐、文华酒店集团等领先的跨国公司的领导力评估、领导力培训和一对一教练工作。虽然很忙很辛苦，但这给我带来了实实在在的职业加速发展。

回想起来，这段发展经历给了我两个关键礼物：提出挑战性问题的艺术；觉察教练和被教练者相互影响、转变的过程。刚开始做教练的时候，我与一位刚刚被提拔的年轻女经理合作，她最希望提升的是自己的执行力和自信。年轻的我，不确定除了传递方法类信息之外，我还能怎样有效帮到她，因为我自己也有类似于她的发展需求。再三思考后，我决定跟她讲真话。在我们的第一次会议上，我与她分享了内心的不确定，以及我愿意与她共同学习的承诺。在接下来的9个月里，我们一起探索新领域、尝试新行为、分享新感悟。我们之间形成了牢固的伙伴关系，多年后还一直是朋友。我由此学到了谦逊。谦逊让学习和改变成为可能。

一切顺利进行着，没有人预料到即将发生的大事。

2001年9月11日，盯着电视屏幕，我无法相信自己的眼睛。我拨通了比尔的电话："为什么会这样，比尔？"我的这位教练兼老师回答道："我也不知道，宗敏。但是我知道，这一切都有它的意义……"

"9·11"事件后，我决定离自己的家人近一些。从旧金山搬到香港，我向比尔汇报，承担了扩大PDI在中国内地业务的责任。这意味着我每周要在香港和上海或北京间往返，也意味着更多的学习——招聘、培训和留住团队成员，开发业务和管理客户关系。比尔继续在一言一行中教给我教练的真谛：谦逊、信任、鼓励和做榜样。

有一次，我们需要向一家英国公司的一组"相当挑剔"的高级人力资源领导者做项目的最终总结演示。我很紧张，花了很多时间准备演示文稿，并在会议前一天把它发给了比尔审核，可是一直没有收到比尔的回复。第二天一早，我紧张地去问比尔，他从办公桌前抬起头来，露出一贯灿烂的笑容，说："放松，宗敏，我知道你这次准备充分，一切会顺利的。"确实如此。

几年以后，我开始在沃尔玛全球采办管理团队，比尔的管理风格始终在引导我，包括练习并实践授权、赋权和信任。有一个年轻的毕业生，她很聪明，学得很快，但在整合系统数据时，总是无法保证准确性。一天下午，她来到我的办公室，很沮丧，眼里含着泪水："我知道，我不能再像过去两个月那样出错了，但明早提交的新报告，我还是不确定是不是弄对了……"那一刻，我好像看到了比尔充满鼓励的眼神，于是我说："放松，莉莉安，我知道你这次准备充分，一切会顺利的。"她点点头说："那我再回去检查一遍。"

信任是激励的最高形式之一。它能激发出他人的优点。

做外部顾问一段时间后,我开始思考承担企业内部角色所需要的胜任力。2003年,我加入了沃尔玛全球采购部,最初负责组织发展,后来担任人力资源总监,管理海外业务部的人力资源团队。沃尔玛有一种根深蒂固的、以人为本的文化。总部的人力资源部门为中国、欧洲、中东、非洲、东南亚和拉丁美洲的20多个海外办事处提供招聘、薪酬福利、学习与发展和员工关系方面的支持。这又是一个新的加速发展的机会!这一次,我遇到了与比尔不同风格的经理和上级,这让我更深刻地感受到,领导不是一个职位,而是一种影响力。

在向副总裁汇报的高层领导团队中,我是唯一的女性,还是最年轻的。我面临的首要挑战很明确:虽然我以前是一位炙手可热的顾问,但是,现在我要获得内部关键人员的信任并不容易。我开始穿深色西装,戴眼镜,在会议上主动地大声发言。很快,我明白,口才有多好,看起来有多专业,或者演示文稿看起来有多时尚,这些都不重要。

我们启动了一个基于360反馈的领导力发展项目。在我与关键企业领导者沟通个人发展需求时,对方流露出戒备而谨慎的神情。怎么办呢?我想起比尔传授的教练第一原则:主动倾听。我从观察开始,提出探究式问题,耐心复述,再复述,特别是在面对具有挑战的情境时。慢慢地,大家开始告诉我他们的挣扎、挑战和挫折,我开始了解他们的感受和想法,我们一起想办法共渡难关。正如比尔所说:"每一个挑战中都有一个意义。"

进入了30岁,我开始面对一个众多同龄中国女性共有的挑战:回应父母的婚恋焦虑。每年春节,我不知如何应对各位亲戚的关心和询问电话。他们是真的关心,真的有好多建议。记得我跟比尔聊过,也不知跟父母聊了多少次,最终爸妈似乎接受了我的信念:真爱值得等待。

2003年,我遇到了来自费城的L。我们的共同爱好是篮球和户外。两个忙碌的人,居然找到时间慢慢发展这份关系。2005年的春节,我们订婚了。爸妈按捺不住开心,期待着新的一年。

春节后一个月,我正在深圳主持公司一年一度的全球人力资源大会,接到了香港医生的电话:"请速来医院,L的情况非常严重。"他被诊断为肺癌晚期。

我们两个人处于震惊麻木中，不明白一个从不吸烟、爱运动的人怎么会得这种病。两天后，我陪伴他回到了费城老家，开始了密集的治疗。后面的八个半月，我不断从香港往返费城去照顾 L。

最辛苦的是前两个星期。我不知道该做什么，该跟谁去聊。我哭着给比尔打电话。他关切的声音一如既往，还是那句话："宗敏，我也不知道怎么会发生这样的事。你一定会找到这一切的意义所在，一切会好的。"

我读了 30 多本关于癌症、综合医学、身心灵疗法以及关于死亡的书籍。在陪伴 L 进行各种治疗的过程中，我也在学习自我觉察、自我对话、自我接纳和自我关爱。这段时间里，日记和瑜伽成了我的好朋友。一次次去面对治疗结果带来的失望，让我明白，对生命走向终点的人，能够给他最好的礼物是平静、接纳和信念。当然，还有微笑和陪伴。

这是我第一次面对死亡。我一直在心里隐隐地担心，以为会很可怕。没有想到，走过，经历过，才明白它是一种神圣的、亲密的、深刻的体验。生命的最后一刻，L 和我有平静简单的交流——话不多，但足以表明生命的尽头有希望。我知道"一切都会过去的"。

不断地往返费城的过程中，我发现了宾夕法尼亚大学（以下简称"宾大"）刚刚推出的新课程——应用积极心理学（MAPP），它由积极心理学的创始人马丁·塞利格曼博士亲自引领。积极的干预、积极的成长这些理念马上吸引了我。比尔帮我写了热情洋溢的推荐信，于是我成为该项目第一个来自中国的学生。

课程学习中，我慢慢领悟到积极心理学的精髓——人类所固有的对幸福的追求、生命蓬勃绽放的潜力、促成充实生活的要素、复原力及逆境成长力。我明白，经历逆境确实有深刻的意义：在逆境中成长需要我们发现和发挥优势，习得乐观的解释风格，发展自我效能和积极信念，不断学习和转变……

2007 年年中，宾大的课程结束了，我准备好迎接下一个职业挑战。在内心深处，我希望找到一个可以尝试积极心理学方法的地方——微软。我担任组织发展总监，负责大中华区的组织发展、领导力发展以及人才管理。

微软有着与沃尔玛截然不同的文化，除了零售和高科技行业之间的差异外，还有人员特质的不同。微软人具有高智商、高要求，善于批评和挑剔，行动力强，注意力跨度大；加上微软具有的矩阵式架构、与总部的各种沟通渠道、部门与部门之间的隔阂、不同的业务部门和职能，这些无疑都是一系列全新的挑战。

这些高智商、高要求的人，对于基于优势发展领导力的方法会怎样反应呢？我开始尝试。当一个团队领导不断抱怨自己的一个下属不得力时，我问他：这位下属有哪一个优势，此时可以帮助他面对当下的挑战？那位领导怔了一下，然后发现表述自己的优势远比表述下属的优势容易。我们还尝试过一个"寻宝游戏"，过程中大家互相指出对方近期的优势行为，进行鼓励。大家若有所思地开始这个游戏，说着说着脸便红起来，眼里闪出笑意。

利用午饭时间，我们开始举办一系列的"幸福研讨会"，最初是针对几个积极心理学爱好者，后来这个小团体变大了。大家一起分享各自的经历、体验、反思和改变，一起学习和实践感恩、自我效能、乐观思维等。

我明白，对幸福的追求，对生命中持续意义的渴望，是推动着这些忙碌的人学习的原因。这意味着在中国有真正的机会来促进人的潜力的释放，让人生更加丰盛。

在微软工作期间，我的人生收获了另一个突破。几年前，我在教会认识C，后来我们成为可以深聊的朋友。在我最艰难的时刻，他和几个朋友一直陪伴着我。我们有许多明显的差异：他来自西班牙，而我来自中国；他是一位银行家，我是一名心理学工作者；他处事谨慎，我性格外向；他做事随性，我习惯做计划，等等。然而，重要的共性终于让我们走到了一起：信仰、运动、旅行和对阅读的热爱。

2007年，我们结婚了。我在日记中写道："寻找爱的旅途中，你找了又找，累得想放弃。这其实是一场内心的斗争。当你战胜了心中的猜疑、沮丧和失望，当你决定对爱、对生活保持信心，当你聚焦于做最好的自己，那么爱会在最意想不到的地方发生。每一个逆境都有真正的意义。"比尔说得对。

2011年，我成为一名母亲。随着女儿的到来，生活有了新的方向。应用积极心理学的一个重点领域是积极教育，通过发展积极品格将教育与幸福结合起来。在中国年轻一代中，存在着众多品格发展的重要机会。

告别微软不容易，许多同事至今仍是我的朋友。2011年，我开始新征程，创办了一迪际（IDG），先后在北京和上海开启了业务。

IDG是中国最早专注于推广积极心理学应用的公司之一。在过去10年里，我们建立了专注于积极组织、积极教育和积极个人的团队。除了支持孩子和他们的家庭，我们还支持企业客户——中国公司和外国跨国公司，特别是越来越多的本土初创企业。

创业带来一系列全新的挑战：招聘适合的人，激励他们，一边执行一边思考战略发展，平衡授权与细节，建立战略伙伴关系，学会说"不"，抓住重点，以及长期的自我关爱。我继续受益于教练：女儿、先生、团队成员、客户都是我的教练。

有一位令我印象深刻的教练客户。她那时刚晋升为一家欧洲公司中国子公司的总经理。她的法国老板给她定了一个挑战难度一般的目标：尽快顺利过渡到新的领导角色。而这位女士遇到了一个接一个的挑战：老板的更换、供应链问题、架构重组、关键员工流失、预算大幅削减，以及其他的问题！她不知如何适应。作为她的教练，我感觉好像又回到了多年以前，我也没有答案。于是我们一起探索、一起反思、一起庆祝小的成功，互相提醒这些挑战会带来积极的意义。一年后，她不仅成为全公司的年度明星，而且在这个过程中，她还学会了成为一个更好的企业领导者和妈妈。这再次印证了谦逊的力量。

一路走来，我保持着写日记的习惯。"生活不容易。当你尝试不容易的事情时，你会成长。当你应对逆境时，你会找到意义。"

我们的中文课程"积极心理学的奥秘"于2017年6月开始在蜻蜓FM直播。这个课程包括了过去10年来积极心理学的研究成果和智慧（包括案例、自我评估和应用方法），深受欢迎，在6个月内达到80多万次收听。

这两年，我开始花更多的时间与教育者们合作，将积极教育融入青少年与儿童的成长计划中。在这个特殊的时代，当抑郁症像流感一样在年轻人中蔓延时，我希望越来越多的人能够接触并尝试这些有效的工具和方法。

提升中国人的幸福感，包括提升孩子、他们的父母和祖父母，以及那些在职场上努力奋斗的人的幸福感，是我们的目标。应用积极心理学可以促进我们所有人收获意义和幸福，特别是在经济和社会发生巨大和快速的变化的时候。

我有幸见证了许多生命的积极转变，包括我自己的。能够从事这项工作确实是一件幸事。

更重要的是，我会尽我所能，成为一个有爱心的母亲和妻子。新冠疫情爆发后，只要有可能，我都会为家人做晚饭。没有什么比一家人在餐桌上开心分享更快乐了。

有时候，我会想到那个来自青岛海边的小女孩，我还能看到她凝视大海的眼神。我也会看到那个年轻的毕业生，站在讲台上，脸色紧张，准备开始她的第一场培训。我听到比尔的声音："你一定能找到意义。"

只要你相信：生活是神奇的。

谢谢你，比尔·莫布里，是你让我看到信念的魔力。

第 15 章

评估和开发个人潜能

俞恩京

> 你注定只会成为你决心要变成的那个人。
>
> ——拉尔夫·瓦尔多·艾默生

我称自己是一名"偶然成为教练的从业者"。我从没想过要当职业教练,也从来没有人鼓励我去做职业教练。直到我 35 岁左右,一位朋友打电话问我是否有兴趣到首尔的一家室内设计公司工作,负责英语沟通,我才开始考虑做教练这件事。我生长在釜山,这是韩国最保守的城市之一。当时,我设想的人生轨迹就是做一个好女儿、好学生,然后是好妻子和好母亲。我攻读完第一个硕士学位后,有机会可以继续攻读博士学位。但老实讲,当时,我觉得自己并不是读博士的料。后来,我结了婚,很快我又有了女儿。我利用业余时间将一些英文小说、文学和艺术理论翻译成了韩语,还为一家女权杂志翻译过女权主义理论。有趣的是,我从没注意到我翻译的女权主义内容与我自己做全职太太和宝妈的生活之间有什么巨大落差。

我接到那个邀约电话时,并没有明确决定要进入职场,只是想尝试一下新环境,于是就接受了那份工作。经过 15 分钟的面试后,我被安排担任经理职务,因为我的年龄适合这个角色的要求。这家室内设计公司的工作为我提供了了解商业世界的理想环境。这家室内设计公司主要为国际大公司服务。为了能理解客户的楼面布置图,我必须了解客户的业务运营情况。好在我的学习能力很强,组织协调能力也非常出色,很快我就升职做了项目经理。加入公司不到一年,我就开始负责给一家全球科技巨头装修 12 层楼,这是一个 200 万美金的项目。

在这家公司工作一年后，我意识到职场对我很重要。如果我要继续从业的话，就需要学习更多商业知识，于是我决定去美国商学院就读。因为雷鸟国际工商管理学院给我提供了奖学金，我选择了去雷鸟读书。在那里我收获了更多国际化知识，也扩展了我的人脉关系。在雷鸟读书的学生，75%是海外留学生，这自然而然带给我更多国际合作的机会。

从雷鸟毕业后，我回到了之前那家室内设计公司，一半是出于忠诚，一半是因为我没找到其他更好的机会。我开始做装修改造咨询师，专注于提升运营效率。后来，我负责国际业务部的工作。我很快发现，在商学院学到的知识并没有被充分利用起来，于是我决定离开那家公司，虽然当时还不确定接下来我要做什么。

为了表达对我前老板的尊敬，我并没有马上跳到另一家公司工作。毕竟，我还没有在职场出道时，是他收留了我。接下来，我花了6个月时间静心思考，深入探索我到底想要过什么样的生活。我打算从零开始重新规划我的生活。我真的想在职场谋职吗？如果是，我要做什么呢？苦思冥想了近6个月，突然有一天，我翻到吉尔特·霍夫斯泰德博士的一本研究跨文化管理的书。它让我豁然开朗，我突然领悟了我与外国客户合作的所有真谛，我终于找到了激发自己兴趣和热情的主题。我联系了霍夫斯泰德书中提到的荷兰咨询公司，之后开始担任其在韩国的业务代表。我单枪匹马设立了自己一个人的咨询公司，成为一名跨文化管理咨询顾问。现在回想起来，这是我在决定赴美入读商学院后，主动发起的第二个项目。在这个项目中，我有意识地对自己的人生方向做出了选择。

这个项目选择的时机非常好，因为2004年，正是韩国企业集团纷纷走向国际市场的开始。我的客户群体包括：海外公司派驻韩国的经理、与韩国人打交道的外国企业领导者，以及不同公司的执行官级别的高管和他们的下属。虽然在雷鸟学习时，我的同学和朋友中有中国人，但是通过业务接触认识大量的中国企业领导者、了解中国文化，这还是第一次。我发现，不同东亚国家的文化之间也有细微的差别，而细微的差别有时也会带来意想不到的冲突。于是我决定写一本文化培训教材——《东亚文化探幽》，专门研究对比中日韩文化的异同。

2008年，一家韩国企业集团需要为其海外子公司的领导者做教练，他们联系到我，问我是否有教练资质。我记得当时的自己这样想的："我已经做过那么多一对一咨询案例了，为什么一定要有证书才能做教练呢？"我听说过教练这个领域，但我并不了解教练的流程。那时，我以为它只是一对一管理咨询互动的一个花哨的名称罢了。但不管怎样，为了实现符合客户要求的目标，我搜索了教练资质认证项目，并找到了菲尔丁研究院的循证教练项目。我想起了毕业于菲尔丁的阿黛尔·那格塔博士曾经向我推荐过她读的菲尔丁博士项目，她说那是她最棒的一次学习经历，所以我就查询了一下。那时，我对一切一无所知，这再次让我以为自己不是读博士的料。当我发现菲尔丁有一年制教练认证项目时，我想这可能是我做决定是否学习菲尔丁博士项目的一种尝试。

菲尔丁循证教练项目让我大开眼界。它让我了解到教练既不是一对一咨询，也不是进行一次愉快的对话。它是一门致力于把人的潜能开发出来的训练学科。它是用问询的方式，与对方合作进行探索，从而促进对方的改变和转化的过程。这种对人的培养方式已经过严谨的研究和科学的验证，被证明是有效的。其中，最吸引我的是系统理论和组织变革理论。这些理论能启发引导我认清并超越自我；一句话，这些理论是培养我提升全局思考能力的指南。循证教练不仅仅是关于教练的科学，更是关于教练的艺术。很大程度上，教练的艺术是由教练本人的个性和教练的风格决定的。循证教练项目的宗旨并不仅仅是让我拥有了一张教练证书，它还帮我开启了人生转变之旅，也给我的人生带来了更多机会。

转变之旅的核心是加入菲尔丁循证教练社群，它可以有力支持其成员的学习和发展。学完循证教练项目后，我自然而然地申请了菲尔丁的人力和组织发展博士学位项目。回想起来，在循证教练项目学习中，我第一次系统地学习了人力和组织发展理论，领悟了帮助他人发展的意义，体验了作为他人转变之旅的陪伴者的快乐和自豪。我的好奇心被完全激发出来，我想更深入地研究这一课题。这时，我不再考虑自己是不是读博士的料，便开始攻读博士学位。

我读博士的第一年便结识了吴晓庄博士，并通过她认识了威廉·茅博励（比尔）博士。他们给我最深的印象是温和包容、慷慨大气，他们很乐意为他人提供发展机会。他们从一开始就很信任我，推荐我到茅博励博士在上海的咨询公司工作，为我打开了大门，让我有机会接触中国及亚太区的企业领导者。老实讲，一开始我没有把握自己能做到不辜负他们对我的信任。当比尔提议由我负责一家全球食品饮料公司在中国的领导力发展项目时，我觉得自己对那个项目的重点不是特别理解，便谢绝了。比尔并没有催我，而是温和地笑了笑说："好吧，那让我们看看其他的机会。"比尔第二次向我提议时，我又用另一个理由谢绝了。回想起来，并非我不喜欢那个话题或行业，而是我还没有准备好走出自己的舒适区进入一个未知领域。我以为比尔应该不会再给我第三次机会了，但我很幸运，他给了我第三次机会。这次是提议我和他一起工作，这样他便可以作为导师带我学习。他始终相信人是有潜力的，他会不断改变策略，直到对方没有再推辞的理由。在中国工作期间，我像一个最初害怕跳进大海学游泳的人。他对我很耐心，并尽量让我感觉到足够安全。

我接触过的大多中国企业领导者都像海绵一样，他们试图吸收所有能找到的学习资源。这是可以理解的，因为那个时候，大多数中国企业领导者都在飞速发展的经济体系中忙碌，亟须学习提高，以满足企业规模和环境复杂性日益增长的经济发展要求。哈佛教授罗伯特·凯根在他的著作《超越我们的能力范围》中提到企业领导者发展水平和环境复杂性之间的矛盾。但是，当企业领导者的成熟度和系统匹配时，他们能创造出来的正面涟漪效果将非常巨大。

在我教练的案例中，有一位国际金融机构的中国副总裁，他探索的主题是如何更好地管理全球的利益相关者。这位副总裁原以为教练多半是帮她提升人际互动和沟通方面的能力。她在这方面也确实需要根据各利益相关者的不同背景和喜好进行适当的策略性调整，但是，发生真正令人激动人心的转变是在她重新澄清了教练问题后："我们如何通过教练对话共创一个有意义的成果，并让它为更大的组织系统服务？"这位副总裁意识到她的沟通能力的提升有助于她下一次的晋升，但是她对问题重新澄清的过程让她拥有了国际企业领导者的视角，她能在相互尊重和负责的基础上，与各利益相关者进行互动，从而创造出更多的（合作）机会。这也让她与区域和全球总部同事的互动更加顺畅。

中国的企业领导者很容易只关注职业成就。在充满机会的环境中，谁又不会关注取得更高的成就呢？在我看来，只有当被教练者将注意力转向倾听自我内心的声音并改变观察问题的视角时，他们的转化才真正开始。这可能正是中国需要更多转化教练的原因；教练可以成为中国企业领导者成功道路上的伙伴。除此之外，这种成功道路上的伙伴关系将给企业领导者周围的人带来积极的影响。

我和其他教练在中国合作共事时，很容易看到教练带来的转变力量。我看到很多开疆循证教练认证项目的学员都受到了教练的积极影响。他们变得更有动力。通过教练，他们的生活也变得更加充实。他们之所以想成为教练，是因为他们也渴望推广教练的涟漪效应，给更多人带来转变的机会。教练的核心目标是探索更多的可能，而教练自己首先需要拥抱这些可能。

我记得有一位年轻的管理咨询顾问，她被公司派去学习教练项目。一开始，她觉得有做教练的经历可以使她的履历看起来更有竞争力。她非常聪明、雄心勃勃，做咨询顾问也是很有前景的职业，但是，咨询顾问的工作更多的是关注"事"的层面，而在"人和关系"等更广的层面的探索是不够的。当她了解了教练的真谛后，她做了新的职业规划，确定了一个更大的目标，她希望通过教练转变企业领导者的观念，从而去创建一个更加积极向上的社会。还有一位教练学员，她是一家建筑公司的行政总监。她当时工作热情不高，个人生活也正面临危机。在被教练后，她感受到了教练的力量。教练帮她克服了危机，她重新振作起来投入工作，生活圈子也扩大了。这次非同寻常的经历促使她自己也想成为一名教练。像她的教练曾帮助她那样，她也想帮助其他职场女性。

回想起来，我从事教练职业得到的经验包括：第一，对于如何设计自己的人生保持觉察，知道我为什么做这样的选择。为自己创造条件，而不是等着条件上门。记得在我成长的过程中，我们家的信条是"不要主动找事，除非事来找你（尤其适用女性）"。但是，从我决定去美国入读商学院开始，我对自己的下一步就做了有意识的选择，生活便向我敞开了大门。

第二，以开放的心态带着好奇心认真聆听，生活的大门总会向你敞开。对正在发生的事情说"是的，而且……"。因为不管你接受它还是抵制它，你所用的精力是一样的。

第三，要相信每一个人，努力去创建能够让他人成功出彩的环境。我在自己的成长路上曾受益于多位教练和导师的指导，威廉·茅博励博士是其中最重要的教练和导师之一。我希望传承和弘扬他们的慷慨大气，让更多教练从业者受益。

教练是一个需要始终保持谦卑的职业，是一个需要终身学习的旅程，也是一个通过支持更多企业领导者为他们的组织创造更多业绩，从而为更大的系统造福的机会。接下来，我将通过提供教练督导服务，继续为教练行业做贡献。通过对其他教练伙伴保持好奇和通过问询保持合作，我希望能帮助他们提升和培养教练能力，提升他们为客户创建深度觉察的能力，让他们能更好地为现有的和未来的客户服务，从而促进整个教练生态系统的健康发展。教练督导工作既充满挑战，又令人愉悦，因为它需要教练和被教练者双方都能保持学习的动力。教练督导将使我们始终保持持续学习和不断探索的能力，我们有什么理由不充分利用它呢？

第 16 章
我的故事：领导力教练路上的很多第一次

王忆民

> 追随激励我的好事，摒弃减损我的坏事。
>
> ——戴安·德乐埃

我是开疆集团循证教练认证项目早期学员王忆民。在我学教练和做教练的旅途上，我始终秉持和运用自我反思原则为客户服务，自我反思也帮助我改变了自己的职业发展路径。我服务的客户大都来自跨国公司和中资企业。我通过有效应用教练技能和基础理论，为被教练者提供教练服务。同时，我也把所学的原则应用到一些公益慈善机构，满足中国广大社区民众的需要。以下是我过去教练生涯中的一些"第一次"。

2008年，我参加了公司组织的一个培训项目，第一次了解了领导力教练。2020年是我系统学习循证教练的第10年。回想过去10年，那些难忘的精彩瞬间历历在目。教练在我的生活、工作、社群建设和其他方面发挥了重要作用。当我闭上眼睛、低头沉思时，那些场景便非常自然地浮现出来。

第一次作业

2011年春节期间，我参加了开疆从菲尔丁研究院引进的为期十周的循证教练在线课程。我忙着做循证教练认证项目布置的第一次作业。当时我对这个项目的学习充满好奇和热情，激动不已。那种感觉让我至今记忆犹新。我每天都会登录在线学习系统，阅读其他11位同学写的作业和教授的评语。

循证教练认证项目为我开辟了新的视野，它给我提供了一个扎实的学习框架，让我尝试与别人沟通时使用不同的方法，从而对同一件事和同一个人有新的视角。更重要的是，它也为我之后转型做领导力教练埋下了种子。完成学习后不到一年时间，我决定转型做教练，专注于人才发展领域。

第一次教练实习

开疆集团给学员提供为商学院学生做公益教练的实习机会，其中有一个是上海外国语大学的一对一导师项目。2011年我参加了那个项目，为4位工商管理硕士（MBA）做导师（至今我还和他们保持着联系）。最近我还问其中一个人："还记得我们当初的合作吗？"她回答道："你启发我思考，让我对自己有了更多认知。你还帮助我改变了一个行为习惯。"

如今，中国很多教练机构都提供类似的实习项目。这对参与三方都有好处。对初级教练而言，这是一个安全的实习机会，有利于教练磨炼教练技巧、树立信誉、增强自信心。

第一次收费教练项目

在学习循证教练期间，我刻意跟朋友们说，我在做领导力教练。很快，我就揽到了第一笔生意。我的一位前同事购买了我的教练服务，她想送给她老公马特一份特别的生日礼物。我很幸运碰到马特这样的客户，他非常成熟，对自己非常了解，而且非常积极向上。我在为马特服务期间，对教练流程的每个环节都非常仔细和用心。当然，现在回想起来，我从那次教练中获得的教训是：我做的解释过多（没有必要）。

后来，我请马特帮我写客户评价。他写道："能请到忆民做我的教练，我感到非常幸运。他通过教练把针对表面症状的对话变成了灵魂探索的过程。他的专业精神、责任感和激情促使我能用更广的视角对生活和工作进行深入思考。除此之外，忆民还帮助我制订了可行的行动方案，并确保我能完成。"

我从那次教练的经历中学到的是：第一，任何时候你都可以告诉别人你是一名教练，或者你在尝试一个新项目，而不必等到你毕业或者拿到证书后再行动；第二，先从信任你的人那里招揽生意；第三，好的被教练者一般都非常投入，有强烈的改变愿望。这些是教练项目成功的秘诀。

创建第一个教练平台

我学习教练的时候，也结交了很多朋友。我发现好多同行才能出众、阅历丰富，但很可惜，他们没有施展的空间。于是在2012年，我打造了一个名叫"善思辅导"的平台，我希望整合教练们的经验和激情来满足市场的需求。该平台的定位是给那些寻求个人成长的年轻职场人士提供一对一职业指导和教练。我和合伙人斯蒂芬做了一个商业计划，但我们很快发现，运营这个平台需要很多投资，很难维持下去。于是，我们决定改为兼职运营这个平台。

多亏了很多志愿者（包括教练和被教练者）的付出，"善思辅导"平台运营了近四年。在此期间，我们在微信公众号上发表了很多篇文章。我们定期举办研讨会，通过现场示范，推广教练的理念和价值，以此吸引信任我们的潜在客户。至今我还记得很多当初的美好回忆：组织多场导师（我们戏称自己为"馒头"）聚会，回复潜在客户的电话咨询，为多对教练和被教练者进行匹配……

2016年，我们决定暂停"善思辅导"平台的运营。虽然这个决定让我感觉很遗憾，但是，这段经历为我今后运营其他社群带来很多帮助。我现在更专注于构建社群，在这方面我也更有经验了。

第一次参与公益活动

我给企业高管做教练时，常会挑战自己。我会这样想："过去再辉煌也已成为历史。你现在如何做到知行合一？"我想既然我有这个想法，那么，是不是我辅导的客户可能也会有类似想法呢？刚巧，2013 年有这样一个机会。一项步行马拉松筹款公益活动（名为"一个鸡蛋的暴走"）正在招募志愿者。活动要求参加者必须在一天内步行 50 公里，并在社交圈内尽可能多地募集捐款（捐款将用于资助贫困地区的小朋友）。我毫不犹豫地报名参加了这个活动，并在几天内组建了一个六人团队。我组织大家开会讨论并决定队伍的名称、团队口号和宣传策略。为了保证所有团队成员能坚持走完 50 公里，我还组织了多次训练。最后，我们团队的成绩非常好，除一人外，其他人都走完了 50 公里的全程，并募集到 6 万多元人民币的捐款。

猜猜我的个人口号是什么？知行合一！我很自豪地对我辅导的客户说，我是一个知行合一的人。我也希望我辅导的客户能对自己的行为负责。当我自己能做到时，我是有底气的。自从 2013 年参加"暴走"活动后，我开始越来越多地参加公益活动。

第一次企业教练项目

我很快就接到了第一个企业领导力教练项目，项目签单的过程看上去很容易。那是 2012 年，一位教练把我推荐给了她的客户，一家美国公司大中华区的首席执行官。他正在为一位下属物色教练。我与这位首席执行官、人力资源副总裁和我的潜在客户面谈后，很顺利地就签下了这个教练项目。

这个项目持续了大约八个月。首席执行官和其他几位关键利益相关者对我辅导的客户的反馈都非常好，所以，公司决定破格提前提拔我的客户。在这之后的三年里，她获得了两次晋升机会。

这个项目让我学到的是：关系维护和业务口碑非常关键。如果我的工作干得出色或者别人认为我的工作干得出色，那么，大家都乐意向我推荐新客户。另外，教练是双向的，被教练者要做出愿意改变的承诺，教练要能支持对方的改变。我的客户取得了非常了不起的蜕变，我为能促成她的蜕变倍感自豪。

第一次准备个人品牌宣言

开始做教练后，我不断努力为自己创建独一无二的口碑。经过深思熟虑后，我首次把个人品牌定为 ACE，ACE 分别代表三个英文单词：Aware（认知）、Change（改变）、Excel（卓越）。我希望 ACE 传达的三层意思代表我的教练理念和方法。我把这三个关键词印在名片上，自称 ACE 教练（ace 作为一个单词，意思是"一流"，我想做个很厉害的教练）。

我认为每个教练，特别是自由职业教练，都需要一个特别的个人品牌宣言。随着教练本人的能力不断发展成熟，个人品牌宣言也可随之改变。现在我不再称自己为 ACE 教练。我会不断地问自己："你有什么是与众不同的？你代表什么？你能给客户带去什么独特价值？"我会在这些问题的答案的基础上，更新我的品牌宣言。

第一次貌似冲动的商业决定

我平时做决定时相当谨慎小心，但是这种习惯在 2015 年 2 月发生了巨大转变。当时我需要在一个领导力发展项目中使用一个新的测评工具（那时中国内地还没有这个测评工具认证的学习），于是我去了香港学习这个认证。这次学习经历令我非常振奋。第一天晚上回到酒店后，我就开始匆忙在笔记本上筹划如何在中国做这个生意，直到半夜我还处于高度兴奋的状态。平时即使我有很大的压力，也照样睡得着。这次失眠，我感觉是一个信号，当晚我就决定把这个工具引入中国。于是第二天我就跟培训师说，请把我推荐给你们公司的负责人。很快，我就跟这家公司的创始人兼首席执行官斯图尔特·德森博士取得联系，我毛遂自荐，想负责在中国推广这个业务。经过多次商谈，2015年3月，我成为这家公司在中国的独家经销商。

现在回想我在五年前做的那个貌似冲动的决定，应该和我做教练有很大关系。我以前从没有碰到过与我的教练理念如此吻合的测评工具：每个人都是复杂的、独特的、有潜能的；它对人格特质的两端（比如内向和外向）的重视度是一样的；通过互相理解及欣赏多样性，我们能创造更好的业绩。

2015年的那个决定开启了我新的创业之路，我开始创建一个新社群去吸引更多的人，继续扩大业务范围。这个社群以开放、热情、谦虚而著称，吸引了大批优秀的咨询顾问和教练。

第一次带领社群做公益志愿服务

2020年是"步行马拉松公益筹款活动"举办十周年，看十周年纪念册的时候，我突然有了为"一个鸡蛋的暴走"主办方上海联劝公益基金会提供公益服务的念头。我的想法很快获得了联劝的欢迎。接着，我在我们的认证师社群中招募了一批志愿者。我们会给联劝和联劝的服务人群（比如捐赠圈）提供教练、引导、咨询等志愿服务。

2020年9月，联劝组织了一场特别的活动，将"她无限""叁合益""爱心250"三个女性捐赠圈聚在一起，由教练分享各自的故事、最佳实践。我有幸参与了这些活动的设计和策划，并引导了当天的活动。

总　结

　　过去十年我的行为有什么模式吗？模式的背后是什么？我认为有几点：第一，我的内心有充分开发他人潜能的强烈愿望；第二，我对打造合作共赢的社群很有激情；第三，我的动力在于为更多人赋能和创造更大的影响力。教练改变了我的思维方式、我的存在状态、我的商务决策以及我的整个人生旅程。

作者介绍

献　辞

艾伦·帕赫姆，博士，退休前是RHR国际公司董事长兼首席执行官。在他任职期间，该公司专注于为全球客户提供心理咨询开发服务，取得了人才智慧公司（澳大利亚、英国）和莫布里亚太集团（上海、香港）的战略股权。在他担任RHR国际公司首席运营官期间，他负责管理公司在北美（加拿大和美国）和欧洲（伦敦、布鲁塞尔、科隆和莫斯科）的运营。在他四十年的咨询生涯中，他曾为大量大型国内和国际公司的高管提供咨询服务，业务范围涉及继任计划、高管评估、高级领导者发展、高潜人才识别、新企业领导者融入以及组织变革落实。帕赫姆博士曾荣获管理心理学家协会（SPIM）授予的杰出管理心理学家奖，是美国心理学协会第十三分会的会士。联系邮箱：aparchem@alpendeavors.com。

序　言

玛莎·雷诺兹，心理学博士，大师级教练，已在41个国家主持举办过教练项目，并通过网络为数十万学员传授领导力教练知识和技能。她是国际教练联盟的前国际主席，并于最近入选国际教练联盟杰出人物名录。目前，她是北卡罗来纳州健康教练协会的培训总监，同时担任中国、俄罗斯、菲律宾多家教练学校的教员。她是全球教练大师协会全球排名前五位的教练之一，有专著四本，包括最新国际畅销书《教练人，而非问题》。更多信息请参考www.Covisioning.

com。联系邮箱：marcia@outsmartyourbrain.com。

吴晓庄，博士，大师级教练，开疆集团创始人和董事会成员。该公司致力于中国和亚洲教练培训及教练职业发展。吴博士已有 30 多年担任企业高管的领导经验，曾任施乐公司的高管，创立了开疆集团上海有限公司以及领导力管理国际中国有限公司。她以 32 年的从业经验为中国和其他亚太国家的高管教练树立了典范。自 1998 年起，吴博士带领她的团队每年都要教练 2 000 多位高层经理人和 3 万多名中层管理人员，主要客户群是在中国运营的跨国公司，如通用电气、IBM、微软、惠普、巴斯夫、安盛、迅达、德州仪器等。她拥有美国加利福尼亚州圣芭芭拉菲尔丁研究院的人才和组织发展系统专业博士学位，是国际教练联盟大师级教练、国际教练联盟理事，主管专业教练认证项目。荣获英国《CEO Today》杂志评选的"2023 年度全球最佳领导力教练"殊荣。联系邮箱：woomarjorie@gmail.com。

正　文

萨宾·梅农，博士，法国人，已经在国外生活 20 多年。她曾在英国、德国、美国和阿根廷生活和工作。2009 年从伦敦商学院离职后，萨宾来到上海，创立了"反思社"（Reflections）。该公司目前在全球有 20 多位合伙人。她是欧洲工商管理学院（INSEAD）在中国的唯一教练，也是 EMCCC 项目的主管。她为执行官级别的高管提供个人教练，也与全球企业领导团队合作。她的被教练者多数是外籍人士，也有在跨国公司亚洲子公司工作的中国人。萨宾开创了一套独特的融神经心理学、商业和跨文化沟通于一体的教练体系，立足现实商务情境，教练技巧中融合严谨的学术理论，启发实用解决方案。她是受人尊敬的认证正念导师。联系邮箱：sabinemenon@me.com。

王毅，助理级教练，20 世纪 90 年代中期在美国大学毕业，从事几年商务咨询工作后回到中国，在中国内地和香港的电信、金融和制药行业从事人力资源工作。2009 年获得 ACTP 认证，现在是国际教练联盟的助理级教练。葛兰素史克公司认证的内部教练。联系邮箱：yiwang9208@outlook.com。

弗兰克·雷克萨奇，理学硕士，国际企业资深高管，有 20 多年在亚洲各地生活工作经验。威幄克（WeWork）黄普众创空间管理有限公司在中国初创阶段，他在上海担任亚太区副总裁。弗兰克还在多个行业担任过区域高管，包括物业管理、科技、家具和办公产品等行业。除了在中国内地工作外，弗兰克还在澳大利亚、法国和中国香港工作过。他曾获多项表彰奖励，包括上海市政府授予的白玉兰奖（表彰他对上海发展所做的贡献）。他拥有南加州大学理学学士学位、亚利桑那州立大学雷鸟全球管理学院国际管理硕士学位。联系邮箱：rexachf@yahoo.com。

杰森·拉米，注册会计师，致同会计师事务所全球领导团队成就卓著的全球高管，负责领导服务团队，推动战略发展和开发人才能力。杰森之前是国际客户服务公司在美国的董事合伙人。杰森有近二十年与在中国运营的国际公司合作的经验。2007—2011 年，他在中国担任高级管理职务，负责实施全球战略、培养领导人才，有力地推动了中国地区业务的大幅增长。他早期曾在托马斯·莱杰有限责任公司（Thomas Leger & Co., LLP）、安达信和普华永道任职。他是美国得克萨斯州农工大学会计专业工商管理学士，并在牛津大学完成了国际高级领导力课程研修。他是全球粮食银行网络的董事会主席，芝加哥中国美术协会的理事。联系邮箱：jason@jasonramey.com。

詹韦拿，博士，前开疆集团总经理，前开疆教练学院院长。开疆集团是中国第一家被国际教练联盟认可、有 ACTP 资质的教练培养机构，已经在中国培养了很多具备 PCC 水平的教练。他早期的职业经历包括：担任光辉国际领导力与人才咨询公司中国区高级合伙人及管理总监，1986 年担任领导力与教练咨询公司创始人以及其他美国技术公司高管；他也是北京师范大学、康考迪亚大学和明尼苏达大学的兼职老师。詹韦拿拥有明尼苏达大学成人发展心理学博士学位。他从 2010 年起就居住在中国。联系邮箱：jamescwarner@msn.com。

尚慧，国际市场营销硕士，开疆集团总裁，也是国际领导力发展中心（Leadership Management International）在中国的代理人。从 2012 年起，她开始在中国从事领导力教练工作。她已经培养了 200 多位学员。她毕业于英国曼菲尔德大学，拥有科学与市场营销硕士学位。联系邮箱：Amanda.shang@keystonegroup.cn。

安德鲁·纽马克，是一位在万豪国际任职 27 年的人力资源业务合伙人。他具有在多个区域市场、多职能板块的人力资源综合管理经验，涉及人力资源运营、学习和发展、人才管理。在万豪国际亚太业务大幅增长的过程中，安德鲁在万豪国际的领导力开发项目设计、发展和交付方面扮演重要角色，有力地支持了整个区域企业领导者的发展。2016 年万豪国际收购喜达屋，安德鲁负责这两家公司在变革中的人才管理和文化整合。目前他负责管理在全球 23 个国家运营的 450 家酒店的人力资源部门。安德鲁目前正在攻读澳大利亚管理学院的变革管理硕士学位。联系邮箱：andrew.newmark@marriot.com

杰夫·哈杰甫，法律博士，明见高管发展服务（Mindsight Executive Development Services）公司常务董事。该公司是位于上海的咨询公司，主要业务是通过增值合作帮助企业高层领导者提升团队和组织效能。杰夫是高管团队教练、教练督导、对话引导师、法律博士。杰夫在亚洲生活了近 30 年，中文普通话达到了母语水平。杰夫曾服务过科技、制造、医药和金融服务行业的客户，此前曾就职于惠普、罗胜咨询和辛辛那提贝尔公司。闲暇时间，杰夫爱与人深入交流、旅行、阅读和练习陈式太极拳。联系邮箱：jeff@mindsightasia.com。

汤姆·佩恩，美国威斯康星大学工业心理学硕士，重点研究心理测量评估在选择过程中的作用。他接受过多项心理测量评估培训并获得认证，近年来，重点研究心理测量评估体系的创建和测试。1994年至2012年，他常住亚洲，曾任金佰利亚洲区人力资源总监和汉佰公司人力资源国际部副总裁，参与了金佰利和汉佰的并购活动，在企业重组、合理精简裁员和人才管理方面拥有丰富经验，建立了人才选拔和管理流程，并引入心理测评工具来支持这两个流程。他曾经担任国际评估协会的全球客户开发主管。他目前是国际人才评估组织的联合创始人，是下列问卷体系的出版商：管理对标问卷（MAQ）、人才对标问卷（TAQ）、销售对标问卷（SAQ）、专业对标问卷（PAQ）、申请人对标问卷（AAQ）、TAI工作分析问卷（JAQ）、TAI360经理和高管调查以及认知能力问卷（CAQ）。联系邮箱：tompayne031@gmail.com。

张楠，工商管理硕士，赋能领导咨询公司创始人兼首席执行官，专注于通过教练和引导方式支持企业领导者和团队发展。在2015年创立咨询公司之前，她曾担任茅博励集团亚太公司的创始合伙人长达11年。茅博励集团亚太公司是东亚领先的领导力发展、人才测评和组织文化咨询公司之一。过去16年里，她有成功的咨询实践，支持了超过400家公司的发展（50%为跨国公司，40%为中国本土企业，10%为中国国有企业），辅导了超过150名高管（主要是首席执行官、总经理、副总裁和高级副总裁），并帮助了超过100个高层管理团队。她在测评领域有着丰富的经验，尤其善于在教练和其他发展工作中运用人格测评。她于1999年获得计算机科学学士学位，并在中欧国际工商学院完成工商管理硕士（英国《金融时报》2019年排名前五位的MBA项目）的学习。张楠热衷于培训，并一直倡导使用教练来支持人的发展。她的座右铭是日本传奇企业家稻盛和夫的名言："用个人自己的力量支持他们到达他们想要到达的地方，他们自己最终也会到达。"联系邮箱：nancyzh@empower-leaders.com。

阿克塞尔·库尔曼，2010年完成教练教育并获资格认证后开始从事教练和人才发展工作。2013年他移居上海，创办了自己的公司"akcc"，分别在上海和香港两地运营。2015—2017年他担任上海教练组织（TSCC）主席期间曾邀请到世界级教练大师玛莎·雷诺兹、菲利普·罗森斯基参加行业聚会。在他的领导下，上海教练组织发展迅速，2017年被国际教练联盟上海分会授予"最具全球本地化特色的教练社群"。阿克塞尔曾在上海理工大学和非洲领导力学院（位于约翰内斯堡）讲学。他也是信息技术服务商非洲编码（Code of Africa）公司的联合创始人，致力于在东非创造就业机会和扶持当地教育。阿克塞尔目前常驻德国，向全球各地客户提供组织系统变革服务。联系邮箱：axel@akcc.de。

艾伦·巴宾顿-史密斯，英国前国际银行家，后转行到中国做教练。2003—2019年，他作为美国领导管理发展中心（中国）的创始成员，为各行业、各业务类型和各种规模的中资及外资企业团队和个人提供全面发展教练。他利用35年跨国和跨文化业务经验制订了结构化的教练流程，作为他的教练实践基础。他毕业于菲尔丁研究院人力资源和组织系统专业。联系邮箱：alanbs100@outlook.com。

丹尼尔·丹尼森，博士，瑞士洛桑国际管理发展学院（IMD）组织与管理荣退教授，世界著名组织文化和企业绩效研究学者。1999年加入IMD之前，丹尼森是密歇根大学商学院组织行为学和人力资源管理副教授，主要讲授工商管理硕士、博士和高管教育课程。丹尼森教授曾在亚洲、欧洲、拉丁美洲和中东任教和生活。他在阿尔比恩学院获得心理学、社会学和人类学学士学位，在密歇根大学获得组织心理学博士学位。他出版了四本专著，发表了大量阐述组织文化重要性的论文。联系邮箱：denison@imd.org。

布莱恩·阿德金斯，博士，丹尼森咨询公司（Denison consulting）首席执行官。该公司是全球性研究、诊断和组织发展咨询公司，因擅长提升组织文化、领导实践与企业绩效而闻名于世。他曾与全球各地的《财富》五百强企业合作，帮助企业开发高绩效组织和企业领导者。布莱恩的研究成果已被广泛发表在期刊和书籍上，包括《组织行为学杂志》《全球领导力进展》和《从承诺到回报：创建学习型组织的艺术与科学》。他曾经担任制造业和非营利组织的领导职位，拥有宾夕法尼亚州立大学工商管理硕士学位、乔治·华盛顿大学人类与组织研究博士学位。布莱恩通常环游全球以服务客户，平时居住在加利福尼亚州的蒙特利半岛。联系邮箱：badkins@denisonculture.com。

帕姆·范戴克，博士，专业级教练，25年来一直致力于帮助个人、团队和组织集团制订和实现目标。她采用循证方法，为多个行业和各层级的经理人员提供面对面或虚拟形式的教练。帕姆女士在行为健康、《财富》五百强公司和学术界的多元背景，使她对组织生活的复杂性和变化特点有了独特而深刻的理解。除了提供顾问及教练服务外，帕姆博士还是团队和集团教练学院的创始人兼首席执行官。该学院于2017年2月成立，专门从事国际教练联合会继续教育及认证工作。作为终身学习者，帕姆博士获得了多项认证和社会学、心理咨询、教育、管理和组织发展专业硕士学位等6个学位，是菲尔丁研究院人力和组织系统专业博士。帕姆博士是国际教练联合会的会员，持有国际教练联合会的教练认证，在北得克萨斯州州分会担任理事。帕姆博士的著作有《虚拟团队教练研究》。她也是《团队教练职业者手册》的撰稿作者。联系邮箱：drpam@teamandgroupcoachacademy.com。

陈宝权，专业级教练，1997年开始在迅达电梯工作，历任亚太及中国区首席信息官及人力资源总监等职，亲身经历了企业从合资到外商独资（WOFE）转型过程中的复杂关系与权力体系变化。他领导过大型变革项目，如新工厂建设、跨国家地区的组织重组。他曾担任开疆集团（上海）总裁，并自己创办了诺明达管理咨询，主要为跨国企业服务，如格兰富和杜邦等。陈宝权认为人是企业成功最关键的要素。他担任开疆集团循证教练认证课程讲师，努力培养中国领导力教练。2015年，在成为职业教练前，他就开始推广教练式领导方法及教练文化，并验证了他的做法在人才发展、团队协同和可持续高绩效团队打造等方面的积极作用。作为资深专业教练和国际教练联盟上海分会副会长，他在中国举办国际教练周（ICW）活动，向公众宣传推广教练。陈宝权具有温尼伯大学经济专业学士及澳新金融服务业协会（FINSIA）应用金融学研究生文凭。

联系方式：电邮 pangchan99@sina.com，微信 pangchan99。

龚渊，教育学博士，上海光辉国际资深合伙人，全球工业及金融服务业务核心成员兼全球人力资源专家中心中国区的负责人。目前，她还领导推广中国区教育板块的组织人才咨询业务。在中国，龚渊女士有二十多年的人力资源咨询和高管猎头经验。在光辉国际，她负责建立了中国区的人力资源专家中心，开创了高管"入职辅导"业务，并推行组织人才整体解决方案。除了服务于世界《财富》五百强企业之外，龚渊女士也擅长服务中国企业，为中国企业的快速成长、业务转型、国际化等提供高管选聘及人才解决方案。2005年，她加入光辉国际上海公司。在此之前，她服务于另一家高管猎头公司，主要负责工业、金融、房地产以及消费品产业的高级管理人才搜寻工作。其学历包括美国南加州大学罗西尔教育学院教育学博士、美国南加州大学马歇尔商学院工商管理学硕士、上海大学科技英语学士。她还完成了中国人民大学人力资源管理的研究生专业课程。龚渊女士是国际教练联盟认证教练。联系邮箱：joyce.gong@kornferry.com。

忻榕，博士，中欧国际工商学院管理学教授、拜耳领导力首席教授，任副教务长（欧洲）兼领导力发展与教练中心主任。她在美国加利福尼亚大学尔湾分校获得管理学博士学位，曾任教于瑞士洛桑国际管理发展学院、南加州大学、香港科技大学等。忻榕教授生长在中国，不仅学术造诣高，而且有丰富的教学、研究、咨询和管理经验，足迹遍及三大洲的著名高校和公司。她的研究课题包括领导力发展、组织文化与变革管理。她的研究成果发表于众多国际核心管理期刊上，如《美国管理学会期刊》《行政管理科学季刊》《战略管理期刊》《组织研究》《领导艺术季刊》《哈佛商业评论》等。其最新著作《平台化组织》（2019）和《认识组织行为》（2020）受到全球学界和业界的关注和好评。联系邮箱：katherinexin@ceibs.edu。

杰克·伍德，博士，中欧国际工商学院管理实践教授，俄罗斯莫斯科管理学院（斯科尔科沃）领导力客座教授。他是瑞士洛桑国际管理发展学院领导力和组织行为学荣誉退休教授。他的研究成果发表于众多学术和专业应用期刊上，如《行政管理科学季刊》（2018）、《美国管理学会期刊——学习与教育》（2012 年研究生管理教育最佳论文奖）、《交易分析期刊》（TAJ）、《伦敦金融时报》《福布斯》，也散见于其他相关专业书籍中。他的研究课题包括领导力、意识形态以及团体与系统动力学。杰克·伍德教授是美国心理协会（APA）、国际分析心理协会（IAAP）、美国管理学会（AOM）、国际事务分析协会（ITAA）的成员。杰克·伍德博士曾任美国空军和国民警卫队飞行大队飞行员，以及美国联邦航空管理局飞行教官。他在锡拉丘兹大学获得社会心理学硕士学位，在耶鲁大学获得组织行为学硕士学位、哲学硕士和博士学位。杰克·伍德博士还获得了苏黎世荣格学院心理分析师资格证书。他是执业分析师。他拥有瑞士和美国国籍，已婚，有四个孩子。

莫妮克·斯诺登，博士，菲尔丁研究院教务长和资深副总裁。她早初担任过一家国际技术方案和服务公司的商务咨询师、软件开发员、外派项目负责人，曾为日本历史最悠久、规模最大的保险公司之一提供服务。她有 25 年的高等教育领导经验，在战略招生管理、制度和教育绩效以及股权收益数据分析等方面有独到的研究。斯诺登博士是南加州大学股权学院的教员，2015—2016 年美国教育协会成员，并且被选举为 WASC 西部学校与学院教育联盟高级学院和大学委员会的成员。她拥有商业分析学士学位、管理信息系统硕士学位，是得州农工大学的组织沟通学博士。斯诺登博士还拥有项目管理协会授予的项目管理专业认证。联系邮箱：msnowden@fielding.edu。

宗敏，工商管理硕士，应用积极心理学硕士，教育学博士在读，一迪际公司的创始人兼总经理。一迪际公司在北京和上海有分部，过去十年一直致力于应用积极心理学促进领导力发展、青少年与儿童品格教育、个人发展和团队建设。一迪际公司的使命是：以最新的积极心理学研究成果为基础，应用最先进的积极心理学成果，提高中国人的幸福感。联系邮箱：kzong@idg-asia.com。

俞恩京，博士，专业级教练，高管教练和组织发展咨询师，专注于研究国际领导力、高管团队发展、文化变革和转型以及其他与组织效能相关的课题。自 2004 年起，她为高级企业领导者提供咨询、教练和引导服务，涉及消费品、奢侈品、酒店服务、金融服务、医药和 IT 等行业。近年来，她是一家芬兰咨询公司在韩国的代表。在此之前，她曾担任上海一家咨询公司的高级咨询师。她是认证教练督导，是上海和首尔教练公司的教练培训项目讲师。她拥有菲尔丁研究院人才和组织系统硕士和博士学位，是雷鸟国际管理学院的国际管理硕士，曾获贝塔·伽马·西格玛（Beta Gamma Sigma）和斐·西格玛·埃塔（Phi Sigma Iota）基金颁发的荣誉奖励。联系邮箱：eyu@email.fielding.edu。

王忆民，加州大学圣迭戈分校亚太国际关系硕士，上海晟仕企业管理咨询有限公司创始人兼首席执行官，英国 Lumina Learning 公司全球合伙人，并于 2015 年将该公司的国际人才选拔和发展业务引入中国。他在教练、引导和心理测评领域有丰富的经验。王忆民曾在国际一流高管猎头公司工作，包括斯宾塞·斯图亚特联合公司（Spencer Stuart Associates）和罗素·雷诺兹联合公司（Russell Reynolds Associates），也是伟事达总教（Vistage Chair）、复旦大学客座副教授（教授 SKEMA-EMBA 课程），是联劝一众公益基金联合创始人。王忆民从 2002 年开始专注人才发展和人才招聘。他潜心培养、扶持 Lumina Learning 认证师，指导他们为客户提供领导力、组织转型、高效团队、人才评估和人才选拔等方面的服务。联系邮箱：yiminwang@luminalearning.com。

殷天然，博士，开疆集团董事合伙人，开疆企业教练学院院长，跨文化领导力与变革管理专家，EMBA 和 DBA 学位论文导师，专注于组织文化、变革及领导力发展方面的研究与实践。她获得了法国国家科学研究院管理学博士学位，并获得了法国国家埃菲尔优秀博士生奖学金。她花了超过 15 年的时间与领导者合作，将管理理论应用于世界《财富》500 强公司和中国本土大型公司，包括戴尔电脑（中国）有限公司、玛氏集团、塞峰集团、美团、华发集团。她曾担任法国里昂商学院国际合作项目副总监，并致力于与中国顶尖大学开展国际合作。她对创新和创业有着浓厚的兴趣,被中国教育部提名为创业导师。她的案例研究曾发表在《哈佛商业评论(亚太版)》和《欧洲商业评论》上。殷天然是《心智突围》的中文版合译者。联系邮箱:yintianran333@hotmail.com。

苏建文,专业级教练,在帮助领导者定义和达成他们的目标上已经有超过16年的经验。她毕业于中国北京大学,获得文学学士学位,有加拿大德福瑞学院IT管理研究生文凭,并在美国菲尔丁研究院取得循证企业高管教练认证。她是国际教练联盟认证的专业级教练。她担任领导力教练和组织发展顾问的职务,专注于垂直组织领导力发展、领导力转型和真诚领导力等领域的辅导,为高科技、IT、汽车、零售食品企业,以及银行业、非营利组织和学术界的领导者提供支持。苏建文的教练案例获得了2016年由英国商业心理学协会颁发的"ABP奖决赛入围奖杯"。联系邮箱:1956761960@qq.com。

陈颖坚,担任组织发展顾问已有20多年。他与妻子和两个儿子住在中国香港特别行政区。陈颖坚坚信领导者是可以不断成长的,同时他也相信这并不那么容易。如果能掌握成人发展的理论和实践,领导者将会有更好的机会成长。目前,在理论与实践方面,陈颖坚发现詹妮弗·加维·伯杰及其同事的"成长边际访谈"(GEI)是特别有用的。陈颖坚致力于将成长边际的想法带给更多的人,特别是在大中华区。他翻译了詹妮弗的《工作中的变化:为复杂的世界培养领导者》,这本书成为这一类型书籍中罕见的畅销书。他还与他人共同翻译了罗伯特·凯根的《人人文化》和弗雷德里克·拉卢的《重塑组织(插图版)》。陈颖坚自2016年以来一直是阿里巴巴和蚂蚁金服的独立组织发展顾问。联系邮箱:joey@birdview.com.hk。

王戈,MindSpan的CEO。MindSpan是一家成立于2006年、经ICF认证了的教练培训公司,为450多家全球和本土企业客户提供服务,其中包括133家世界《财富》500强公司。MindSpan总部位于中国上海,为包括中国、日本、韩国、泰国、新加坡、越南、印度尼西亚、印度、澳大利亚和南非在内的18

个国家的客户提供服务。王戈在职业生涯中，在跨国公司积累了丰富的领导经验，包括担任杜邦公司大中华区某部门总经理，并在索尼、戴尔和 Agroloimen 担任高级职能和业务领导职务。他非常热爱跑马拉松，每年都会参加多场马拉松比赛。王戈致力于成为帮助领导者充分发挥潜力的催化剂。联系邮箱：gary.wang@mindspan.cn。